# 唤醒生命的灵性

## ——高中语文互动式逻辑课堂建构

孙伟琼 主编

东北师范大学出版社

长 春

**图书在版编目（CIP）数据**

唤醒生命的灵性：高中语文互动式逻辑课堂建构 /
孙伟琼主编. — 长春：东北师范大学出版社，2020.6
ISBN 978-7-5681-6919-6

Ⅰ.①唤… Ⅱ.①孙… Ⅲ.①中学语文课—课堂教学
—教学研究—高中 Ⅳ.①G633.302

中国版本图书馆CIP数据核字（2020）第101642号

□责任编辑：臧　哲　　　　　　□封面设计：言之凿
□责任校对：刘彦妮　张小娅　　□责任印制：许　冰

东北师范大学出版社出版发行
长春净月经济开发区金宝街 118 号（邮政编码：130117）
电话：0431-84568115
网址：http：//www.nenup.com
北京言之凿文化发展有限公司设计部制版
北京政采印刷服务有限公司印装
北京市中关村科技园区通州园金桥科技产业基地环科中路 17 号（邮编：101102）
2022年6月第1版　2022年6月第1次印刷
幅面尺寸：170mm×240mm　印张：18.5　字数：323千

定价：45.00元

# 编 委 会

　　深圳市龙岗区横岗高级中学积极探索以教师发展为核心内容，促进学生、学科、学校全面发展的有效途径。学校积极开展以"合作德育""合作课堂""合作教研"为抓手的"三维合作"育人模式的实践研究，由该校孙伟琼校长主持的《横岗高级中学"三维合作教育"模式的深化实践研究》这一研究课题于2015年被深圳市教科院批准立项为"市教育科学规划2015年度重点资助课题"。在这一大课题的带动下，语文教研组申请的子课题《"专家引领式"合作教研的实践模式探究》也于2016年10月25日正式开题。经过近三年的研究，两项课题均于2018年底顺利结题。

　　这期间，学校邀请了上海市教育学研究会副秘书长、上海市教材审查委员会专家组成员、上海市复旦中学特级教师孙宗良，结合本校黄志英名师工作室的研修学习，引领学校语文教师队伍开展"语文教学与教师成长合作研修"项目，探寻以名师工作室为平台，以教研组为基本单位，整体提高教师专业素养和实践能力的校本研修模式。研修采用"项目引领，专家指导，名师搭台，同伴互助，整体提升"的方式，探索出了一条校本研修之路。

　　横岗高级中学语文组的研修确立为四个环节：教师的文本解读、目标和内容的确定、课堂过程设计、课堂实施。旨在提高教师的四种能力：解读力、判断力、逻辑力、教师智慧。2018年8月由东北师范大学出版社出版的《回归源点——高中语文文本精深解读》一书，正是对第一阶段的研修活动，即前两个环节和前两种能力的专家和教师探索与实践的客观呈现。

　　"专家引领式"合作教研并没有随着课题的结题而止步，孙伟琼校长、丁红菊书记激励全体语文教师继续研修，高度重视，给予了人力、物力和活动时间安排上的充分保证。在黄志英老师的带领下，语文教研组继续对另外两个环节——"课堂过程设计""课堂实施"，和教师的另外两种能力——"逻辑力""教师智慧"，进行第二阶段的研修，并确定了"围绕基于核心素养培养的互动式逻辑课堂建构的实践研究"的研究课题，该课题已被立项为龙岗区教育教学科学"十三五"规划课题，并于2018年10月18日正式开题。

这一课题是对互动式逻辑课堂建构的实践研究，是建立在对课堂、文本、学生、教师的正确认识与深入理解基础上的，旨在追求语文课堂理想形态和提升语文教师教育智慧的实践研究。

本期研修成果所呈现的内容分为两部分，包括"路径指引"和"智慧探寻"。"路径指引"以七个专题为研修的重点和突破口：互动式逻辑课堂建构的现实迫切性——对当今语文教学现状问题的梳理；互动式逻辑课堂建构的理论基石——对语文学科核心素养的深入认识与解读；互动式逻辑课堂建构的有效策略——对提升学生语文学科核心素养的实际操作；互动式逻辑课堂建构的实践流程——对建构教师的逻辑课堂的关联措施；互动式逻辑课堂建构之逻辑面面观——对文本、教师、学生三维逻辑的解析与融合；互动式逻辑课堂建构链式结构的方法——对高中语文教学过程中问题设计的探源；互动式逻辑课堂建构的课堂追求——对生命灵性的唤醒。

"智慧探寻"结合横岗高级中学22位语文教师的教学案例，从逻辑课堂建构说明、逻辑课堂建构教学设计、扫码观看逻辑课堂建构案例系列资料，三个维度展示各种文体经典篇目的互动式逻辑课堂建构的实践研究成果。

因为语文文本的个性特征不一，我们不能确定不同文本具体的操作环节，但我们用实践探索了理想课堂应该有的形态，通过这些专题的实践探索，旨在解决语文教学应该"怎么教"，教师应该追求怎样的理想课堂等问题。

本书的出版也是对我们第二阶段研修过程的呈现，我们还将继续努力走好未来的研修之路。

# 团队风采

孙伟琼

丁红菊

黄志英

胡海燕

王伟芳

孙宗良

王　静

王飞燕

石文芳

甘琪丽

李宝华

李爱菊

任思颖

刘　斌

刘艳华

陈小娟

陈玉平

张莹莹

欧明学

侯艳霞

徐　伟

黄　颖

曾芳艳

曾远扬

熊庆庆

目 录
CONTENTS

上 篇

# 路径指引

# 互动式逻辑课堂建构的现实迫切性

## ——对当今语文教学现状问题的梳理

李爱菊　刘　斌

语文具有知识性和人文性，语文学科注重学生知识的积累和人文情怀的培养，因此，语文教师如果有较强的课堂教学能力，就能带领学生取得良好的学习效果，完成教学目标。老的、陈旧的课堂教学不利于教师课堂教学能力的提高，著名的教育家、学者钟启泉教授认为课程改革的关键是教师的理论基础和教学实践能力。培养高中语文教师良好的课堂教学能力，不仅可以促进其自身和学生的发展，更能推动教学改革的进程，这是一个良性的循环。但当下的高中语文课堂教学中还存在着一些弊病，依然难以符合课改要求。

## 一、当前语文教学存在的主要问题

纵观当前的中学语文课堂教学，确实存在着许多不尽如人意的地方。经过笔者对相关文献的查阅，以及作为一线教师的调查和经验，笔者认为，目前语文教学存在的最主要的问题有以下几个方面。

### 1. 教学目标形式化

教学目标是指在课堂教学过程中所需要达成的目标，在描述过程中一般从"知识与技能，过程与方法，情感、态度与价值观"三个角度进行描述。《普通高中语文课程标准》（2017年版）提出了语文学科的核心素养，将教学目标进一步概括为"语言建构与运用""思维发展与提升""审美鉴赏与创造""文化传承与理解"。教学目标是教育理想在教育现实中的具体呈现，教学目标的确定不仅对课堂教学的实际效果发挥着重要作用，对教育教学更是起着举足轻重的作用。然而，在教师实施课堂教学目标的过程中出现了诸多"摆设"现象，如在课堂教学目标设计中存在形式化和机械化的现象，在实施中存在随意性和盲目性倾向等，进而严重影响了课堂的教学效率。

### 2. 教学课堂满堂灌

在当前的语文教学过程中，教师很少给学生思考的时间，主要表现有两种：一是教师希望尽自己所能把一切有用的知识全部塞给学生，至于教学效果如何，却很少有时间进行反思；二是教学内容比较多，教师为了完成既定的教学内容，为了节省时间，多是自己在讲解。教师在规定的时间将自己备好的内容讲解完，好像完成了任务，至于学生收获了多少，就不去考虑了。

### 3. 课堂问题缺少逻辑性

课堂中有效的问题设计可以体现出教学思路，也可以激发学生的思维，可以让原本满堂灌的课堂变成以学生为主体的思维碰撞的课堂。然而，很多教师在设计问题时缺乏逻辑性，缺乏针对性和启发性。这样的问题抛给学生后，不能使学生很好地启发心智、发散思维、激发灵感，不利于他们创造力的发展。

### 4. 课堂缺少互动性

孔子说，"教学相长"。教师在课堂互动中没有适当地引导学生，学生不知道怎么思考，导致冷场；或者学生思维过于活跃，导致课堂秩序脱离教师的控制，甚至出现混乱的情况。这是因为教师没有认识到学生思维的不成熟性和活跃性，教学设计按部就班，拒绝生成的结果，互动深度不够。课堂提问缺乏深层次思考，启发性问题少，集体回答多，追问比率低；学生往往只回答了表面的意思，没有思维的碰撞；互动看似热闹，实际上缺乏对文本的深入研究。这是因为教师不认真分析学情，一味尊奉教材，机械地照本宣科，导致教学只是停留在文本表层。

课堂中现存的这些问题不仅对学生知识、能力等素养的发展产生不利的影响，也使得教学缺少了生成、互动性而变得死板，同时也阻碍了教师的成长，降低了其作为教师的幸福感。

## 二、当前语文教学研究的主要着眼点

在多年的实践研究中，很多学者以及一线教师也认识到了当前语文教学存在的问题，对此提出了一些解决的方法，如合作探究式教学、问题教学、情境教学、互动式教学等。

### 1. 合作探究式教学

合作学习的教育理念现已被广泛应用到高中语文教学当中。合作学习有利于培养学生的团结意识、创新意识、竞争意识，有利于培养学生的交际能力，激发学生的学习兴趣。同学之间进行交流的学习方式，会促使学生掌握更多的知识；通过合作学习，学生由被动学习变为主动学习；对于老师提出的问题，通过探讨得出的结论，印象会更加深刻。所以，合作学习有利于提高学生的学习效率。

### 2. 问题教学

在新课改的理念下，问题教学得到了空前的重视。这一教学方法不仅受到教师关注，且符合新课改提出的探究式教学模式的要求，也引起越来越多的语文教学研究人员去研究、改进、创新。问题教学关注的是学生的主体地位，鼓励学生在课堂上积极主动提出问题，让学生在课堂中有自己的理解，通过由浅及深地对问题进行剖析，让学生能够掌握语文知识学习的方法，培养发散的思维。

### 3. 情境教学

随着新课程改革的深入推进，情境教学作为一种新型的教学模式在课堂中被广泛运用，并在实践应用中被不断地修正与创新，以此更加完善的适应教学。情境教学是教师充分发挥自身教学艺术，合理运用情境的教学法，如借助多媒体创设情境、运用表演模拟情境、巧设问题情境，或依据一定的生活实际和学生的理解能力构建与课文内容相似的情境，从而激发学生求知探索的欲望，引导学生由感性认识向理性认识发展，使学生快速感知课文内容，获得知识，最终提高学生语文综合水平，增强学生文化涵养，提高学生人文素养。

### 4. 互动式教学

在问题教学和情境教学的推进与尝试之下，在课改理念中更加强调学生的主体地位的背景下，互动式教学应运而生。

## 三、互动式课堂教学主要包括师生互动以及生生互动

### 1. 师生互动式课堂

师生互动式课堂"想学生所想"，"思学生所思"，一方面，可使学生处于积极、活跃、自由的状态之中，在与教师的对话中学习、领悟和生发出前所未有的知识、经验和情感体验，更重要的是，在对话中让学生感受到自己被尊重，享受着被人尊重的快乐，建立起自信；另一方面，教师也可体验到一种心灵的自由和丰富，这样的课堂，师生交流更多的是商量与切磋、补充与讨论、赏识与肯定、倾听与沟通、尊重与信任、平等与合作。师生双方"捕捉"对方的想法，产生积极的互动。这样一来，师生间人为的界限消除了，双方进入了一种开放的、多元的、具有无限包容的状态。

### 2. 生生互动式课堂

生生互动是一种让思维在共振中引发学生与学生之间在课堂上交换思

想的过程，它的运作方式是学生在课堂上互相讨论，互相切磋，这是构建和谐课堂生态的一种很有效的手段。首先，在生生互动中，每个学生都处于一种相对放松的心理状态，不用担心说错，特别容易激活思维，每个学生都有"畅所欲言"的机会；其次，在互动中，学生可获得更多的思维结果和思维方法，这对拓展他们的思维空间、培养他们的思维能力是很有益处的；最后，在互动中，学生会获得一种平等的交谈权利，这有利于他们的心理发展，也可使他们的合作精神、交往能力得到培养和提高。

综述以上课堂教学模式，研究者们主要通过提高课堂的外在形式进而使得教师的课堂更有效，使学生更大程度地学到知识，锻炼能力。通过课堂形式的多样化，提高教学效率的课堂探索必不可少，但关于课堂授课中教师如何构建文本和更好地贴近学生的逻辑思维等方面，研究的却不多。关于这种逻辑课堂构建，理论与实例相结合的文章更是少之又少。《普通高中语文课程标准》（2017年版）提出了高中语文核心素养，因此，为了填补这方面的空白，为了更好地指导教学，提升学生能力，锻炼学生思维，笔者试着联系教师、学生、文本三个方面，从基于语文核心素养的互动式逻辑课堂建构的角度进行研究，以期能有助于提高教师教学能力和学生语文素养。

为什么要注重逻辑思维构建？本文从以下几个方面进行了阐述。

## 四、语文教育是逻辑思维型教育

学生逻辑思维的培养是利于学生终身发展的，是一种逻辑思维能力的培养。教师应该在语文教学中培养学生的逻辑思维。

### 1. 逻辑思维的界定

逻辑思维可视为思维的高级模式之一，具体表示为与某项人为拟定的思维规则、思维模式相符的思维方式，通常提到的逻辑思维代表传统模式逻辑规则下的思维形式，往往也被叫作抽象思维等。具体来讲，逻辑思维具有确定性，不存在模糊不清的情况，是一种条理分明且具备依据的思维。鉴于在逻辑思维里面需应用到概念、判断等思维模式与比对、分析等手法，因此，应用于领悟此类思维方式与手法的程度便被称之为逻辑思维能力。

### 2. 逻辑思维教育是语文教育的内在要求

从语文教育的角度来看，语文教育本身的特殊性要求我们不仅要关注语文知识学习，还要重视学生思维的培养。首先，语文课的基本任务之一是训练学生思维。叶圣陶先生早在20世纪40年代就对在语文教学中进行思维训练的问题做了阐述："语文课的主要任务是训练思维、训练语言。"其次，语言与思维的关系密不可分，学生语文能力的提高很大程度上得益于其思维能力的提升。卫灿金教授在《语文思维培育学》一书中指出："语文科作为一门语言与思维相统一的学科，正是在语言和思维的结合上既发展着学生的语言，又发展着学生的思维。语文科的这一特点，是其他学科无法比拟的。学生的语言发展了，思维发展了，语文能力也就得到了提高，这样才能更好地促进其他学科的学习。"一方面，思维往往需要通过语言文字表现出来；另一方面，语言的理解和表达也离不开思维。我们运用听说读写进行思想交流的过程，其实就是语言的理解和表达过程。在这个过程中，我们既离不开语言，也离不开思维。在语言和思维的共同作用下所产生的思维结果要靠听说读写的方式来表达和交流，而听说读写的内容即语言所承载着的思维结果总是表现着一定的思想，所以说，语文能力的发展与思维发展有着很大关系。综上所述，语文学科不仅是一门学科课程，也是一种以语言文字为载体，蕴含着语文知识、思维实践以及人文精神的整体性结构的课程，因此，语文教育的内涵应包含对学生思维的培养。

**3. 逻辑思维教育是语文核心素养的要求**

结合目前语文课堂教学的现状，我们可以说语文教育正处在向思维型教育过渡的阶段。然而，在向思维型教育过渡的过程中，因为考试的压力，语文课堂教学仍存在重知识、轻思维，教学趋于模式化的现象，这就违背了新课程改革的理念。新课程改革明确指出要发展学生思维。《基础教育课程改革纲要》（试行）在"课程改革目标"中提出，面对时代发展要求，应培养学生的创新精神、实践能力，改变过去过于注重知识传授的倾向，使学生形成积极主动的学习态度。课程改革目标是整个课程改革的导向，这要求我们在教学中应由过于注重知识向关注学生思维转变，激发学生学习的主动性，培养创新型人才。可见，学生思维的培养已成为课程改革的方向。语文新课程标准也对学生的思维培养提出了要求。2003年《普通高中语文课程标准》（实验稿）将思维的发展直接列入了语文课程的培养目标，提到"增强思维的严密性、深刻性和批判性"，并在"阅读与鉴赏"中提到"在主动积极的思维和情感活动中，获得独特的感受和体验"，在"表达与交流"中提到"发展形象思维和逻辑思维，发展创造性思维"。贡如云、冯为民在《高中语文核心素养的实质内涵及培育路径》一文中指出："思维发展与提升也是高中语文核心素养的组成部分。"《普通高中语文课程标准》（2017年版）的学科素养中提出"思维的发展与提升"，课程目标中也明确提出"增强形象思维""发展逻辑思维""提升思维品质"。由此可见，随着课程标准的修订，学生思维的发展越来越受到重视。因此，培养学生思维是语文教育的内在要求，也是语文课程改革的迫切需求，更是语文素养的基本组成要素。因此，语文课堂教学应注重发展学生思维。

### 4. 高中语文教学中需有逻辑思维训练

《普通高中语文课程标准》（2017年版）指出，阅读属于采集整理信息与认知世界、锻炼思维、具备审美体验的核心举措。此处提到的"思维"便为形象思维和逻辑思维。实质上，各类型文本的阅读教学在学生逻辑思维发展上所起到的效用是存在较大差异的。通常写人状物的文本教学属于以形象思维间接促进逻辑思维发展，但叙事说理这一类型的文本教学则直接对逻辑思维进行训练。其共同点在于二者均属于学生、教师、文本的多重交流，属于思维撞击与心灵沟通的动态过程。故而在课堂教学中训练逻辑思维的途径具备多元性。针对记叙、描写这类文本教学，基于对事物形象有效认知，对于景物特性解析、文本中心概括、主要信息甄选等，学生均会通过对比、判断、分析等繁杂性逻辑思维活动施行。

譬如，《祝福》这一文本教学，教师在让学生了解了主人公的外部形象特性后，就开始从外到内依次分析其性格、命运，促使学生针对文本中描述的祥林嫂三次回到鲁镇的情形，以及每一次的精神外貌的描写，结合鲁四老爷、四婶、柳妈、村民以及新青年代表的"我"对祥林嫂的态度，探寻主人公死亡的真正原因，让学生认识到祥林嫂的死是因为封建礼教的迫害，就连鲁四老爷、四婶、柳妈、村民等都是深受封建礼教约束的迫害者。但是学生的思维到此还没有结束，此时，教师要带领学生深入分析"我"在小说中的作用，让学生明白"我"虽然没有帮助祥林嫂，但是"我"对她的遭遇是有些同情的，"我"是知识分子，"我"敢于直面黑暗社会，绝不退缩，绝不畏惧，是旧社会的疗救者、寻路者、积极探索者。

学生思维的启发、发散与提高，离不开教师课堂上有效的逻辑建构。教师只有先将逻辑建构好，找到学生的逻辑起点，才能带动学生思维由低级阶段走向高级阶段，才能在师生互动、思维碰撞中，唤醒学生生命的灵性。这样的课堂才是有"灵魂"的课堂，这样的语文课堂才能让学生的思维具有深刻性、敏捷性、灵活性、批判性和独创性，真正实现语文核心素养中的"思维的发展和提升"。

## 五、互动式逻辑课堂的建构

《普通高中语文课程标准》（2017年版）中明确提出了学生"思维的发

展和提升"，一些教师也开始试图在语文课上培养学生的逻辑思维。通过对所收集材料的分析，笔者发现，在逻辑思维型课堂教学中存在以下几方面的问题。

**（一）当前逻辑思维型课堂存在的主要问题**

**1. 以知识和教师为中心，学生缺乏思维的积极性**

知识的学习与思维是密切相关的，我国古代教育家孔子就曾说"学而不思则罔，思而不学则殆"。学生在学习过程中获得知识，又在知识的获得中提升思维。在课堂教学中，激发学生思维积极性是促进其思维发展与提升的前提。然而，在实际的语文课堂教学中，学生思维的积极性并没有得到应有的激发。

（1）教师停留在教知识的层面，不重视学生思维的培养

因为升学和考试的压力，教师的教学多带有功利化的性质，语文课堂上非常注重语文知识的传授。拿语文阅读教学来说，很多教师将文本的各个组成部分拆成许许多多的知识点来教。面对一篇文本，教师总是会有一套近乎模式化的教学流程：知人论世（作者介绍与写作背景）、字音字形、段落层次、课文语言、中心思想、写作手法。同时，教师也要求学生掌握其中与考试有关的知识，如语言知识、背景知识、写作手法、修辞知识、文化常识、论证技巧等。教师教的是知识，布置的也是知识型、识记型的作业，如背诵、抄写、默写古诗文、文言文翻译等，复习阶段更是如此，而这些作业考查的是学生的记忆力，学生的思维则被忽视了。整个课堂教学以知识为中心，对学生在学习过程中的思考却未给予足够的重视。

以某语文教师教授《琵琶行（并序）》的教学片段为例。

师：第三段主要写的是琵琶女的身世，我们一起齐读一下。

（学生齐读第三自然段）

师：大家读完了，我们先看一下里面的重要文言知识点。"秋月春风等闲度"里的"等闲"，"暮去朝来颜色故"的"颜色"，"老大嫁作商人妇"的"老大"，都是古今异义词。大家把这几个词用红笔圈一下。

师：谁能说一下这些词的古义和今义分别是什么？

生1："等闲"古义是随随便便，今义是普通、平凡。

师：说得很好。

生2："颜色"今义是指红、黄、蓝、绿等色彩，古义是容貌。

生3："老大"今义一般是指家里排行最大的，在这里指的是年龄大。

师：这里还有一个判断句，大家找到了没？

生："自言本是京城女"。

师：我们学过五种判断句的固定句式，下面我们一起回忆一下。第一种是"者，也""……者，……也""……者，……""……也"；第二种以"是""为"为标志；第三种句子中往往有"乃""则""皆""即""耳""诚"等词；第四种有"非"字；第五种是"刘备枭雄"这样的句式。大家把这些积累到自己的笔记本上。

（教师边讲边板书，让学生记笔记）

师：这一段描写了琵琶女的身世，作者是用什么手法写琵琶女的身世的？

生：对比。

师：将什么与什么拿来进行对比的？

生：年轻和年老。

师：是呀，从"十三学得琵琶成"到"秋月春风等闲度"，我们可以看出琵琶女年轻时美貌，有少年追逐，纵情欢笑。从后面诗句的描写，我们看到琵琶女现在色衰，独守空船，满腹心酸。

从上面这个教学案例中我们可以看出，教师花了较多时间引导学生归纳、总结古今异义和文言句式等知识，却忽视学生自身对《琵琶行（并序）》的理解、感受和思考。学生的学习较多的是知识上的积累，回答教师提问更多的是再现自己所获得的文言、写作手法方面的知识。这样的课堂，显然不重视学生思维的培养。这样的课堂，过于追求知识的积累，而使得学生的思维变得单一，缺乏思考。以小说单元为例，教师每每讲到小说就会强调小说三要素，即情节、人物和环境。可是，拿一篇新的小说让学生去分析时，学生不知道如何去探究文本的内涵。这些表现从本质上看，与我们在语文课堂教学中过于重视知识，忽视学生的思维培养有很大的关系。

（2）以教师讲授为主，学生缺乏思维主动性

课堂上，教师为了教给学生与考试相关的知识，青睐于教授式的、灌输式的教学方式，学生通过单纯的接受知识来学习，将老师的讲解内容抄在书上或笔记上，进行记忆和理解。在这样的课堂教学中，学生获得的是结论，不是自己思维的成果，因此在很多情况下也不会迁移、应用知识。从上述案例可以看出，教师对琵琶女的身世进行了独白式的讲授，主导着课堂教学进程与学生的学习进程，学生则是记下教师讲解的重点或黑板上的板书。师生之间与生生之间互动较少，学生的参与表现在朗读课文、回答教师为数不多的提问，而教师的考查也多是知识方面的考查。学生具有能动性，也是课堂教学的主体，然而知识型课堂教学却忽视这一点。就整个课

9

堂教学来说，教师主导着整个课堂，学生被当成接受知识的容器，自身思维的主动性被忽略。

（3）教师提出的问题低阶，使学生的思维停留在横向发展层面

课堂上，教师经常会问道："你在哪里看到这个特点的？从文中哪里可以看出？"

然后学生开始找依据。

以某位语文教师讲授《故都的秋》的教学片段为例。

（学生读课文）

师：本文是现代散文史上的名篇，感情浓厚，意味隽永，文辞优美，诵读宜慢不宜快，认真体会景物描写所蕴含的思想感情。

师：作者笔下，故都的秋有什么特点？

生：清、静、悲凉。

师：同学们齐读第一自然段（配乐）。

师：请同学们思考，哪些地方的景物描写最能体现故都的秋的"清、静、悲凉"？（采用小组讨论的形式）

生1：第三段"看到很高很高的碧绿的天色"，这给人清朗的感觉；听鸽声，这是以动衬静；还有"静对着喇叭花"，这都突出"静"。

生2：从"像花而又不是花的那一种落蕊，早晨起来，会铺得满地。脚踏上去，声音也没有，气味也没有，只能感出一点点极微细极柔软的触觉"一句可以看出清净的特点。

生3：……

（几个学生从文中找出体现清、静、悲凉的句子）

教师提出这样的问题，让学生形成搜索式横向发展的思维，这种思维是碎片化的。思维的品质要有深刻性，这种横向的思维无疑缺少思维的深度。

（4）以教师预设为主，学生缺乏思维的独创性

《普通高中语文课程标准》（2017年版）中明确指出了要提升学生的思维品质，其中思维的品质就谈到了思维的独创性。然而，这些方式却仅仅停留在形式上，实质上却是以教师的预设为中心，没能给学生充分思考的时间和思想碰撞的机会。整个课堂上，教师对学生的引导更多的是执行教案的过程，学生则是配合教师完成任务的角色，自身的体验和思考未引起教师足够的重视，缺乏充分思维的时间和空间。

从教学的过程来看，在自主学习阶段，学生往往还没有完全熟悉文本，教师就让学生谈谈自己对文本内容的认识；在合作阶段，教师以小组的方式

让学生对问题进行讨论研究，往往在学生还没有深入进去时，就让学生展示讨论的结果。显然，学生只是在形式上进行了自主、合作的学习，实质上因缺乏充分思维的时间而未进行深入思考的层面。

另外，这些语文教师往往以教材为中心，将教学参考书上的答案作为权威的解释，不注重自己对文本的思考。他们往往缺乏对文本独特的深入思考，多借助教参或者他人的教学设计，所以在教学活动中缺乏对学生问题生成性的解答，期望学生按照自己的预设来回答。在这样的课堂上，教师以自己备课的思路为指导，严格地执行着自己的教案，更加关注自己的预设；学生则是按照教师的思路来走，无法在对话交流中进行充分的思维碰撞和新的意义的生成。久而久之，学生的思维缺乏创造性。

**2. 问题启发性不足，无法引起学生思考**

提问是语文课堂上师生互动的主要方式，也是激发学生积极思维的重要手段。然而，一些语文教师因对学生了解不够，或者备课不充分，在课堂教学中提出一些流于表面和形式的问题，启发性不足。教师具有启发性的提问，往往可以使学生思维碰撞，从而引发学生的认知冲突，激发他们积极思维，促进学生的思维发展。教师缺乏启发性的提问会使得师生之间的互动仅仅停留在行为互动的层面，无法让学生的思维真正活跃起来。

以某教师教授郁达夫的《故都的秋》的教学片段为例。

师：秋是四季中意蕴最丰富的季节，是最充满诗意的季节，也是很多文人墨客所钟爱的季节，他们总是会用美丽的语言去诠释秋。我们一起回忆一下学过的描写秋景的诗句。

生1：毛泽东的"万类霜天竞自由"。

生2：刘禹锡的"自古逢秋悲寂寥"。

师：接下来，让我们一起去品味一下郁达夫先生笔下那独有的秋味。这篇文章主要是写秋的，作者写的是什么地方的秋？

生：故都。

师：故都在那个时候是哪个城市？

生：北平。

师：那么，作者为何不说"北平的秋"而说"故都的秋"呢？这样写有什么作用？题目已经为我们点明了所描写的地点"故都"以及描写的内容"秋"，那么，作者是不是仅仅写了北国之秋呢？

生：不是。

师：还写了哪里的秋？

生：南国之秋。

师：作者写北国之秋，为什么还要写南国之秋？这样写有什么作用？

生：这样就形成了对比，突出了作者对北国之秋的眷恋之情。

上面的案例中，教师提出的问题看似是简单的问题，实则是没有意义的、无效的，一方面，学生已经具备了一定的历史文化基础知识；另一方面，学生已具备初步浏览文章获取基本信息的能力，能很容易地从课文中找到答案，完全不需要教师这样与学生对话。因此，这样的问题学生不经思考便会准确答出。显然，这样的问题无法引起学生的思考。

**3. 重视问题的结论，忽视学生解决问题的过程**

教师为了让学生掌握更多的知识，或者为了完成教学进度，更重视学生对问题结论的获得，忽视对学生解决问题过程的关注。根据心理学的观点，学习者解决问题的过程实际上是一个思维过程。在问题的解决过程中，学生以已有的认知为基础，要进行一系列的思维操作，运用一些技巧和方法。由此可见，我们忽视学生解决问题的过程，其实就是不重视学生思维的外在表现。学生在解决问题的过程中探求问题的本源，寻求解决方法和途径，会深化对文本的理解；教师仅仅关注问题结论，忽视学生解决问题的过程，往往会导致学生知道正确的结论却不知道这个结论是如何得到的，限制了学生的思维发展。忽视学生解决问题的过程还表现在教师给了学生思维的机会，却没有对学生进行一些思维工具和方法的教育，学生在探讨中不知道如何去解决问题。实际教学中我们往往更加关注结论，而忽视引导学生运用思维方法和工具，导致学生缺乏解决问题的能力。

以某教师教授巴金的《小狗包弟》的教学片段为例。

师：《小狗包弟》中最能表达作者情感的句子是哪句？或者说本文的文眼是什么？

生1：不能保护一只小狗，我感到羞耻。

生2：我瞧不起自己，我不能原谅自己。

生3：我怀念包弟，我想向它表示歉意。

师：大家赞同哪位同学的观点？

（大部分学生都举手表示赞同第三位同学的观点，教师说自己也赞同第三位学生的观点，然后并没有解释为什么赞同就进入下一个环节。）

学生获得《小狗包弟》的文眼，这个获得的方式是教师直接给出答案，没有对另外两位学生的答案做出解释，忽视了学生的思考，缺失了学生自己去探索、解决问题的过程。学生对《小狗包弟》的文眼有不同的认知，恰恰说明了学生对这个问题比较模糊，思维不清晰。这时候，教师应该运用一系列的方法引导学生进行思维交流，寻找证据去证明自己的观点，培养学生深入思考的能力。教师直接给学生答案，一方面打消了学生回答问题的积极性，另一方面也限制了学生思维深刻性的提升。

由此，综观当前高中语文教学现状，很多教师在课堂上忽略了学生思维的建构。其实，逻辑思维在课堂教学中体现较少、教学内容中关于培养学生逻辑思维的内容略少等问题在语文教学中并不罕见，这些现实问题无疑给贯彻落实新课程改革标准造成了阻碍。鉴于这一现实情况，在高中语文教学中，教师要将新课改的要求落实到教育教学之中，将培养学生的逻辑思维能力落实到口语教学及书面语言表达教学之中，基于学生的实际情况，组织开展适宜的逻辑思维训练活动，从而逐步提升语文教学质量，提升学生的语文素养和逻辑思维能力，进而促进学生综合能力的提升。

**（二）互动式逻辑课堂建构的必要性**

随着我们教育工作的不断发展，高中语文教学模式也在相应地调整。为了提高语文教学质量，也为了使学生在拥有学习兴趣的前提下提升自己的知识和能力，高中语文更是要顺应时代的发展，探索出适合学生身心发展的教学模式。互动式教学模式便应运而生，我们所说的互动式逻辑课堂也就在此基础上产生了。互动式逻辑课堂注重以学生为本，遵循学生的认知规律，注重学生逻辑思维发展能力的提升，实现了课堂教学由"灌"到"学"、由"学"到"研"的转变。

过去的课堂教学中，我们常常围绕学生的"学"有针对性地"设疑"，努力让学生"生疑"，在合作、探究、展示等互动中"解疑"。这样做的结果往往会忽视学科系统的知识逻辑，忽视教学过程的逻辑性，忽视文本内部的逻辑性，忽视学生学习起点的逻辑和学习状态的逻辑。虽然这样使课堂教学看起来热热闹闹，但学生的思维往往是碎片化的，是横向的，不是链条状的。而且这种思维只是教师的思维，不是学生由浅到深、由易到难的思维过程。这样的课堂教学，不能使学生的思维能力很好地得到提升。

综观当前的课堂，师生互动增多，但容易停留在表面行为上；课堂气氛热热闹闹，但忽视了学生的积极思维；热衷于探究的形式和内容，却忽视了过程与方法的深入反思；等等。这些现象出现的原因就在于我们过多地关注课堂教学活动的外在形式，而忽视了其内在逻辑，殊不知，文本设计的内在逻辑才是提升学生思维发展的必需点。一味追求形式的课堂，其结果是课堂教学有温度而没深度、有数量而没质量，学生思维横向重复而不是纵向推进。为此，针对当前教学现状，我们用"互动式逻辑课堂教学建构"来探寻学科教材的逻辑性、教师教学设计的逻辑性、教师教学语言的层次性，训练学生思维和表达的逻辑性，使课堂教学达到提高学生逻辑思维能力的目的，从而使学生在学习中不仅能知其然，而且能知其所以然，让学生勇于思考、学会思考，帮助学生建构一种前所未有的具有自我组织、自我进化、自我完善、自我构建、自我发展并能形成具有独特个性的完整的智慧体系。

在高中语文教学过程中，逻辑思维的培养不仅仅是为达到教学目的，更是为了帮助学生获得学习语文的能力。如果学生对所提出的教学内容或者教学过程的认知能力有限，教师在教学过程中就必须有效地帮助学生进入学习状态并且引导学生学习，通过解决学生的现有能力所面对的认知问题，充分了解问题所在，使学生产生学习的动机，从而能够充分地进入学习情境，具备完成教学目的所需要的内部动力。对于高中语文教学来说，通过多样化的逻辑思维教学方法提高学生的学习效率，对学生语文能力的提升和整体发展都有着重要的意义。

# 互动式逻辑课堂建构的理论基石

## ——对语文学科核心素养的深入认识与解读

侯艳霞　王伟芳

"语文学科核心素养"是《普通高中语文课程标准》（2017年版）的核心概念，理解语文学科核心素养的构成要素和内在逻辑，是未来高中语文课程建设的逻辑起点，只有对语文学科核心素养有深入全面的认识和理解，我们才能更好地带领学生达到全面提升语文核心素养的目标。

## 一、互动式逻辑课堂的理念契合语文学科核心素养概念的提出与意义的认识

"语文学科核心素养"这一概念在我国语文学科中的孕育、内涵的明晰化以及所指的确定性，既是国外教育观念直接植入或激发的结果，从观念上看是适应全球化和数字化时代学科教育变革的要求，从技术路线上说是受DECD等组织发起的基于素养的课程或评价改革运动经验的直接启发，也有着我国语文教育自身的发展逻辑。我国百年现代语文教育史是不断被批评的历史，也是语文教育学科不断适应与自我建构的历史。可以说，"语文学科核心素养"这一概念是内外两种力量相互作用的结果。因此，对语文核心素养内涵的理解和把握，既要立足于国际教育变革的大背景，更要基于我国一百多年来现代语文教育的发展历程，尤其是改革开放以来的矛盾与变化，只有这样，才能认清语文学科核心素养对语文课程建设的真正价值。

### 1. 从国际教育变革的大背景看语文核心素养概念的提出与意义

教育是人类社会特有的活动方式，是人类自身的再生产和再创造。首先，良好的教育有助于培养有知识、高素质的文化人。其次，教育能够提高整个社会的思想格调，提高公众的智力修养，提升国家的软实力。当今世界，国家之间的竞争说到底是人才的竞争。教育在国与国的竞争中起着至关重要的作用。

教育——这种人类的再生产和再创造活动，与它所从属的时代是密不可

分的。它随着经济的发展而发展，随着生产技术的演进而演进。人类社会每一次影响深远的教育大变革，无不是社会生产力、科技发展和经济领域大变革的产物。正如哈曼和罗森堡在《教育未来学的方法论》一书中所指出的："教育只是一个更大的社会体系的一部分。只有在这样的背景中，我们才能满意地理解和探讨许多教育问题。这些教育问题不能单靠教育体系的策略去求得解决，我们还需要社会相互作用的各个部门的那些广泛的、综合的策略。"无疑，时代的发展对人才提出新的要求，进而促使教育发生变革。

在传统农业社会中，教育关心的是专业技能的培养和传统文化与价值的传播。在中国的农业社会中，农耕技能通过家族之间的口口相传得以传承，传统文化和经世之学则通过私塾的方式进行传播。工业时代的学校教育模式，其主要功能或价值就是把受教育者培养成为生产者和劳动者，成为生产和消费的工具。随着人类经济发展进入转型期，特别是进入20世纪下半叶以来，电子信息技术广泛应用于各个领域，经济结构开始向服务型经济转变，技术阶层迅速崛起，大规模的劳动密集型生产被新型机器取代，传统的标准化、规模化的制造模式开始转变为个性化、定制化的生产模式。自由、选择、个性、创新成为后工业化时代社会发展的主要特点。新时代的到来，不仅改变着人们的生产方式和生活方式，同时也改变着人们的思维方式和学习方式，因而对传统劳动型人才的培养模式也提出了新的要求。这是对教育的严峻挑战，也为教育的改革发展提供了机遇。工业时代形成的教育模式的弊端日益显现，世界范围内要求对教育进行改革的呼声越来越高，新一轮的教育改革浪潮也随之在全世界掀起。新的时代对人才提出了新的要求，也对人才的培养方式提出了新的挑战。

"明天的文盲将不是目不识丁的人，而是不知道如何学习的人。"国际21世纪教育委员会在1996年向联合国教科文组织提交的报告《教育——财富蕴藏其中》中把"学会认知""学会做事""学会共同生活""学会生存"作为未来社会教育的四大支柱。而这一思想很快就被世界许多国家所认同、接受，并推动了各国的教育改革。1998年，美国的珍妮特·沃斯和新西兰的戈登·德莱顿合著了《学习革命》，他们颠覆了以往的学习理念，旗帜鲜明地强调学校应该让学生"学习怎样学习和怎样思考"，这比教给学生知识更加重要。这些对教育的新要求，正是在后工业时代背景下、在对人才的新需求的基础上产生的。

进入21世纪，人类正以惊人的加速度走出工业文明，步入信息时代。新信息时代要求技能的多元化，对人才的培育提出了全新的要求。国际上热议的"21世纪素养"正是对新型人才的全新描述。尽管各国对人才核心素养的定位和追求各不相同，但重点培养富有独立思考判断能力、富有创造力、面向未来、全面发展的复合型人才，成为知识经济全球一体化背景下，时代对人才的共同认知和追求。当前，大数据、云课堂、云教育、云技术、翻转课堂、STEAM课程、MOOC、微课等教育领域的新事物、新名词扑面而来，让我们应接不暇。如果我们的学校教育还不转型，依然沿袭工业时代的"把人当机器来培养"的模式，让学生沉浸在知识点的重复记忆和强化训练中，那就依然是把人当成生产线上的"螺丝钉"去培养。这样的培养模式，已严重背离时代的需求。在新的形势下，虽然教育的本质依旧是育人，但"育什么样的人""育人的什么"却发生了根本性的变化，即不再把让人实际拥有知识、能力作为唯一重要的育人指向，而是把致力于提升人自由互联的智慧作为其核心追求。科技是第一生产力，科技的发展需要人才，而教育则为人才的培养、科技的进步提供了强大的动力。技术的不断革新带来知识的不断变革，知识的变革必然对人才提出新的要求，进而导致教育的变革；同时，教育的变革将反过来促进技术的发展，加快时代的进步。

科技的竞争归根到底是人才的竞争，因此，教育成为当今世界各国国力竞争的制高点。过去僵化地获取知识的时代将一去不复返，取而代之的是寻求不断获取新知识的方法，即学会如何学习。唯有如此，教育才能不断适应日新月异的新时代对人才的新需求。北京师范大学中国教育创新研究院受世界教育创新峰会组织的委托，对全球21世纪核心素养教育实施的经验进行了梳理与总结，在《提出21世纪核心素养的驱动力研究》中分析了当今时代的总体特征：全球化、知识时代、科技发展与信息时代。对于新时代对人才提出的新的素养要求，虽然各国的着重点不尽相同，但学会学习与终身学习、具有创造性与问题解决能力成为当今时代对人才的总体要求。在信息时代，各国教育普遍关注人的高级思维的发展，如人的沟通能力、信息处理能力、创造能力与解决问题的能力。当今时代对人才的要求越来越高，对人的综合素养特别是核心素养的要求越来越高。教育作为培养未来人才最重要的途径之一，在应对时代变化的过程中也在不断进行自我探索和革新。"语文学科核心素养"这一概念就是在21世纪信息时代的大背景和"以人为本，终身发展"的教育变革的大背景下提出来的。

**2. 从我国现代语文教育的发展历程看语文核心素养概念的提出与意义**

回顾我国过去一百多年的现代语文教育史，感觉它就是一部被不断批评、质疑的历史。1922年，新学制刚推行就如此："现行学制，最使人不满意而招警议的，就是中学；而中学国文成绩不良，又是这许多使人不满意而招警议的原因之一。"对语文教学质量的抱怨几乎就没有停止过，仅在社会上引起较大反响的讨论就有七八次之多。不过，百年现代语文教育史既是一部被不断批评的历史，也是语文教育根据社会变革和学习者的需要不断做出调整，以适应社会需要的历史。比如，中华民国初期的新学制适应了社会表达范式变化的需求；"五四"以后与生活教育、平民教育、职业教育结合的语文教育多元化，适应了启发民智和改造社会的需求；1949年以后的语文教育规范化适应国家统一和社会建设的需要；"文化大革命"结束后的科学化适应四个现代化的需要。如果说中华民国时期的语文和20世纪50年代初期的语文由于在很大程度上受社会环境的影响而没有完全按照语文自身的逻辑健康生长的话，那么，在"文化大革命"结束后尤其是改革开放以后的这四十多年里，语文教育则基本上摆脱了过去的许多干扰，获得了较大的独立发展空间。从语文教育内部运行的轨迹看，这一时期又可以分为几个阶段：20世纪70年代末是短暂的语文教学秩序恢复阶段，其代表性口号是"抓双基"；20世纪80年代初到90年代中期是探索语文教学规律、追求高效教学的阶段，其代表性口号是"语文科学化"；20世纪90年代末到21世纪初的十多年，是语文教育纠正科学化偏差、重新强调育人功能的阶段，其代表性口号则是"语文素养"。在这四十余年里，语文教育观和课程取向经历了从"工具—科学"向"人文—素养"的转变。这几个阶段的初始期，也几乎都是语文教育的繁荣期。今天的语文学习环境和语文学习者对语文教育的核心需求是什么？如何去适应这些需求？这是新语文课程首先需要做出的判断和回应。

以"语文学科核心素养"为中心的《普通高中语文课程标准》（2017年版）（以下简称"课标"），可以看作对当下语文学习背景和语文学习需求做出的积极回应。一般来说，决定课程价值和实施效果的主要因素是课程观念、课程内容框架和课程实施路径，课标在这三个层面都做出了富有积极意义的回应。在课程观层面，2017年版课标虽然也沿用了"人文性与工具性统一"的说法，但在实质上"语文学科核心素养"已经扬弃了过去将"工具"与"人文"平行排列的机械、平面的"二元对立"思维，而代之以多层面和互相促进的"融合论"。在新课程观中，"语文""核心""素养"这三个关键词的内涵应该都是有所指的。其中，"语文"强调的是语文学科的特殊地位，明确了语文学科在整个学科教育结构中的基本职能，有利于将语文学科的定位从以往一些时期过于泛化的育人目标中区分出来；"核心"强调的是语文课程内容上的特点，它提醒人们在知识爆炸、信息化加速的背景下，在课程架构和教学内容选择中如何透过纷繁的语言现象去选择材料，提纲挈领地组织教学内容的意义；"素养"强调的是语文学习指向学生终身发展的目的特点，它提醒人们应超越单纯的某项学习内容和具体学习活动的优劣得失之争，而更关注于关键的、综合的素养，利于学生未来的发展。

在课程内容构架层面，2017年版课标没有采用过去常用的以课时顺序、语文知识体系或文体为纽带来组织语文学习内容的做法，而是以18个"学习任务群"来构建课程内容。学习任务群的意义不仅仅在于变换课程内容的划分方式，而且将学习内容和学习活动加以整合，并赋予其更多建构意义。学习任务群所回应的正是日益凸显的知识世界的丰富性、学生情况（包括学习基础、需求）和学习方式的多样性，以及人类对认知方式日益深入的理解。以学生情况为例，19世纪前半叶的中小学生之所以对学校语文课堂和自己的语文教师有较大兴趣，很重要的原因是其许多学习材料、阅读策略和写作经验得自语文课堂，来自教师的讲解，甚至学生的不少阅读书目也多来自教师的推荐，"一桶水"和"一杯水"的比喻也基于此。而如今，学生面对的文本世界与以前大不相同，如果不把校外阅读也纳入语文学习课程体系，不按更个性化的标准衡量学生的语文学习状况，不抓语文学科核心素养的获得，而是过于注重具体的知识，则必然难以满足学生的需求，学校语文课程在学生心目中的地位肯定还会下降更多。而从理论上说，学习任务群的概念则给了以新的结构模式组织语文学习的可能。

第三个层面即课程实施层面。语文学科核心素养观所预设的实施路径是"积极的语言实践活动"，它所回应的是如何对待日益严重的语文学习抽象化问题。如前所述，自现代班级授课制实施以来，语文学习方式与言语实践方式的分离状态日趋严重。但是，新的课程标准应在对抗这种分离方面有所作为，它不应仅仅是观念的，还应该是有操作路径和操作性的，即通过真实的言语情境和学习任务驱动，减少抽象的碎片化的学习，让语文学习部分靠拢生活，回归言语实践活动的本质，这样才能从实施层面体现出语文学科核心素养的真正价值。

## 二、互动式逻辑课堂的实践有赖于对语文学科核心素养四个维度的内涵的理解

《普通高中语文课程标准》（2017年版）提出了"语文核心素养"的概念，其内容包括四个维度：语言建构与运用、思维发展与提升、审美鉴赏与创造、文化传承与理解。

### 1. 语言建构与运用

语文教学是一种母语教育，因此，语文教学的首要任务是发展学生的语言能力。学生的语言能力可分为两个方面：一是对语言的认知力，二是对语言的运用力。语言的认知力，是指人对外界信息的接受力，体现在人对语言的认读力和领悟力上。人接受外界信息的主要方式是阅读和听闻。无论是阅读，还是听闻，首先是识得文字、听懂语音，没有字、词、句方面的障碍，这是"认读力"；其次是透过表面的意思深悟掩藏在字、词、句背后的含义，这是"领悟力"。具有了这样两种能力，接受外界信息才不至于发生障碍。语言的运用力，是指人所具有的通过语言传播信息的一种能力，主要体现在人的遣词造句的能力和运用艺术手法的能力两个方面。人传播信息的方式也有两种：写作与言语。无论是写作，还是言语，其能力首先表现在遣词造句上，然后才能谈到艺术手法。有了遣词造句的能力，可以做到基本的交流；有了运用艺术手法的能力，可以做到更好的交流。

对语言的认知与运用的前提是对语言的"建构"。人的语言能力不是先天具有的，而是后天通过学习获得的，获得的过程就是"建构"。语言的建构主要表现在三个方面，一是对文字的认知，二是对词汇的积累，三是对句式的占有。在这三个方面有了一定量的积累后才能建构起自己内部的语言系统和言语系统，也只有在建构起自己内部的语言系统和言语系统后，才能建构起对语言的认知力和运用力。只是"认知""积累""占有"还不能称之为语言素养，在此基础之上，还要学会运用。正如蔡可所说："自觉整理在学习中获得的语言材料（文字的认知、词汇的积累、句式的占有）和语言活动经验；在梳理的基础上……发现其中蕴含的语言规律，并能用自己的语言加以解释。"这时才能称之为"语言素养"。

### 2. 思维发展与提升

语言与思维之间的关系尽管到现在为止依然还存在着争论，但马克思的"语言是思维本身的要素，思想的生命表现的要素；语言是思想的直接现实"的观点，得到了学界的普遍认同。按照马克思的这一观点来看，语言和思维是人类反映客观现实时的意识形态中的两个方面，它们互相联系又相互区别，两者的统一就构成了人类对客观现实的反映形式。思维是人脑对外部现实的反映，语言则是实现思维的物质外壳，两者不可分割。可见，一个人运用语言进行言语的过程就是其思维的过程，语言的构建就是思维模式的构建。教师必须明白，落实"思维发展与提升"，其载体是语言教学。只不过其侧重点不是语言形式，而是其内含的思维规律。

人类的思维分为线性思维和非线性思维。线性思维能力包括辨识、分析、比较、归纳、综合、概括、推理等能力；非线性思维能力包括联想、想象、辩证、批判等能力。思维力的提升同母语习得一样，都具有"自发性"，即没有别人的"教"，人的思维能力照样可以成长和发展。教师在其中的作用是"助推"，让学生成长得更快一些、更好一些，让学生在思维的发展与提升上由"知其然"到"知其所以然"，由"自发"走向"自觉"。思维是人类生活中的一种现象，自然会有很多的规律和方法可寻，教师的任务便是将这些规律和方法教给学生，并通过训练使学生形成思维能力。

**3. 审美鉴赏与创造**

审美是一种主体对客体的体验，是人类一种特有的精神活动，是人走向更高层次、做一个精神丰富的人的必由之路。审美是在理智与情感、主观与客观的具体统一上追求真理、追求发展。背离真理与发展的审美，是不会得到社会长久普遍赞美的。人之所以需要审美，是因为世界上存在着种种事物，需要人去取舍，从而找到适合自己的那些事物——美的事物。审美，除了愉悦自己之外，在很大程度上也是一种自我完善。审美的过程是体验，其方法是"鉴赏"。"鉴"是分析，是辨别，是挑选；"赏"是欣赏，用愉快的心情感受对象的存在。"美"还可以被"创造"。"鉴赏"美的过程实际上就是一个人创造美的过程，没有创造就没有"审美"，创造美的过程实际上就是一个审美的过程。这是"创造"的第一个含义。"创造"的第二个含义是指创造出一个审美对象，让别人去欣赏。语言运用的最高形式就是能够创造出一个个"审美对象"来，让别人去欣赏。创造出"审美对象"让别人去欣赏既是愉悦别人的过程，也是愉悦自己的过程。因此，让别人欣赏的过程，于己也是一个审美的过程。

学生接受审美教育就是一个"提升自我"的过程，让自己走向更高层次。教师的任务是引领学生学习"审美"方法，提升"审美"能力，构建"创造美"的精神。

**4. 文化传承与理解**

文化是一个民族的命脉，文化的发展是一个不断吸收与扬弃的过程。民族的下一代是必须继承民族传统文化的，与此同时，对不同民族、不同地区的文化也要给予理解和吸收。语言文字本身就是民族文化，同时，它又是民族文化的载体。语文教学必须承担"传承与理解文化"的任务，这是毋庸置疑的。

"文化传承与理解"的任务之一是提高学生的"文化自觉"意识。"文化自觉"是指一个人对本民族文化地位、作用的深刻认知，对民族文化和世界文化发展规律的正确把握，对文化发展历史责任的一种主动担当。

"文化传承与理解"的任务之二是形成学生的"文化自信"态度。"文化自信"是一个民族、一个国家对自身文化价值的充分肯定和积极践行，并对其文化的生命力持有坚定信心。学生在继承民族文化的过程中，通过"文化自觉"形成民族的"文化自信"。

"文化传承与理解"的任务之三是拓展学生的"文化视野"广度。"文化自觉""文化自信"不是闭关锁国下的夜郎自大。在"文化自觉""文化自信"形成的过程中，要接纳世界不同民族的优秀传统文化，与此同时，要放开眼界，与时俱进，将世界各国优秀文化吸收进来，为我所用，形成自己的"文化视野"。

总之，文化自觉实际上就是文化的自我反思、自我觉醒的过程。当然，正如费孝通先生所说："文化自觉是一个艰巨的过程，只有在认识自己的文化，理解并接触到多种文化的基础上，才有条件在这个正在形成的多元文化的世界里确立自己的位置，然后经过自主的适应，和其他文化一起，取长补短，共同建立一个有共同认可的基本秩序和一套多种文化都能和平共处、各抒所长、联手发展的共处原则。"

## 三、互动式逻辑课堂的效果取决于对语文学科核心素养四个维度内在联系的把握

"语言建构与运用""思维发展与提升""审美鉴赏与创造""文化传承与理解"，这种排列不是一种并列关系，它们的先后顺序是不可颠倒的，是有渐次性的。

### 1. "语言建构与运用"是外部基础

"语言建构与运用"之所以排在第一位，有这样几个方面的含义：一是"首要"的意思，在这四个方面的素养中，"语言建构与运用"是第一重要的；二是"核心中的核心"之意，语文教育是母语教育，说到底是一种语言教学，它必须居于最核心的地位；三是"底座"之意，其他三个方面是建构在其之上的一种更高要求，没有"语言建构与运用"做基础，其他三方面都无从谈起。吕叔湘先生早在四十年前就指出了语文教育的"少慢差费"的问题，然而时至今日，我们的语文教育仍未能解决"大多数人不过关"的"咄咄怪事"。应该说，我们对于语文的习得规律认识存在偏差。2017年版课标的核心素养的确立，为我们找到了解决问题的突破口。课标中明确提出"语

言建构与运用"是语文学科核心素养的基础，学生的思维发展与提升、审美鉴赏与创造、文化传承与理解，都是以语言的建构与运用为基础的。语文的学习首先是语言建构与运用的学习，语言建构离不开学生自主地积累语言材料、梳理语言运用方式，将已有的知识结构与积累的新语料相融合，形成新的知识图式，成为自我的语言运用表达工具。语言文字的运用以语言文字的建构为前提，在积累与建构的基础上将语言运用的表达方法融会贯通，进而为表达思想、审美能力提升与文化传承打下基础。对言语知识的深刻解读是语文深度教学的前提。教师只有深入挖掘文字符号背后的逻辑、思想、方法、情感等价值，才能使学生走出对言语知识简单掌握和机械记忆的浅层学习，才能使言语知识教学充分展现对学生个体成长和发展的意义。也只有当教师通过一定的方式对言语知识所包含的本质、规律、思想、价值等进行一定的转换处理后，学生才能够更好地理解语言符号，进而建构起自己的知识网络。

**2. "思维发展与提升"是内部基础**

隐藏在语言运用背后的是语言文字运用者的思维逻辑与思想内涵。语言运用离不开思维。维果茨基通过实验研究发现，人的思维和言语，即思维和语言运用的形式不是同步的，这就解释了许多学生"词不达意"的问题。想要更好地表达思想，就要有充分的语言材料积累，在丰富的语料库中搜寻与思想内容相匹配的语言，对其进行整合运用，恰如其分地表达自己的思想观点。语言是思维表达的依托和凭借，沟通交流及信息传递需以语言为媒介。学生需要在语言文字的建构中丰富自己的语言文字积累，对现有的语言能力进行梳理整合。因此，语言建构与运用是表达思维的基础和媒介，在语言积累量和运用能力达到一定水平后，语言所表达的内容才能趋近于语言运用者所想表达的思想内容本身。语言的成长就是思维的发展，思维的发展就是语言的成长。"语言建构与运用"在语文核心素养中具有基础性，那么"思维发展与提升"在语文核心素养中也就具有了基础性。这两个基础所处位置不一样，"思维发展与提升"是内部基础，是人脑无形无声的内部活动；"语言建构与运用"是外部基础，是人运用语言的形（书面语言）或声（口头语言）而进行的外部言语活动。这两个活动正好互补，没有纯粹意义上的言语活动，所有的言语都基于并伴随一定的思维，而语言又是思维的工具。思维是大脑对感知到的客体进行分析、综合、评价和创造的一种心智活动，语文深度教学要求学生综合运用发散思维、聚合思维、求异思维等思维方法，并运用一定的判断准则和逻辑思考，将片段、零散的言语信息组合成一个整体，进而利用整合的结构性知识去解决复杂情境中的问题。学生如果不具备归纳、演绎、推理、综合等思维品质，那么，呈现在其大脑中的言语知识必然是随机的，非连续的。学生拥有了整体性和综合性的思维能力，语文学习才能够达到一定的深度。

只有在"语言建构与运用"和"思维发展与提升"的基础上才能进行"审美鉴赏与创造"和"文化传承与理解"。后两者既是人的心灵需要，也是语言和思维能力运用和发展的自然结果。

**3.** "审美鉴赏与创造" "文化传承与理解"是更高能力

"审美鉴赏与创造" "文化传承与理解"是一种并列关系。"审美鉴赏与创造"的要义是：在语文学习中，学生通过阅读鉴赏优秀作品、品味语言艺术来体验丰富情感、激发审美想象、感受思想魅力、领悟人生哲理的，同时逐渐学会运用口头和书面语言来表现美和创造美，形成自觉的审美意识和审美能力。"文化传承与理解"的要义是：学生在语文学习中，能够继承中华优秀传统文化，理解和借鉴不同民族、不同地区的文化。可见两者并没有明显的层递性，两者都是在前两个素养的基础之上构建起来的更高能力与素养。"审美鉴赏与创造"和"文化传承与理解"在人的素养体系中虽然并列，但有所区别，前者偏于感性，后者偏于理性，两者同样是互补的。

语文教学对象所具有的审美性特征是显著的，因而培养学生鉴赏美和创造美的能力就成了语文深度教学的应有之义。语文深度教学的开启，就是语文审美旅途的开启。在这段旅程中，作为审美主体的学生，只有在教师科学的引导下，由被动的审美鉴赏者转变为主动的审美创造者，才能够充分感知语言符号背后所蕴含的形象美、情趣美、理性美、意蕴美等丰富的美学内涵。也只有当学生对审美对象有了深度的体验，他们才能够不断发现语文学习这一审美旅途中美的风景。长此以往，学生发现美、鉴赏美和创造美的能力才能不断拓展和提升。

语文课程的人文性决定了"文化传承与理解"是语文核心素养的重要组成部分。语言文字是思想文化的载体，因而传承与理解人类历史上积累起来的优秀文化，既是语文教学的要求，又是学生成长和发展的需要。在语文教学中，学生只有充分挖掘文字符号背后的文化资源，不断扩大文化视野，形成自己的思想体系，才能够真正理解文化的多样性，自觉肩负起文化传承的责任。没有文化的教学是肤浅的教学，没有文化的课堂是冰冷的课堂。语文教学只有实现了对学生思想文化的浸润和滋养，才会真正焕发出生机和活力，才能真正具有文化的自觉。

## 4. 核心素养下互动式逻辑课堂是更高追求

技术主义取向的课堂教学，以显性知识的获得为主要教学目的。教学中的师生互动带有浓厚的预设色彩，即教师的每一个教学环节都会千方百计地将学生的思维引导到自己预设的轨道上，学生获得的是被教师咀嚼后营养所剩无几的知识，形成的是教师复制后的思维成果。课堂中教师隐性的"话语霸权"模式，束缚了学生的思想和个性，阻碍了学生潜能的发挥，这样的教学是低效甚至是负效的。语文课程丰富的人文内涵决定了它不能像数理化课程那样能够通过显性符号传递的方式让学生学习和接受。语文课程中学生作为自由存在的个体，只有对其意义进行自由探寻和创造，语文课程的价值才能得以充分地彰显。因此，教师要充分尊重每个学生的人格、意志、思想、情感，为学生搭建与文本深度对话的平台，让学生在动态对话中主动探究反思，在批判理解中重构文本的价值意蕴，在与教师和同学的启发交流中共享知识收获和思想情感。

知识是语文教学必须首先面对的问题。语文教学要突破长期以来知识在符号表征层面停滞不前的困局，就需要教师引导学生理解和把握知识的逻辑形式和意义价值，引导学生分析和思考语文知识的来源、语文知识的本质与规律、语文知识与学科间知识的关系、语文学习的方式方法、语文知识的人文价值等。这样，教学才能够有深度。当然，我们并不是要刻意追求语文知识的难度和深刻程度，而是指在学习语文知识的基础上增添新的元素，让学生结合自己的认知特点，整合生成新的语文知识结构。学习者要想准确地把握文本或他人言论背后的深层含义，就需要利用逻辑思维、辩证思维、批判思维等方法，将碎片化、随机性的符号信息整合成一个结构化的体系，形成一种抽象的逻辑思维结构，才能顺利解决问题。《普通高中语文课程标准》（2017年版）指出，要"重视培养学生的创新精神和实践能力"，"重视培养感受、理解、欣赏和评价的能力"，实际上就是针对高阶思维提出来的要求。这种有深度的思维训练，一方面可以保持语文教学的新鲜感和挑战性；另一方面，也能发展和提升学生的核心素养。要提升学生发现美、体验美、欣赏美和评价美的能力，教师就应该为学生创设相应的学习情境，在有温度的言语实践情境中，对学生进行移情、启真、扬善的审美教育。站在历史与现实相结合的高度，细细咀嚼和品味文本中的文化精华，以全新的视角和方式深刻理解中华文化和世界先进文化的内涵，在潜移默化中培养学生宽广的文化视野、远大的文化理想和传承人类优秀文化的自觉意识。

研讨是提升深刻性、灵活性、批判性等思维品质的一种极佳途径。讨论不是简单的倾听，它需要在短时间的对话中或接受，或反驳，或补充对方的观点，这需要敏捷、灵活、批判的思维。在研讨过程中不断审视自己或对方的观点，或完善，或推翻，一步步地将自己的思维开拓深入，这是深刻性思维培养的一种体现。此外，在研讨过程中，要把自己的观点准确地表达出来，并让同伴理解乃至接受，又是运用言语进行交流沟通的能力培养。这里，要想保证研讨成效，就得明确研讨问题的设计要求。笔者认为，问题的设计应当具有鲜明的层次性和明确的导向性。

以《登岳阳楼》的研讨为例，笔者设计了四个问题，交由学生小组讨论：

（1）本诗所描写的景物各有什么特点？

（2）颔联所描绘的景与全诗抒发的情感形成怎样的关系？

（3）缘景明情，分析作者在尾联中为何"涕泗流"。

（4）这首诗该如何朗诵才更符合诗人所置身的情境？

第一个问题的设置着眼于学生直觉思维、形象思维的培养，让学生借助想象和联想品味诗人所创设的意境，从而为分析第三个问题"通过缘景明情的鉴赏方法体会诗人的情感"奠定基础。第二个问题注重学生逻辑思维、辩证思维的培养及审美鉴赏能力的提升。颔联描绘了洞庭湖水势浩瀚的雄壮景况，颈联却笔锋一转抒写诗人及国家的不幸，这是一种以乐景写哀情的技法。学生通过对这一问题的研讨及明确，相应的思维、审美方面的素养得到了一定的培养。第三个问题关注辩证思维的培养及爱国文化的传承，引导学生通过分析作品的意象特点、组合方式以及情景之间的关系，感悟诗人漂泊流离依旧不忘忧国忧民的伟大情操。第四个问题关注语言的表达与审美鉴赏，如何朗诵既是语言的一种运用，又是对作品内涵的深刻体味。

当然，"学科核心素养"的四个维度是针对整个学科而言的，不是针对每篇课文而言的，也不是针对每一节课而言的。就某一篇课文或某一节课而言，可能只能落实其中的某一个维度，甚至是某一个维度的某一种要素。如何用高中三年教材的全部课文，来构建起落实"学科核心素养"四个维度的网络体系，是一项艰难而又复杂的工程，仅靠教师个人是难以完成的。其艰难在于，它要求教师对某篇课文的特质要有清醒而又准确的认知，只有有了这种认知才能决定该篇课文适合落实哪一个维度或是某个维度的哪个要素。

例如，《林黛玉进贾府》是一篇古代白话文，已经不太适合今天的学生学习，所以"语言建构与运用"这一维度就不太适合在这篇课文里落实。它属于现实主义作品，其"想象特征"和"理性思考"都不明显，所以也不是落实"思维发展与提升"这一维度的最佳载体。它节选自《红楼梦》，而《红楼梦》是优秀传统文化中的代表性作品，所以它是落实"文化传承与理解"的最好载体。《红楼梦》在艺术上走向了我国古代文学艺术的巅峰，所以，它又是落实"审美鉴赏与创造"的最好载体。

基于以上分析，可以把学习《林黛玉进贾府》落实"学科核心素养"细化为：

1. 通过对作者和课文写作背景的介绍，让学生了解《红楼梦》在中国文学史上的地位，提高学生文学素养。

2. 通过分析小说的环境描写和人物塑造，赏析小说的艺术性，提升学生审美素养。

综上所述，语文核心素养是应新时代对人才的要求提出的，也是随着我国语文学科探索发展而来的可贵的理论精粹。它是学生在积极主动的语言实践活动中构建起来，并在真实的语言运用情境中表现出来的个体言语经验和言语品质，是学生在语文学习中获得的语言知识与语言能力、思维方法和思维品质，是基于正确的情感、态度和价值观的审美情趣和文化感受能力的综合体现。素养是人身上的综合品质，存于内而现于外。素养常常在微观的心理和细节的行为上体现，本无所谓"核心"与"外围"。所谓核心，不过是一种更明确的宏观概括——这几个方面可以带动一些更细微的内容。素养是综合的，本来是不能分解的。之所以分解开来说，是为了表述和阐释，为了交流和交换意见、展开讨论。把一个完整的思想分解开来阐释是常有的事。指向核心素养培育的语文教学，主张全面观照语言、思维、审美和文化，反对知识的强制灌输、思维的机械训练、审美的牵强附会和文化的贴标签式渗透。为了让课堂教学有深度，教师就应该合理确定教学目标，深刻解读语文教材，精心创设教学情境，有效构建对话关系，合理实施评价反馈。唯其如此，语文深度教学才能获得长足发展，学生的核心素养和学习能力也才能够在深度参与中获得可持续性的提高。教师只有深入理解语文核心素养四个维度各自的内涵，灵活把握四个维度的深层联系，才能在日常的教学中真正把握教学目标，发掘教学价值，全面提升学生的语文素养。

# 互动式逻辑课堂建构的有效策略

## ——对提升学生语文学科核心素养的实际操作

徐 伟　王 静

在语文教学中培养和提升高中生四大核心素养，是高中语文教学改革的方向和任务，也是将课堂教学由应试教育向素质教育转变的方向和任务。高中语文是一门兼具工具性和人文性的学科。无论是经典诗词歌赋，还是小说、散文等，都蕴含着丰富的思想资源，对于学生获得与提升语文核心素养能起到至关重要的作用。语言构建与运用、思维发展与提升、审美鉴赏与创造、文化传承与理解，都属于高中语文核心素养的具体内容。它们是语文学科落实立德树人目标的四大构成要素，也是高中语文新课程标准制定的核心依据。高中教师应当以培养学生的核心素养为教学目标，认真贯彻新课程的教学理念，不断提高学生的语文素养，真正发挥高中语文这门学科的作用，为国家和社会培养人才。

高中语文课程是复杂的，它以必修课程为主，以选修课程、校本课程为辅，为提升学生的语文核心素养提供了优质的教育资源。教师在教学时应因材施教，并体现层次性。观察当前的语文课堂，师生互动增多，但容易停留在表面行为上；课堂气氛热热闹闹，但忽视了学生的积极思维。这些都会影响学生核心素养的获得。基于此，我们通过分析互动式逻辑课堂建构的有效策略，来探寻学生获得与提升语文核心素养的策略，使课堂教学达到"无疑者须有疑，有疑者却要无疑"的目的，从而使学生在"学"中，不仅能知其然，而且能知其所以然。

由于高中语文四大核心素养有着各自的独特性，在学生获得与提升语文核心素养的策略选择上显然应有所侧重和区别。

## 一、基于语言的互动式逻辑课堂建构

"语言建构与运用"是高中语文核心素养中的基础，也是构成高中语文核心素养的第一关键点。它以语言建构和运用为核心任务，这是由语文学科的本质特征决定的。语言建构与运用素养的养成对学生生命个体的发展具有深远的影响。不同于小学、初中课堂教学中的语言建构，高中语文教学更应该强调学生语言能力的开发，让学生深刻体会语言的魅力，并实现自我语言体系的搭建，在实际运用中不断提升自身语言能力。互动式逻辑课堂可以更好地帮助我们发展学生语言素养，促进学生的语言建构，提升学生的语言运用能力。在实际操作过程中，为了更好地提升学生的语言运用能力，我们在互动式逻辑课堂中应紧紧围绕说和写展开。

**1. 加强阅读训练，为学生的语言建构打下坚固的基石**

在互动式逻辑课堂的建构过程中，教师应该根据学生所在年级安排适当的阅读材料，让学生选择合适的课外读物。在课堂阅读教学中，既要渗透语言知识的教学，更要注重学生的语言理解能力与语言评价能力的养成。根据这些，教师应该设计一些符合学生实际需求的专题性阅读，满足学生的内在精神需求，契合当下的价值观；同时，在选择阅读材料时，要适当高于学生的认知能力，让学生在阅读中形成对语言的建构，提升学生的语言运用能力，使学生参与课堂逻辑建构。为此，教师可以在校内开设专题性阅读活动，为学生的语言建构和提升打下坚实的基础。教师可以尽可能筛选出各式各样的经典名篇，让学生在优美的文字中感受语言的魅力；通过具体语境的创设，让学生在掌握知识的同时达到对语言的理解与运用。如可以在高二开展《史记》名篇精选专题阅读活动，引导学生认识《史记》所渗透的人文精神和蕴含的语言艺术魅力，深入学习文言文字、词、句，构建学生的语言知识体系，促进学生形成对文言文的理解和运用能力，从而更好地在互动式逻辑课堂中形成语言建构。

在教学的过程中，教师除了应该鼓励学生在校阅读之外，还应督促学生进行课外阅读，不断提升学生的语言表达与组织能力。以《秋水》《逍遥游》等《庄子》经典篇目的阅读教学为例，除了课堂师生共同探究外，要鼓励学生课外积极阅读《庄子》的其他经典篇目，让学生对《庄子》的语言特点和艺术魅力有更多的接触，从而提升学生的文言文运用能力。现代经典篇目也是如此。如品读史铁生的《我与地坛》时，鼓励学生阅读史铁生的其他代表作能帮助学生更好地咀嚼他的文字，品读他的语言，体悟他的情感。

**2. 强化背诵，积累语言，增加学生的语言存储能力**

背诵是一种古老的语言学习方法。背诵在语文学习中对陶冶情操、增强记忆力、培养语感以及提高学生写作能力等方面有着积极的作用，也为互动式逻辑课堂的建构打下基础。宋代学者陈亮云就说过："童子以记诵为能。"郑板桥在《自序》中也曾说过："人咸谓板桥读书善记，不只非善记，乃善诵耳。板桥每读一书，必千百遍。舟中、马上、被底，或当食忘匕箸，或对客不听其语，并自忘其所语，皆记书默诵也。书有弗记者乎？"可见背诵的重要性。背诵对当代中学生的理解能力、写作能力以及其他能力的培养有极大作用。背诵是语文学习的一种有效方法，是知识输入的一种有效途径。它可以帮助学生掌握大量的语文基础知识，培养学生丰富的语感，提高学生的语言知识运用能力、应试能力、理解能力等综合能力。因此，在互动式逻辑课堂建构的实施过程中，要让学生多背诵一些名篇佳作，夯实学生的语文基础。

进一步说，背诵积累的语言是提高学生表达能力的重要途径。我国著名的语言学家及语文教育家张志公先生说过："一篇文章，读出声音来，读出抑扬顿挫来，读出语调神情来，比单用眼睛看，所得的印象深刻得多；对于文章的思想感情，领会得要透彻得多，从中受到的感染要强得多。"朗读多了，时间久了，优秀作品中经过加工锤炼的语言会跟自己的口头语言沟通起来，从而丰富自己的口头语言。因此，在课堂之外加强学生的诵读，提高学生的表达能力，有利于学生参与互动式逻辑课堂建构。

**3. 课堂教学要激发学生的表现欲望，培养学生的口头表达能力**

互动式逻辑课堂中，学生的语言建构和运用离不开学生的"说"，培养和提升学生的口头表达能力，需要刺激学生的表现欲，让学生主动去说，主动表现。教师在课堂上要坚持以学生为主体，给学生提供语言表达的机会，让学生将自身的想法说出来，勇于表现。课堂上教师应设计学生感兴趣的话题，联系学生的生活实际，调动学生的参与积极性。

例如，教授《逍遥游》这篇课文时，分析完大鹏鸟、蜩和学鸠等形象特点后，关于"小大之辩"给出三种说法：第一，蜩、学鸠和大鹏的"自由"是一样的，都能达到逍遥游境界；第二，无论蜩、学鸠还是大鹏鸟，都"有所待"，都未达到逍遥游境界，都不自由；第三，扬"大"贬"小"，大鹏鸟所代表的才是逍遥的最高境界。教师可以用小组辩论的形式引导学生就这三种看法发表意见。三种观点的矛盾突出，学生参与热情高，踊跃发言。通过师生的互动和发言，不仅培养了学生的口头表达能力，而且可以让学生自发地参与到课堂的逻辑建构中来。

在这样的氛围下，我们可以最大限度地挖掘学生的语言潜力，以培养学生的口头表达能力，提升学生的语言建构与运用能力。

**4. 开展写作训练，提升学生的语言运用能力**

在语文互动式逻辑课堂中开展写作训练，不仅可以提升学生对语言的鉴赏、感受能力和探寻语言运用规律的能力，还可以培养学生的语言表达能力，从而促进其"语言建构与运用"素养的养成。因此，语文教师要不断加强针对学生语言表达能力培养的写作训练。阅读教学中，遇到好的片段，教师可以引导学生通过与文本互动进行仿写，开展学生的语言训练。

如《我与地坛》第五自然段中关于动物的描写："蜂儿如一朵小雾稳稳地停在半空；蚂蚁摇头晃脑捋着触须，猛然间想透了什么，转身疾行而去；瓢虫爬得不耐烦了，累了祈祷一回便支开翅膀，忽悠一下升空了；树干上留着一只蝉蜕，寂寞如一间空屋；露水在草叶上滚动、聚集，压弯了草叶轰然坠地摔开万道金光。满园子都是草木竞相生长弄出的响动，窸窸窣窣窸窸窣窣片刻不息。"对于这样的精彩段落，除了带领学生品读其语言的魅力之外，还可以引导学生理解句式变换、句式中的语言结构、词语修辞等知识点，从而在仿写时能写出句子中的内在语境、语调色彩和语言逻辑结构等，进而建立文本与学生的互动，促进逻辑课堂的建构。

这样的训练可以使学生的语言积累更丰富，语言运用能力得到快速提升。除了课堂写作训练，教师也应引导学生从日常生活积累出发，积累语言知识，丰富写作材料，从而更好地提升语言建构与运用能力。

总之，培养学生的语言表达能力一直是语文教育的主要目标之一，也是我们构建互动式逻辑课堂的追求。而语文核心素养中"语言建构与运用"的提出，更是要求教师突出关注学生的语言表达。促进学生获得与提升"语言建构与运用"素养的策略，无论怎么选择，关键都在于通过读，培养学生的说、写能力，从而促进学生语言表达能力的发展。

## 二、基于思维的互动式逻辑课堂建构

"思维发展与提升"也是高中语文核心素养的组成部分，思维的发展与提升是语文教育追求的目标。语文教育应在丰富多彩的语文学习活动中渗透对学生的思维训练，并在这种训练中发展学生的语言综合运用能力。建构以思维发展与提升为主的互动式逻辑课堂，促进学生获得与提升思维品质，应是语文课堂的不懈追求，思维能力的发展也是推动应试教育体制改革的关键。

### （一）创设良好的课堂氛围，激发学生的思维能力

良好教学氛围的创设，是教师高超的教学艺术的体现。在互动式逻辑课堂教学中，导思的过程，若起伏跌宕，有张有弛的流动感；若清新别致，能

充溢着灵动和诗意的光辉，则必将营造出朝气蓬勃的课堂氛围。这对学生思维能力的开发将大有裨益。

**1. 精心设计导语**

良好的开端是成功的一半。好的课堂导入语的设计，其实就是成功的课堂教学的开端。精彩的导入往往能创设良好的课堂氛围，成为激发学生思维的动力。

如《逍遥游》的教学导语可以这样设置：

法国哲学家卢梭说："人生而自由，却无往不在枷锁之中。"这里所说的"自由"是相对的，要受到一定的限制和约束。今天我们要学习的也是一篇谈论"自由"的文章——庄子的《逍遥游》，看看庄子所说的"自由"与我们理解的"自由"有什么不同。带着这样的思考，让我们重新走进文本，领会课文深厚的文化内涵。

这样的导入，很好地把学生带入文本，让学生有了探寻"自由"的欲望，进而成为学生逻辑课堂的起点。

**2. 善于捕捉思想火花**

因势利导、激活思维是创设良好课堂氛围、培养思维能力的又一策略。一些学习有困难的学生，思维不够活跃，思路不够开阔，学习质量不是很高，表现在学习上就是懒于动脑，可是，他们也会时而闪烁出智慧的火花。教师应善于捕捉这些智慧的火花，和学生进行有效互动，点亮他们智慧的心灯，开启他们的思维之门。

**3. 注意学生个人心理，因材施教**

不同年龄阶段的学生，心理状态也各有差异。培养学生的思维能力，先要了解学生的思维心理和思维特点。升入高中前后，学生的思维发展进入青春初期或学龄晚期，他们的心理特征渐渐从活跃的开放期转入封锁期。课堂上，大部分学生很少举手发言，听课的习惯发生了明显变化，对于教师的泛泛讲读和烦琐分析常常不感兴趣。针对这种情况，教师就需要有针对性地进行引导，加强师生互动，因材施教，争取使更多的学生参与到互动式逻辑课堂中来，以提高其思维能力。

**（二）加强学生的语言运用能力，促进思维发展能力的提升**

语文教学的主要任务之一是指导学生学习语言。语言是思维的武器、理解的工具，语言学习与思维发展有着密切的内在联系，即语言是思维的直接体现，语言离不开思维，思维离不开语言，二者相互联系。我们不难发现，语言学习中出现的问题每每与思维活动分不开。在认字、写字方面，出错多的是观察力较差的学生，因为如果有较强的观察力就能看出字形、写法的细微差别；词不达意、语病在很多情况下并不是因为有了清楚的思想内容找不到恰当的词来表达，而是思想本身就不清楚或概念模糊造成的。因此，在语文逻辑课堂的建构过程中，要加强语言训练，可以让学生多看新闻、多读报刊。让学生针对某一点谈谈自己的看法，引导学生思考可分析的角度，并就学生提出的问题启迪学生，引导其进行深入的分析。

**1. 训练学生思维的敏捷性**

思维的敏捷性是指思维的速度快，能对问题迅速做出反应。敏捷的思维并不是天生的，而是需要经过长期训练才能形成的。在教学中，教师可采用不同的教学手段，持久地加以训练。

**2. 训练学生思维的独特性**

思维的独特性是指思考问题、解决问题时不依赖、不盲从、不迷信，能有独到的分析判断。在阅读教学中，教师要鼓励学生质疑、探索，努力为学生提供独立思考探究问题的空间，从而锻炼学生思维的独创性。教师还要善于设计问题，所设计的问题，要既能给学生创造思索的空间，又能提供创造性思维的范例，使学生明白"学起于思，思源于疑"的道理，让学生思维发展的历程在教师这盏智慧之灯的指引下顺利航行。教师善于问，学生善于思。在问答中授之设疑之法，于平淡中见疑，于无疑处生疑，这样的思维成果才会有独创性。

**3. 训练学生思维的深刻性**

思维的深刻性是指善于钻研和思考问题，对事物的认识不满足表象，善于区分本质与非本质的特征，其方法是抓住矛盾加以展示。对立的事物互相排斥，容易引起思考。无论是文章的主旨，还是结构安排或细节描写，只要抓住课文本身的矛盾，就可以激发学生积极思考，培养学生思维的深刻性。

**（三）营造多层次的思维空间，培养学生思维的广阔性**

所谓思维的广阔性，就是思考问题时想得宽、想得远。这里有两个要求：一个是思路通畅，一个是思维面广。思路通畅是思维广阔性的必要条件。如果思考不通或思路阻塞，那么就不可能想得宽和想得远。思维面广，指的是思考问题的范围。范围越大，思维的质量越高。教师在互动式逻辑课堂建构的过程中，应该为学生营造多层次的思维空间，从而培养学生思维的广阔性。

为了训练学生思维的广阔性，教师可以采用启发式教学，通过富有层次的问题设计，使学生的思维能延伸到整篇课文。问题的设计不要停留于"是什么"，而应更多地从"为什么"去思考，这样可以使学生的思维覆盖面放大，即思考问题的范围越宽广。如果教师的启发能促使学生的思维覆盖全篇课文，那么这样的启发便是"全局性启发"。全局性启发不仅能够有效地训练学生思维的广阔性，加强学生与文本的深入互动，而且有利于课堂有效的逻辑建构，提高教学效率，浓缩教学内容，让教师用较少的教学时间取得较多的教学效果。

如在教授《逍遥游》的过程中，如何建立"小大之辩"和"生命自由"之间的内部逻辑联系，对学生思维的激发非常重要。这就需要学生在"小大"的思维层次上，再去思考生命是如何一步一步地往上走，不断完成对外部世界的超越，最终才能达到终点"生命是什么"，即自由的真谛。这样的操作就非常有利于学生思维广阔性的培养。

只要有思考的地方，就存在分歧与质疑，高中语文课堂更是如此。读书学习贵在思索探究，教学的过程就是让学生从无疑到有疑，再从有疑到无疑的反复递进、不断深化的思维过程。互动式逻辑课堂教学的重要任务，就是在这个探究过程中培养学生的思维能力。

## 三、基于审美的互动式逻辑课堂

"审美鉴赏与创造"也是高中语文核心素养的重要组成部分，也是语文素养形成和发展的重要表征之一。语文教学离不开阅读，阅读中的审美追求从来就是与语文教学密不可分的，教师应引导学生阅读鉴赏优秀作品，品味语言艺术，从而使学生体验丰富情感，激发审美想象，感受思想魅力，并学会用口头形式和书面形式表现美和创造美，形成自觉的审美意识和审美能力。充分发挥语文教育的审美功能是体现语文学科特质的内在诉求。审美活动以审美需要为动力，以审美体验为基础，是审美鉴赏与审美创造高度统一的过程。高中语文教学如果不突出学生的审美鉴赏和创造能力的培养，就失去了学科教学的重要价值取向。所以，在互动式逻辑课堂的建构过程中，培养学生的审美鉴赏与创造能力迫在眉睫。学生"审美鉴赏与创造"核心素养的获得与提升可以从以下两个方面展开。

### （一）依托阅读教学，增强学生审美体验，形成审美意识和审美能力

高中语文阅读教学是进行审美教育、培养学生审美能力的一种非常有效的途径。那么，在高中互动式语文逻辑课堂中，如何通过阅读形成学生的审美意识和审美能力呢？

**1. 我们应该发掘美的因素，增强学生的审美意识**

美育以艺术美、自然美和社会生活美为基本内容，同时，它们也构成了美的因素。在阅读教学中，我们要发掘这些美的因素，以培养学生自觉的审美意识，从而提高他们的审美能力。

以《荷塘月色》为例，挖掘其中所蕴含的艺术美、自然美和意境美。平时我们见到的写荷花的文章大多是浓艳明丽的，而这篇文章描写的景色却是素淡的、朦胧的。其中对荷叶的描写达到了美的极致："曲曲折折的荷塘上面，弥望的是田田的叶子……而叶子却更见风致了。"这种自然美的句子学生不难发现和理解。课文中还有许多描写景物的句子，教师完全可以把主动权交给学生，让他们找出这样的句子，体会并感受自然美的存在。同时，朱自清出神入化地运用相互映照的通感辞格，巧妙地传递意味深蕴的情感信息，产生一种新奇无比的艺术美，教师应引导学生找出并细细体会，如"微风过处，送来缕缕清香，仿佛远处高楼上渺茫的歌声似的""塘中的月色并不均匀；但光与影有着和谐的旋律，如梵婀玲上奏着的名曲"。作者的艺术感受已不满足于单纯的嗅觉描述或视觉勾画而诉之于听觉，不但给人以形象感，而且激发人的审美想象和自由联想，从而创造出崭新的艺术形象和艺术意境。教师可以引导学生通过阅读这些语句，与文本进行互动，在收获美的同时，形成审美意识和审美能力。

**2. 精心创设情境，激发学生的审美情趣**

创设不同的情境，调动学生情绪，加深学生的内心体验，使学生参与课堂逻辑建构。写景状物的文章，可创设有实景的环境使学生获得具体的表象；抒情性强的文章，可通过名家的配乐朗诵来营造气氛；写人记事的文章，可通过问题的设置、结构的改变、人物的置换、潜台词的还原等手段来唤起学生对人物性格、命运变迁和故事情节走向的关注。如以台词为主要表现手段的话剧剧本，可采用分角色朗读或饰演剧中角色的手段来创设情境。

例如，分角色朗读或表演话剧《雷雨》中周朴园和鲁侍萍"相认"这场戏，可以使学生充分感受到鲁侍萍抑郁平缓的语调下蕴藏着的满腔悲愤，周朴园徘徊在回忆与现实之间的内心矛盾和现实利害关系终于占了上风之后的自私、冷酷与虚伪，从而深刻把握这两个人物形象的复杂内心，理解旧中国旧家庭的悲剧和罪恶。总之，情境体验有助于激发学生的审美兴趣，提高学生的审美感受和领悟能力。

**（二）鼓励学生"美读"，展开联想和想象，培养敏锐的审美感知力和创造力**

指导学生"美读"，培养敏锐的审美感知力。"美读"是感知语文教材的主要方式，是获得文章美感的主要途径，是读者与作者审美个性的碰撞与交融，它把无声的文字变为有声的语言，入于目、出于口、记于心，使文中的人、物、情、景跃于纸面。在互动式逻辑课堂阅读教学中，教师可指导学生"美读"，即有感情地朗读、吟诵课文，或通过富有表现力的语言渲染气氛，诱发学生的美感，使他们在不自觉中进入美的境界，与作者情感共鸣、心灵相通，从而激发他们的兴趣，培养他们敏锐的审美感知力。

如白居易在《琵琶行》中描写琵琶声："大弦嘈嘈如急雨，小弦切切如私语，嘈嘈切切错杂弹，大珠小珠落玉盘。"这一连串巧夺天工的比喻，有声有色地表现了弦音的疾徐抑扬、清脆错杂，使人听了有应接不暇之感，与优美动人的音乐有异曲同工之妙，充分表现了优美语言的音乐效果。通过"美读"，学生不仅能感受到语言的音乐美，同时又培养了他们的审美感知力。

互动式逻辑课堂的建构，要围绕展开联想和想象，培养学生的审美创造力展开。歌德说："经验丰富的人读书用两只眼睛，一只眼睛看到纸面上的话，另一只眼睛看到纸的背面。"因此，要让学生"看到纸的背面"，就必须让他们自由地展开联想和想象。对于优秀的诗歌、散文，想象的翅膀不张开，审美的天空就不会高远。语文教材中的语言文字作品，尤其是那些形象性强的文学作品，由于其自身的特性，即以语言文字为中介来塑造形象，因而所塑造的形象具有间接性、模糊性的特点，这给读者提供了想象和创造的广阔天地。可以说，理解力、想象力越强，从形象中得到的美感、启迪就会越多。

总之，美育通过对人精神的熏陶、感化和升华等潜移默化的影响，诱发人求真、求美、求善的强烈欲望，促进人道德和理智水平的提高，使其人格也得到和谐的发展。审美能力的形成过程是审美经验长期积淀的过程。高中语文互动式逻辑课堂阅读教学就是要积极引导学生发掘美的因素，激发学生的审美情趣，培养学生的审美鉴赏与创造能力，使学生的语文素养得到全面发展。

## 四、基于文化的互动式逻辑课堂建构

"文化传承与理解"也是高中语文核心素养的重要组成部分。从本质上说，语文教学就是母语教学，离不开祖国文化的依托，语文教学的过程就是对汉语文化的传承与理解的过程。在语文教学中提升学生的文化传承与理解能力，可以促使学生在实现文化成长的同时，也获得精神的成长和生命的成长。在进行互动式逻辑课堂建构时，教师应注重从现代角度对中华文化进行全新解读，从而帮助学生全面深刻地传承与理解我国优秀传统文化。

随着新课程改革的不断深入，传统文化逐渐回归到高中语文教学中。因此，在高中语文教学过程中，我们对传统文化应选得精、学得透、悟得彻，这样才能帮助学生从传统文化中汲取所需要的精神营养，从而引导学生树立积极的人生态度。

对于高中阶段的学生而言，他们已经有了一定的文化基础，并对包括古文在内的传统文化有了一定的了解。因此，通过高中语文教学回归和渗透传统文化具有一定的必要性。在实践中我们可以看到，关于传统文化的文章，几乎都或多或少地存在着浓厚的情谊、爱国热情等，这对树立学生健全的人格具有非常重要的作用。因此，在高中语文互动式逻辑课堂建构过程中，通过渗透传统文化、爱国情感，可以让学生认识到自身的缺陷与不足，由此对自身进行积极的改善，从而形成健康的心理品质。

**1. 激发学生兴趣，引导学生爱上并传承传统文化**

"兴趣是最好的老师。"培养学生欣赏古文的兴趣，是引导学生走进传统文化的一扇大门。在快乐的学习过程中提升对传统文化的兴趣，激发学生的学习动机是前提。在教材的文言文中，涉及了中国古代很多的传统文化知识，比如文字学、训诂学、音韵学等诸多内容，古文文体、汉语修辞等语言学知识，还有古代的姓氏名号、车马宫室、官职、服饰、礼仪、乐律、天文历法等丰富的文化知识。这些都会引起学生的学习兴趣，使学生主动去学习古代文化知识，最后能够完全接受和传承传统文化。

另外，教师要加强引导，抓住古文中能够震撼师生心灵的节点，加强课堂的互动和逻辑建构，从而使学生能够与古代文人心灵相通，真切地感受作者的喜怒哀乐、良苦用心和他们的崇高道德品质。

例如，在学习《陈情表》时，教师讲解的时候可以联系现实，从学生对自己长辈的感情入手，再与李密对祖母刘氏的感情相联系，感染和触动学生，最终使学生明白"孝"的感人力量。

在学生的发展过程中，高中语文核心素养是促进其人格形成的关键，因此，在教学过程中应该加强高中语文核心素养的养成，不断探索提升学生核心素养的有效策略。

**2. 融入传统文化，在教学中增强学生对传统文化的理解**

在高中语文教学实践中，学生之所以会摒弃传统文化，主要是因为他们觉得传统文化是高高在上的之乎者也之类，与他们的现实生活关系不大，他们不理解传统文化在中国的重要意义。之所以会出现这样的问题，主要是学生通常会忽视一些习以为常的事情。针对这一问题，在互动式逻辑课堂的建构中，需要教师更多地关注学生的现实生活，在教学中多查阅资料，关注传统文化，以此来调动学生的学习积极性，激发他们学习和弘扬传统文化的热情。首先应该让学生了解课文背景，感受传统文化，为课堂逻辑的建构打造支点。

如在苏洵《六国论》的教学过程中，苏洵认为六国破灭，"非兵不利，战不善，弊在赂秦"，并借古讽今"苟以天下之大，而从六国破亡之故事，是又在六国下矣"；欧阳修借五代后唐庄宗先盛后衰、先成后败的历史事实，扼要地提出"忧劳可以兴国，逸豫可以亡身""祸患常积于忽微，而智勇多困于所溺"等论断，精辟透彻，发人深省，在今天仍值得我们学习。

因此，将高中语文传统文化融入教学之中，使其与我们的现实生活有机地结合在一起，可以起到非常好的教学效果。

传统文化是国家和民族的宝贵财富，其内容形式多样，思想博大精深。高中语文教材为传统文化的传播创造了有利的条件，其中的文言文内容就是中华民族优秀文化内容的结合体。其中不仅有传统美德、传统人生观和价值观、传统爱国主义，还有智慧的哲学宗教思想、完善的道德伦理体系、辉煌的文学艺术、独特的语言文字形态。教师应该充分利用这些民族优秀文化的精华来教育、启发学生，帮助他们明理懂事，建立正确的人生观和世界观，让他们明白生命的意义和价值。

高中语文教材选取了《左传》《战国策》《史记》等经典的史学作品，还有《诗经》、《论语》、《离骚》、唐宋古文、唐宋诗词等优秀的文学作品，以及诸子百家的哲学作品。教师要利用好这些作品。如《论语》提出了"仁者爱人""克己复礼为仁""己所不欲，勿施于人""人不知而不愠，不亦君子乎"等观点，这对于高中生加强自身修养有很大的帮助，教师应该重点展开讲解。在教学《劝学》和《师说》时，教师要重点强调勤学、尊师的美德，结合实际情况对学生进行潜移默化的教育。李密的《陈情表》则提出了对亲人的"孝"和对国家的"忠"，教师要辩证地讲授两者之间的关系。《苏武传》则提出了传统的爱国主义，要让学生理解并践行这种爱国主义教育，同时感受苏武的人格魅力。

在课堂教学中，要利用好现有的文言文，有侧重点地宣传优秀传统文化，不仅要发挥其"工具性"作用，还应该提倡在传统文化传承、人文素质教育、审美情操培养等多方面发挥作用。进行课堂逻辑建构时，要以学生为主体，加强师生、生生之间的互动，让学生把视野放宽，不要局限于课堂之上，树立正确的人生观与价值观。在屈原、陆游、杜甫身上，理解传统的爱国主义；从苏轼、李白、白居易身上，明白乐观、旷达、豪放……通过不断的积累，最终形成健康的价值观和人生观。这样，传统文化就能在课堂上得到理解和传承。

**3. 利用网络资源，让学生多角度理解和传承中国传统文化**

对于高中阶段的学生而言，虽然课业负担非常重，但是这并不妨碍学生对电视节目以及影视剧和电影的追捧。因此，在高中语文教学过程中，教师应当结合实际，积极引导学生将传统文化与现实生活紧密结合在一起，以此为基础扩展课堂教学内容，为课堂逻辑建构提供有力的信息和资源支撑。比如，有学生喜欢《百家讲坛》，针对这一特点，可引导学生多关注其中的传统文化内容；有学生喜欢相声、歌曲，不妨要求他们欣赏周杰伦的歌曲（如《青花瓷》）或者郭德纲的相声段子中关于中国传统文化的部分。在此过程中需要强调的是，利用网络技术和多媒体视频参与教学、融入传统文化时，由于由古典名著改编而成的影视剧目非常多，而且良莠不齐，因此，教师应当在教学资源的选择过程中严格把关。互联网技术的普及和应用，为高中语文教学和传统文化的学习提供了非常广阔的空间。网络上的资料特别丰富，这是学生取之不尽的学习素材库。在高中语文学习中，学生要学会从众多的网络信息中提炼对自己有利的信息，若能够合理地应用网络资源，则可以有效弘扬中国传统文化。

语文教材既承载了传统文化之精华，又张扬着生生不息的华夏民族人文之精神。因此，要想全面提高高中生的综合人文素质，在传输人文知识的基础上，还要大力培养学生的人文精神。中华民族的精神品格，比如民本思想、舍生取义、身体力行、自强不息和勤奋好学等，需要我们在继承过程中不断发扬光大。教材里还有数不胜数的榜样，比如屈原"路曼曼其修远兮，吾将上下而求索"的不懈追求，苏武"杖汉节牧羊，卧起操持"的民族气节等。

**4. 利用课外活动，在生活中更好地实现传统文化的传承和理解**

对学生进行传统文化教育，不能只停留在课堂上，还应与课外活动结合起来，这样也有利于互动式逻辑课堂建构。我们可以做以下尝试：举办一些与传统文化有关的比赛，如优秀古诗文诵读比赛，国画、毛笔字比赛，讲传统故事比赛等；充分利用春节、元宵节、端午节、中秋节等传统节日，让学生挖掘和整理传统节日的丰富内涵，自觉参与传统节日的各种实践，体验传统节日的文化氛围，加强与家庭内成员和家庭外成员的沟通交流，弘扬民族文化，增进家庭团结和民族团结，提高民族凝聚力，以达到构建和谐社会的目的；组织学生观看央视品牌栏目《文明之旅》，了解中华传统的文字、礼仪、服饰、功夫等方面的知识和文化，如观看《百家讲坛》《弟子规》《〈论语〉心得》等，用大家和电视媒体激发学生对国学的兴趣，让学生对优秀传统文化心向往之；让学生通过报纸、电视了解时事新闻，品评社会丑恶现象，赞颂最美妈妈、最美老师、最美孝心少年，让学生懂得节约是美德、浪费可耻的道理。汇聚公益广告的力量，培育和践行"富强、民主、文明、和谐、自由、平等、公正、法治、爱国、敬业、诚信、友善"的社会主义核心价值观。

综上所述，语文核心素养是学生在接受教育的过程中逐步形成的适应个人终身发展与社会发展需要的必备品格与关键能力。培养学生的语文核心素养是塑造人格的需要，是学生成长发展的需要，是培养学生核心价值观的需要。所以，教师在语文教育过程中应多渠道、多层面寻找有效策略，促进学生语文核心素养的获得与提升。

# 互动式逻辑课堂建构的实践流程

## ——对建构教师的逻辑课堂的关联措施

陈小娟

语文课堂主要由学生、教师、文本这三个生命体构成，从某种意义上说，课堂教学过程就是这三个生命体的多元多层次"对话"。对此，我们课题的研修过程就是围绕着探索内容而展开学生、教师和文本的"对话"过程，它是思想与实践的反复"对话"，是理念与课堂的不断"对话"。

教师正确的文本解读和对文本核心价值的选择确定是实现文本教育价值、实施逻辑课堂有效教学的一个重要前提，为此，我们将从以下三个方面进行实践研究。

## 一、逻辑课堂建构起点——文本解读

任何一堂语文课首先都要解决"教什么"的问题。"教什么"决定于文本内涵、学生状况与教师自身，但正确的文本解读是其重要前提。所以，作为逻辑课堂的起点，我们首先要对文本进行解读。那么，何谓"文本解读"？其实，文本解读这一概念由来已久，各种文学流派有着不同的理解，现归纳如下。

### 1. 以作者为中心的理论

以作者为中心的理论，是指把作品看作被创造物，强调它是作家赋予生命的产品，研究者十分重视作者的原意。如西方施莱尔马赫、狄泰尔的方法论解释学，中国古代孟子的"以意逆志"等，都持此种观点。

以作者为中心的文本理论认为，既然是作者创造了文学作品，那么我们就应去发现作者寄予文本的意义。孟子曾说："颂其诗读其书，不知其人，可乎？是以论其世也，是尚友也。"（《孟子·万章下》）

的确，了解作者及其时代背景，对于学生培养语文能力、整体把握文本能力都有着极其重要的意义。但是，教师在课堂中如果过分"以作者为中心"，以讲解作者的写作意图为主，就会很容易忽视学生自由阅读后的个体感悟。

**2. 以文本为中心的理论**

以文本为中心的理论认为，文本与作者本身没有关系，文本最重要的意义就是文本本身。文学作品是语言的艺术，本身具有丰富的审美魅力。如俄国形式主义、英美新批评派等则割断了作品的外部联系，强调文本自身的意义和独特价值，重视的是文本的言语形式，基本不理睬作者赋予作品的意义和读者的理解。

课标中明确规定，被选入教材的文本要"文质兼美"。"文本中心论"容易让教师过分注重文本分析、作品的思想性、人物分析等，而忽略了文本本身的文学性，甚至把文本的文学性看作是附加的、外在的东西。

**3. 以读者为中心的理论**

以读者为中心的理论认为，文本（文学文本）以其特有的结构具有自己的独立性，作品本身所给予读者的并不一定是作者希望给予的，因此，不同的读者可以从同一部作品中读出不同的意义来。文本是一个开放的、有待于读者去填补和再创造的符号体。如伽达默尔的哲学解释学、姚斯的接受美学以及我们常说的"诗无达诂"等，都是重视阅读者建构的例子。

但是，个人认为，新课程改革以来，我们对文本的解读已从知识论转向主体论。因此，文本解读应基于这样的立场：文本（文学文本）具有相对独立性与可被再创造性，文本的构成中留有许多空白，它包含着阐释的多样性。读者可以在了解作者及其时代背景的基础上，结合自己最初的阅读感受，从文本本身去挖掘文本的内涵。它或忠实于作者的内化，或来源于文本的外延，且有别于普遍大众的甚至固定化、模式化的解读，它是一种尊重文本个性特质的再造性与重新建构的解读方式。

那么，语文教师该怎样做文本解读呢？

我们都知道，日常阅读可以只关注文本的内容和作者的思想情感，但是语文教师的文本解读要兼顾语文的本体特征等其他要素。日常阅读是"文章阅读"，以汲取思想为目的，而"语文阅读"是基于学科教学的，旨在凭借文章获得关于语文的感性经验和语文知识。因此，语文教师的文本解读除了要弄明白文本的思想内容外，还要搞清楚作者为什么用这样的语言形式表达这样的内容。

今天，语文教学中的文本阅读，已经不再是单一的、个体的、独立的行为，而是一个由学生、教师、文本作者、教材编者多方参与的"对话"过程。在这个过程中，参与"对话"的各方都具有主体性的地位。教师与文本、学生与文本、教师与学生、学生与学生、教师与学生与文本、教师与学生与教材编者与文本等等，无不构成具有主体性的双向或多向的相互"对话"。这种"对话"除了参与方的"多重性"外，更是"思想碰撞和心灵交流的动态过程"。语文阅读教学就是在这样的过程中，实现文本的价值，实现语文课堂教学的价值。因此，无论教师还是学生，都必须深入地沉浸到文本中，这样才可能有高质量的"对话"。在这个过程中，教师的作用特别重要，他不仅要自己读懂读好，还肩负着引领学生的重任。

文本解读一般有两种解决途径：一是直接享用他人的阅读成果，二是自己深入阅读与思考。在网络信息极为发达的今天，各种文本解读与教案设计，甚至多媒体课件应有尽有。许多教师面对这种快捷、省力的信息渠道，往往采用了"拿来主义"的态度。然而，"拿来主义"的课堂往往缺乏流畅性，缺少有质量的生成，往往有水到"渠"不成的堵塞感。

任何现成的资料都替代不了自己的阅读、体验与思考，所以，教师只有自己去阅读文本、沉浸文本，才能正确解读文本，才能引领学生深入文本。当教师用惯了"现成"的时候，往往会养成一种依赖心理，这种依赖心理将导致教师的思想缺失——阅读思维的"弱化"和阅读能力的"匠化"。

教师唯有戒去浮躁、沉浸文本、学会思考、提升自己，才能具有发掘文本内涵的能力，这既是解决课堂上"教什么"的问题，也是每一位语文教师迫切需要练就的最为基本的专业功力。

因此，语文教师的文本解读要读出文本的原汁原味。著名特级教师于漪曾说过，她备课时从来不先看教学参考书，而是先反复地读文本，读出属于自己的见解和发现来。其实，每位教师都能在反复阅读的基础上，读出属于自己的对文本的真切理解。当然，这种理解一定要建立在对文本整体把握的基础之上，千万不能抓住片言只语来随意生发，只有沉浸文本方能发现课堂的核心价值。有这样一句话："这法那法，读不懂教材，没法。"教师要真正过好"解读文本"这一关，必须静下心来沉浸文本，与文本"亲密接触"。但是，我们也会感到困惑：当真的这么去做，还是会碰到好像没读透文本的时候，便会深感功力匮乏。所以，作为语文教师，我们一定要静下心来多读一点书，积淀自己的文学素养，不断开阔自己的文化视野，让自己的知识结构不断更新，为更智慧地"亲近文本""解读文本"打好扎实的基础。

既然如此，那么，教师在上课前应如何对教材进行原汁原味的解读呢？

第一是进行"本我阅读"。即教师以自己的认知结构、思维方式、生活阅历，从结构、主旨到语言，仔仔细细地研读课文，既读出文章的"好"，也指出其不足。

第二是进行"换位阅读"。即教师站在学生的角度，以学生的认知结构、思维方式、生活阅历去读，洞见学生在阅读过程中可能遇到的各种问题，以此来确定教学内容、教学重点与难点。

第三是关注文本的"外部"与"内部"。目前，在文本解读和教学中出现了一个问题，那就是教师对文本的"外部"关注得较多，对"内部"关注得太少。"外部"包括传统的批评内容，如思想、社会、心理等；"内部"是指传统作品中的形式部分，如文体、叙述模式、语言特征等。

新教材采用了主题（专题）组元的方式，因此不少教师过多地关注单元主题，而忽视了文本本身，忽视了言语形式。他们从单元主题出发，关注言语内容所传递的人文性，甚至将人文精神从文本中抽离出来讲授。主题原本只是单元篇目的聚焦点，但如今却成了教师进行文本解读和教学的立足点与关注点。

第四是追索"原意"，建构"新意"。我们对一篇文章进行解读，有的时候要将重点放在对作者"原意"的追索，有的时候应将重点放在借助文本"含义"建构新的"意义"，但无论是追索原意还是建构新意，都不能脱离文本，也不能断章取义。

南宋陈善说过，"读书须知出入法。始当求所以入，终当求所以出。见得亲切，此是入书法。用得透脱，此是出书法。盖不能入得书，则不知古人用心处。不能出得书，则又死在言下。惟知出知入，得尽读书之法也"。所谓"入"，就是要深入文本、理解内容、正确领会主旨；所谓"出"，就是要对文中内容加以分析、评价，不拘泥、不满足现成的结论，这在文本解读中极为重要。

## 二、逻辑课堂建构终点——目标定位

对语文课堂核心价值的探讨，实质上是对语文学科本质认识的探讨。多年来，我们对语文学科本质的认识存在着许多看法，是语言加文字、文章、文学还是文化，不一而足。无论什么看法，都可以把该问题缩小到研究在一堂课中"教什么"的问题，也就是说要找准每一堂课的教学内容，以便确定本堂课的教学目标。

语文教学的关键是确立"教什么"。课文仅仅是教学内容的载体，正如叶圣陶先生说的，"课文无非是一个例子"。可是例子的内涵却非常丰富，因为这个例子的种类很多，就文体而言，有诗歌、散文、小说、戏剧等，还有议论文和说明文以及实用文体。就文学性比较强的课文而言，这些文章有整体性、丰富性和隐秘性的特点，因此，仅就一篇文章而言，课文所包含的教学价值也是多重的。那么，如何解决这个令人困惑的问题呢？首先要考虑教学目标定位的问题。然而，要解决这个问题，就得修正三个误区。

**1. 警惕教学目标的错位，找准"教什么"**

教学目标定位，也就是通常所说的"教什么"，这是课堂教学效率的起点。正是在这个起点上，许多教师无所适从，导致语文课"少慢差费"现象依旧严重地存在着。总的说来，当前语文阅读教学的目标从重字词语法的分析转到重文章内容、思想内涵的挖掘，而轻视文本特征的探究、文本表达的推敲、有关文本阅读技能等知识的开发。例如，有研究者指出："在中学的小说教学中，知识的含量却相当的贫乏，除了被拧干了的'人物、情节、环境'，几乎没有多少知识可教了。"

今天，我们追求语文课堂的有效性，提高语文课堂的效率，这些和我们是否很好地确定每一节语文课"教什么"，即是否明确了语文课堂的核心价值，是有直接关系的。

任何一堂语文课都应该明确三个问题，即教什么、怎么教、为什么要这么教。以往，我们的教学研讨大都是指向"怎么教"，实际上，"怎么教"是技术层面的东西，"教什么"，也就是目标定位，才是一堂课的核心价值，而"教什么"和文本密切相关。

**2. 避免教学目标大而空，抓准整合点**

《普通高中语文课程标准》（2017年版）的目标体系有这样一些特点：

（1）追求综合化。五个板块的设计体现了对综合化的追求，这有利于增强目标之间的协调性。

（2）增强时代性。以现代意识统整目标，使各板块目标都能适应时代发展的需要。根据时代需要，统一协调各板块目标要求。

（3）整合知识与能力。学习语文知识的目的就是为了运用，也只有在运用知识的过程中才能学会知识，而运用知识也是一种重要的能力。五个板块中的目标不能把知识和能力分开，而应该整合在一起。

（4）突出过程与方法。目标中有一些"过程与方法"的目标，更多的是在"知识与能力"的目标中渗透了"过程与方法"，而这些目标有些只用描述的方法展现。课标的这些特点到了许多教师的课堂实践中，就成了"学会探究的学习方法"等大而空的抽象的目标。

### 3. 教学目标切忌多而杂，瞄准总目标

一般来说，一堂课最好有一个集中的教学目标，这样便于教师组织教学，也利于学生集中学习和掌握。当然，每一个教学板块可以设小目标或分目标，但这些小目标、分目标，都要围绕全课统一明确的贯穿线索，指向总的目标。否则，东一榔头西一棒槌，教学思路容易乱，学生也无所适从。如《故都的秋》的学习目标大大小小不下十几个，这些目标中，有的指向阅读技能与方法，如"学会自主阅读散文"；有的指向章法技巧，如"辨析段落的中心句，体会中心句与文章主旨的关系，学习关于中心句类型的知识"；有的指向写作指导，如"学习抓住景物特点，有层次地描写景物，通过景物描写表情达意的写作技巧"，目标非常分散、凌乱。这些目标中，有的目标无关宏旨——如寻找某些段落的中心句，掌握文章中心句的分类、作用等，就属于用力不当。因为中心句不是散文文体里的基本现象，这样导致许多目标不在一条线上，目标随意设置，课堂中跳来跳去，使教学中心游移不定，教学过程缺乏逻辑性，因而整个课堂就像在开无轨电车，也很难生成有效的教学。

文本的价值是多元的、多层次的：有语言价值，有语体价值，有语用价值，有文化价值，有思想价值，还有课程价值等。它最突出的、最有教学价值的东西是什么？这就需要我们好好去读文本，先读懂文本，正确理解文本，把文本的各种价值都读出来，然后根据学生状况和课程需要，确定本堂课最有教学价值的内容。

以《劝学》为例。作为一篇文言文的教学，有的教师从知识教育目标的角度，教授翻译整篇文言文，并让学生掌握、积累常见的文言实词、虚词、词类活用、文言句式等基础知识；有的教师从能力训练目标的角度，利用本文比喻论证、正反对比论证等论证方法，教授学生如何写作议论文；有的教师从德育教育目标的角度，借鉴荀子有关学习的意义（学习可以提高自己、改变自己，并且弥补自身的不足）和学习态度（学习贵在积累、坚持与专一）的论述，教授学生唯有如此，才能取得理想的成绩。

但是，笔者认为应结合作者的时代背景。荀子是先秦儒家思想的集大成者，但是却没有受到足够的重视，被批评家所质疑，主要是因为荀子并未继承孔孟的性善思想，反而引欲望入人性，认为人性本恶。他在《性恶》一文中如是说："人之性恶，其善者伪也。今人之性，生而有好利焉，顺是，故争夺生而辞让亡焉；生而有疾恶焉，顺是，故残贼生而忠信亡焉；生而有耳目之欲，有好声色焉，顺是，故淫乱生而礼义文理亡焉。然则从人之性，

顺人之情，必出于争夺，合于犯分乱理，而归于暴。"（《荀子·性恶》）意思是说，人的天性中包含无限膨胀的心理欲望，人们顺着本性任意妄为，互相争斗、残杀、陷害，就产生淫乱、祸患的暴行。据此，荀子称人本性为恶。与此同时，荀子又认为，人性虽然是恶的，但是经过"师法之化""礼义之道"，即经过老师和法制的教化、礼仪的引导，就能去恶向善，养成善良的品行。

所以，在孔孟等性善思想流行并得到当时的人们一致认可的背景下，为了证明自己的性恶论是有道理的，荀子便把《劝学》作为他性恶论的理论基础，并将其放在《荀子》一书的开头。

因此，我觉得，我们应将《劝学》的目标定位为：人性本恶，但并非不能改变。如何才能改变呢？后天学习与教育的重要性正是荀子"劝学"的原因之所在。它并非"好好学习，天天向上"那样单纯劝勉他人学习的文章，而应该是劝勉人性由恶向善彻底改变的富有哲理意味的文章。

这样结合当时的时代背景、文化背景，才能形成一种尊重文本个性特质的深入解读方式，才能进行正确的目标定位。

### 三、逻辑课堂建构——路径选择

课堂教学是由学生、教师、教材和教学环境等最基本的元素立体交叉构成的复杂系统，这个系统的运行过程就是教学过程。课堂教学的本质是对话，从某种意义上说，语文课堂教学就是学生、教师、作者、编者等诸多主体（包括显性主体和隐性主体）基于文本的生命对话。在课堂教学过程中，教师作为组织者、引领者，起着极其关键的作用，甚至可以说，教师因素是课堂教学有效性的决定性因素。正是课堂教学的复杂性和生成性，使得教师的角色显得如此重要。

课堂教学是极其复杂的动态系统，不管教师的预设多么充分，也难以完全设想课堂中可能会出现所有情况和事件。从这个意义上讲，任何教学预设本质上都只能是预测而不是预定。课堂教学的这种复杂性挑战着教师的智慧，要求教师必须以动制动，根据变化的情形不断地调整自己的行为，根据自己对课堂现场反馈信息的综合把握，及时准确地做出正确的判断，采取有效的应对措施。

#### 1. 路径选择要促进学生发展

课堂教学存在的意义就在于促进学生的有效发展，而发展就其机制而言有预设性发展和生成性发展。所谓生成性发展，是指不可预知的发展，也就是说，这种发展不是靠逻辑可以推演出来的。因此，教师在课堂上就不能以完成教学设计为主要任务，不能以追求整个教学活动的平衡为目的，而是应允许干扰、错误、断裂、突变等现象存在，甚至把这些现象看成是教学活动伴生的自然现象。而且，它们有可能成为师生发现问题、探究创造的新契机。课堂教学正是因为这些生生不息的变化发展，才具有生命性特征和永恒的魅力。因此我们看到，所有健康的课堂必定呈现出鲜活的生命气息，因而使得课堂本身也具有了生命性的特征。课堂是不可复制的，教师所面对的每一堂课都是新课。

语文的课堂教学是教师、文本、学生三者之间交流的过程。课堂上，语文教师应搭设一个学习与交流的平台，让师生之间、生生之间呈现出理性而又和谐的互动局面。教师的角色应当是以唤醒和激发学生的理解、感悟、演绎文本的热情为目的，以彰显语文文本的魅力。

课堂上究竟要教给学生什么？要重视"教师怎样教"，更要重视"学生怎样学"。"教"与"学"的融合不是简单的"教"加"学"。教师"怎样教"的重点应该放在引导学生"怎样学"上。教师不仅要在庞杂的文本及相关材料中撷取教学重点，更要在此基础上制定出适合学生发展的教学目标和教学过程。因此，教师要熟悉学生情况，设计出针对性强的、有效的学案。

在实施教学之前，教师要分析学习的不同类型，针对不同类型的教学目标进行不同的教学过程、方法设计和评估，以达到最优的教学效果，这种活动就是教学设计。教学设计的本质是对教学活动及其过程的规划，是一种系统化与反思性的过程。教学设计往往能体现教师的教育观念和课程观念，反映教师的专业水平，也在很大程度上影响教学效果。

一堂好课是设计出来的，教学设计的背后是教师对课程、对课堂、对学生的深刻理解。我们要关注教学设计和课堂呈现背后的东西，获得一些理性的认识，用以指导自己的教学实践。导师的示范课行云流水一般，自然流畅，看不到任何刻意的痕迹。学生在他们的引领下很快进入文本，一步步走向深入，思考积极，回答准确，思路清晰，其中不乏精彩独到的见解。其实，每堂课都是他们深思熟虑、精心设计的结果。

反观有的语文教师的教学设计却往往有这样或那样的问题：教学内容选择经不起严格推敲，教学流程设计逻辑性不强，重教轻学，重视教师讲授的逻辑而忽视学生学习发展的过程，方法手段运用不够恰当，凭感觉、靠经验，而不是在课程学科理论的指导下进行自觉的理性判断……出现上述问题，不仅是教师专业素质的问题，更主要的是教师对学生的学习需要与发展、教学设计、教学过程缺乏专业判断和反思，即专业自觉的问题。

**2. 路径选择要确定核心价值**

到目前为止，语文学科始终未能开发出一套知识点具体、逻辑关系明晰的学科教学内容序列（或者说人们开发的知识序列没有得到社会认可，没有被教育序列所接受），以至于长期以来，作为教材层面的语文学习材料，一直保持着其原始形态——以"选文"为基本施教单元。一篇"选文"往往是一个综合、完整的信息系统，既包含作者的思想倾向、审美情趣，又反映着一定时代的社会生活、文化风尚，还具有语言表达的示范意义等多种信息。这些虽是语文学习的好材料，但从教学设计的角度来看，这种综合性很强的学习材料所包含的学科知识不够具体明晰，往往很难确定合适的教学内容，不利于有效教学的开展。语文教材里的阅读提示、文后练习也有一定的解读和教学线索，但这些解读提示普遍显得笼统、粗疏、零碎，从满足教学设计的基本需要来说，是远远不够的。因此，常常需要一线语文教师对一篇篇课文进行二次加工，以确定在这篇课文中什么是有价值的，通过这堂课的设计和教学，应该达成什么教学目的。

语文学习对象（课文）的整体性、丰富性、隐秘性和单元教学需要的教学内容的单一性、局部性、明晰性无疑是相互矛盾的。在一节课或一个教学设计的单位时间里，我们不可能涉足一篇课文中所有含有教学价值的信息，甚至对许多有重要价值的信息，也只能有所选择，有所舍弃。也就是说，语文教师决定所谓"教什么"的问题，就是他从文本中选择、定位合适的单元内容的过程。

在一篇课文存在许多教学价值点的情况下，教学设计不仅应该关注文本的核心价值，更要抓住"语文核心价值"，重点挖掘课文隐含的语文学习价值，重点训练学生对语言的感受能力和表达能力，重点完成语文课应该完成的教学目标。而文本中隐含的其他教育价值，比如科学普及价值、社会生活认知价值、思想品德养成价值等，要在语言学习中潜移默化地达成。一句话，要尽量把"语文课"上成真正的"语文"课。

当然，不同的文体，其教学的价值点可以有所侧重。王荣生教授曾试图用"定篇""样本""例文""用件"等概念来分别描述、规范不同文本在教学中的功能。其中，被标为"定篇"的文本，如"先秦诸子""唐宋八大家"的文章，对这样的文化经典，主要教学目标应该定位在传承优秀文化上。那么，文章的思想内容就可以直接作为文本的核心价值，也就是可以直接"教内容"。笔者认为，思想内容固然是某些文化经典的核心价值，但不一定就是"语文教学的核心价值"。属于主题思想、文化观念、历史结论类的东西，只需几句话就可以明白地告诉学生，似乎无须花费很长的时间去学习。所谓涵泳、咀嚼、咏叹者，是针对文本精妙的表达而言的，教学需要通过品味语言来体会思想内涵。

比如教《过秦论》，主要目的并不是为了让学生弄懂秦亡的原因，而是要让学生懂得文章的逻辑关系和表达气势，还应该引导学生学习行文起承转合的结构艺术。就是前一个目标，也应该在对文章结构语言的品评推敲中自然达成。

为某一篇课文确定语文核心价值，并通过教学设计和课堂教学把这篇课文的教学目标体现出来，这往往不难做到。但是，如果把几篇课文放在一起，把一本教材综合起来，或者把几年里要学的课文统一在一起来对照、考查，这些价值点就难免随意、零散甚至遗漏或混乱了。这自然引出一些深层次问题：哪些语文价值是必须要学的？这些价值应以怎样的序列展开？通过哪些课文来获得这些语文价值比较好？要从根本上解决这些问题，需要语文研究专家、语文教材编撰人员与一线教师共同努力，力求花费最少的学习资源，采用最有效的学习手段，达到最合适的语文学习目标，这才是理想的语文课程。

尽管每堂课的教学内容是多元的，但是在具体实践过程中不要面面俱到。"面面俱到"的结果往往使学生一无所获，使语文课堂呈现的是"少慢差费"。因此，在确立教学内容的时候，要注意"整体性"原则，教学目标不宜过多。应该有一个主要的目标，围绕一个主要的教学目标展开教学，不可牵强附会、生搬硬套。当教学内容明晰准确的时候，学生就会在每堂课上都有收获，日积月累，不断提高，学生的语文能力也就会逐步显现出来，这就是"厚积薄发"。

**3. 路径选择要遵循文本逻辑**

新课程改革对教学设计提出了更高的要求。过去的教学中，教师大多只是"教参"的被动执行者，而新课程背景下，教师是课程的建构者。这样，教师在课程开发和教学实施上拥有了更多的主动权和广阔的创造空间，也要求教师具有更高的专业素养和创造能力。在新课程背景下，教学设计是为了更好地促进学生的有效学习。教师必须摒弃经验主义的做法，用新的课程观统领自己的设计。所以，教师要更新观念，改变行为，更好地发挥自己的角色功能。教师要不断学习，树立正确的课程观、教学观、课堂观、学生观，准确把握学科本质和学科体系，认真研读课程标准，深入了解学生，有效整合教学资源，才能实现教学效益的最大化。

所以，笔者认为，逻辑课堂最好有一个集中而明确的教学目标，便于教师组织教学，也利于学生集中学习和掌握，并且过程设计还需要明确教学的起点和终点。起点是学生对文本的困惑点，终点由文本的个性特征、教师对文本的解读和文本对于学生最有价值的内涵决定。明确了教学的起点和终点，就需要在起点和终点之间进行合理的架构——设计若干个教学环节，从起点逐步走到终点。关键是这些环节的设计需要遵循一定的逻辑：课堂整体的逻辑以及环节之间的逻辑。任何一篇有价值的文本，都有文本内在的思维逻辑。教学设计如果遵循文本内在的逻辑，课堂的逻辑就会与文本的逻辑自然融合，课堂的终点就是文本的核心价值的实现，这样的课堂是顺畅的，学生的思维也是顺畅的。所以，教师一旦明确了目标，在教学中就要一直围绕这个目标进行教学，并以此选择自己的教学路径。

仍以《劝学》为例，可以设计以下几个环节：

第一，在文章的第二段中，作者用青、冰两种事物做比喻是为了说明什么？它们与后面的"木"的论证又有何区别？

学生答：靛青是从蓼蓝中提取出来的，但是它比蓼蓝的颜色更深；冰是由水凝结成的，但是它比水更加寒冷。作者运用这两个比喻是为了说明万事万物包括人的本性是可以改变的。而后面有关"木"的事例，相比前面，作者花了较大的笔墨来描绘木头笔直得合乎拉直的墨线，但是通过人工加工使它弯曲便可以做成车轮，即使将它晒干，也不能恢复原状，其实荀子是为了说明人性可以改变，但是定性之后就不再改变了。

第二，在文章的第二段中，"君子博学而日参省乎己，则知明而行无过矣"是指"君子"通过广泛地学习并且每日检查反省之后，变得智慧明达，还是普通人甚至是"小人"通过广泛地学习并且每日检查反省之后，变成"君子"呢？

学生答：我觉得是后者，普通人甚至是"小人"，只要能够不断地学习，广泛地学习，完全能够改变一个人的本性，最终成为"君子"，并且就像木头做成车轮一样，"不复挺者"。所以，荀子在第二段就是为了强调任何人经过"君子之学"都能不断提高，甚至达到人格的最高境界。正所谓"涂之人可以为禹"，经过不断的学习，普通人可以实现成为士、君子、圣人的人格理想。

第三，文章第三段作者列举了四种现象，又是强调什么呢？

学生答：通过"臂非加长也""声非加疾也""非利足也""非能水也"这些语句，可以看出人都有自身的不足和缺点，即使是"君子"，原来的本性也跟一般人没什么区别，但是，人可以借助一切外物，即"登高而招""顺风而呼""假舆马""假舟楫"，达到自己想要的境界，进而"由恶向善"，彻底改变自己的本性，成为"君子"。

第四，正所谓"江山易移，本性难改"。作者认为怎样做才能改变本性呢？

学生答：首先，要不断积累，就像"积土成山""积水成渊""积善成德"一样，才能"圣心备焉"；其次，要坚持不懈，一点一点的积累，本性的改变并非易事，是一个艰难而漫长的过程，唯有"锲而不舍"，方能"化性起伪"；最后，还要专一，长期专注于一事，才能"终乎为圣人"。所以这三个方面并不是并列的，更不是割裂的，而是相辅相成、融为一体的。

老师：第四段荀子主要从内省的方面阐述改变本性的方法和态度，这与韩非子、李斯等法家代表的采取严刑酷法等外力强迫恶转善的观点不同。所以透过全篇，荀子认为人性虽本恶，但是通过借助外物与内省的方法就可以彻底改变人的本性，使他弃恶从善，成为君子乃至圣人。

这样，教学设计遵循了文本的逻辑：从学习可以提升自己并彻底改变自己，到学习可以弥补自身的不足，再到学习的态度与方法。沿着文本的逻辑一路走下去，作者的写作意图和行文思路就是教学的终点，二者自然吻合，学生的思维自然也在合理的逻辑之中得到发展。

通过对《劝学》进行教学路径的选择，可以看出它能够指引教师做好达成有效思维路径的教学设计，促进学生的自主探究，提升学习能力，更能落实以人为本，促进学生在思维、情感、性格、能力等方面的成长，真正让语文学科的工具性和人文性的价值体现出来。

总之，"教什么"就是文本的价值所在，文本价值挖掘得是否深入，课堂是否确立恰当的核心价值，决定了课堂教学是否有效。能否做到对文本价值，尤其是课堂核心价值的挖掘，首先取决于语文教师对文本价值的把握和挖掘的意识和能力，这种意识和能力绝非一蹴而就，是需要慢慢养成和锻炼的。说到底，需要我们语文教师做勤于阅读，善于思考的人。只有自己博览群书，拥有厚实的文化积淀，并在教学积累中不断反思，才有能力对文本做到真正深入的挖掘，并达到个性化解读文本的层次，从而提高自己的教学技能。名师的课，从课堂的深度、有效性可以看出其对文本价值，特别是核心价值有充分的认识和把握，这又与教师的自身功底、文学素养以及研读文本的习惯和能力紧密相连。名师能做到的，我们可以慢慢学习。"路曼曼其修远兮"，只要坚持探索，我们就会离文本的核心价值越来越近。

作为教师的我们必须清楚地认识何为"语文逻辑课堂的核心价值"。语文课堂的价值是多元的，但核心价值离不开教学的两个主体，即教师和学生。在确立核心价值的过程中，教师必须深入解读文本，把握自己的教学风格，并能不断了解学生的学习需求。所以，有效的语文课堂一定是确立了合理的核心价值的课堂，语文课堂的核心价值也就是能够促进师生共同成长，特别是能够给予学生成长最大帮助的东西，可以是语文的知识和技能，也可以是文本的理解，还可以是文本的写作特点。不同的文体，其教学的核心价值是应该有所侧重的。

曾经有一段时间，各界对于语文课堂教学着重"答题技巧"的训练、突出语文工具性的教学给出了严重的、严肃的，甚至是严厉的批评，指出这样的语文教学过于功利。随后语文界开始进行改革，在课堂教学中"统一"地表现出了"工具性"和"人文性"的特点。在课堂教学中对于所学文章着重突出其"人文性"的特点，要让学生在文章中读出思想性，并将其化为自己的"人生准则"。似乎课堂教学中只要将文章中的"人文性"探讨彻底，只要在课堂中能让学生明白一些人生哲理，这堂课就是成功的。我们发现语文课似乎变成了思想品德课，变成了政治课甚至历史课，语文课没有了"语文"的味道。当前语文阅读教学的教学目标从重字词语法的分析转到重文章内容、思想内涵的挖掘，而轻视文本特征的探究、文本表达的推敲、有关文本阅读技能等知识的开发。其实，不应该去讨论到底是人文性还是工具性，孰为第一，因为它们是相辅相成、不可分离的。

语文逻辑课堂教学的核心价值，就是要强调突出"语文"的特色。什么是语文特色？就是"学习语文为了什么"这个问题。因为只有先解决了学习语文的目的性，课堂教学的核心价值才会自然显现。曾经有人认为，这个问题只是给学生的，但是，作为语文教师，首先要自己先解决这个问题，才能真正把握语文课堂与语文教学。学习语文的目的，原本就是改变人的生存状态，提升生命质量的一段过程。语文的特色、语文的价值就是在于让生命一直保持应有的"温度"，不管是在人生"高点"，还是不如意之时。

可见，语文逻辑课堂的核心价值就在于让学生通过文本特征的探讨和文本表达方式的推敲，感受文本的内涵价值，并通过逻辑建构的方式进行路径选择，让学生能在将来的生活中自行体味到语文给他的生命带去的"力量与温度"。也许语文课堂的核心价值不是在课堂中真正实现，而是在学生未来的人生之路上无声息的显现，但这依然是语文课堂的价值所在。当然，我们同时要注意，每一个具体的课堂，它的众多教学价值肯定是有轻重缓急、详略之分的，不可能是完全对等相同的，其中必有统领性的核心存在。所以，在语文逻辑课堂教学中不要求价值的"全"，而要求价值的"深"，并应该用一切符合语文课堂教学的手法，对价值进行解剖。

# 互动式逻辑课堂建构之逻辑面面观

## ——对文本、教师、学生三维逻辑的解析与融合

任思颖

一堂优质的语文课，一定是智理兼具、情思相融、技道结合的一堂课。这样的一堂课凝聚着教师的教学艺术与教学智慧，也必然与文本自身以及学生的认知紧密联系。简而言之，一堂好课，无论是大的环境还是细微的处理，都应该是有符合自身的课堂逻辑的。

## 一、课堂教学呼唤逻辑互动

孙绍振先生说："逻辑思维方法主要包括分析、综合、比较、归纳、抽象、概括等。这些方法是最一般的科学研究方法，它适用于一切科学领域，在语文教学和评价中也被广泛并且更为重要地应用着。"《普通高中语文课程标准》（2017年版）也强调："在表达实践中发展形象思维和逻辑思维，发展创造性思维。"

### 1. 课堂需要逻辑

何为逻辑？主要是指人们能够合理地对事物进行思考、分析、判断和总结的能力。何为逻辑课堂，即课堂教学是有理可寻，符合规律的。所谓规律，可以说是包罗万象，如作者的逻辑、文本赏析的基本规律、学生认知的基本规律、语言习得的基本规律以及教育的基本规律，等等。

"逻辑课堂"是指课堂教学中，教师运用逻辑思维的理念，从教材、教学的内容、教学的过程、学生的认知等方面，探究教学内容和教学形式在认知过程中所表现的逻辑思维的规律，从而使课堂教学符合学生的认知规律；学生在教师的引导下，逻辑思维的能力有所提高，从而使自己养成发现问题、分析问题、解决问题的能力。互动式逻辑课堂的教学，要求教师课前紧扣"学习兴趣"来"设疑"，讲究"设疑"的逻辑性、层次性，增强学生的学习兴趣；课中注重引导学生"生疑"，要多问学生几个为什么，探寻"设疑"和"生疑"与课堂教学内容的逻辑关系；课后要反思在课堂教学中思路

是否清晰。最后形成有利于课堂教学，促进学生有效学习的课堂教学模式和评价体系。

**2. 逻辑牵引互动**

何为互动？互动在教学中就是课堂教学的互动，就是教师、学生、文本这三大要素在教学活动中各司其职、互相配合。在这一活动的过程中，师生互动、生生互动、学生自身心灵与文本的互动，都必须以学生为本，遵循学生思维的认知规律，即学的逻辑。"逻辑课堂"就是在教学中要注重学科知识的系统性和严密性，注重教学的逻辑性，注重学生认知的逻辑性。"互动式逻辑课堂"是从逻辑思维的角度将课堂的教学内容与以生为本的教学活动相结合的一种教学理念。

我们经常称赞一堂好课如行云流水般自然流畅，其实体现的就是课堂教学逻辑流畅，学生能够在教师的引领下快速进入文本，一步步走向深入，积极思考，准确回答问题，其实这也是因为课堂教学逻辑符合了学生的认知逻辑。可以说，课堂逻辑一直是师生非常容易感知却不知如何厘清的课堂教学要素。

## 二、逻辑课堂的内涵

我们既需要将教学思路、课堂模式、教学思维与之进行横向的对比，也需要洞悉课堂，使课堂逻辑内部协调统一，保证课堂教学的有序进行。横向来看，课堂思路、课堂模式、课堂思维与课堂逻辑有共同点，但也各有不同。

**1. 课堂思路与课堂逻辑之别**

课堂思路与课堂逻辑之别，在于前者只关乎宏观而后者是宏观与微观的结合。

课堂思路，是在课堂教学实际运行过程中教师根据实际情况整体安排教学过程和组织教学内容的思维路线。课堂逻辑也是指向课堂中的"思维路线"，关注课堂中教学内容间的整体关系和逻辑联系，关注整体课堂的方法线索和思想线索，这是二者的共通之处。但是，课堂思路从大处着眼，更注重内容的整体安排，不关注具体的课堂教学任务间的安排、具体的教学活动间的组织思路。课堂逻辑除了关注宏观的课堂思路之外，还要深入课堂内部，在更微观的课堂活动层次中关注逻辑问题，指向更为细微，指引更为具体。

**2. 课堂模式与课堂逻辑之别**

课堂模式与课堂逻辑之别，在于前者关注外在形式而后者注重内外统一。

课堂教学模式是教学三大系统之一的形式系统中的核心要素之一，是

"依据教学思想和教学规律而形成的课堂教学过程中比较稳固的程序及其方法的策略体系"，主要包括静态的以横向联系为主的教学结构和动态的以线性发展为主的教学程序。什么是结构？结构就是课堂教学活动构成的板块框架。什么是程序？程序即先教什么，后教什么；先怎么教，后怎么教的外在表现。这些更多的是停留在显性层面。课堂逻辑是什么呢？课堂教学内容为什么会安排这样或那样的顺序？这其实是由知识之间、知识内部之间的逻辑关系或者学生认知的逻辑顺序决定的，是教师对教与学的逻辑思考，这就是课堂逻辑。因此，课堂模式是显性的，课堂逻辑则是显隐相结合的。

经历大刀阔斧的语文教学改革以后，我们的语文课堂已经有了很大的改观，课堂模式风格多样、活动丰富、形式活泼，但是细细观察，这些变化更多的是指向表层的、显性的课堂模式的变化，表面的热闹却难掩思维探究的不足，其本质就在于我们在关注课堂外在形式的同时忽略了课堂的内在逻辑。最完美的状态应该是课堂逻辑通过外在的形式表现，关注课堂内在的思维本质、概念的引入，有助于我们有意识地提升课堂教学的深度。

**3. 教学思维与课堂逻辑之别**

教学思维与课堂逻辑之别，在于前者以教师为主体而后者以课堂为主体。

我们常说"逻辑思维"，逻辑本就是一种思维，二者有密不可分的关系。但是二者也有不同之处，教学思维更倾向于反映教师的心理结构，是教师对教学问题的思考过程，教学思维也依赖于教学语言和教学行为，表现在各项教学活动中。表现在课堂中的教学思维就构成了课堂中教的逻辑。可课堂逻辑的存在主体是课堂，存在于课堂教学结构和教学过程中，它既可以与教学思维一样表现教师的思维，也可以离开教师而独立存在于课堂中。

## 三、基于学科、文本、教师、学生的逻辑解析

纵向来看，笔者认为，在关注互动式逻辑课堂中，我们应从文本、教师、学生三方面的逻辑出发，多维立体透视互动式逻辑课堂。

### （一）语文学科逻辑

学科的本质知识是由符号形式、逻辑形式两个要素构成。符号形式表明的是人对世界的具体看法或认识结果；逻辑形式则体现的是人认识世界的方式和过程，是认知知识的形式。内隐在知识中的"认知知识的形式"就是学科逻辑。没有逻辑形式的知识是不存在的，但不同的学科，其知识的产生过程各具特色，对知识的认知形式自然不同。学科逻辑指的是反映真实的科学过程，体现科学认识规律的知识形成过程，它既包括某类科学知识从发生、

发展到形成的基本过程，也包括知识形成过程的具体途径、方式，即科学方法的运用过程。学科逻辑关注学科知识自身生成的规律，关注学科规律的本质特征，符合学科逻辑的教学往往能反映真实的科学过程。

我国自现代语文设科以来，较有影响的、有代表性的语文课程内容建构的"逻辑起点"主要有以下几类。

其一，把"语文"的释义作为建构语文课程内容的逻辑起点。其典型代表为叶圣陶的"口头为语，书面为文，文本于语，不可偏指，故合言之"。以此为逻辑起点，将语文课程内容从传统经史哲理中分化出来，认为语文课程内容主要是适合培养学生听说读写能力的语言知识和技能。以此类推，后来者对"语文"继续做出诸如语言文字、语言文化、语言文章和"一语双文——语言、文章、文学"等阐释，并相应产生新的课程内容。这种思路在一定程度上开辟了建构语文课程内容的路子。

其二，以"语文课程的性质"作为构建语文课程内容的逻辑起点。这是一个具有中国特色的逻辑起点，对我国语文课程内容的建构有着比较突出的影响。中华人民共和国成立以来逐渐形成了"工具论""人文论""工具人文兼顾论"等主要的语文课程性质类型，所演绎的语文课程内容也分别表现为：重视语言知识和技能、重视文学教育和人文精神教育，以及二者兼顾等不同的倾向。此外，还有关于语文课程的文化性、思维性、言语性等观点。

其三，以国内语文名师的观点为建构语文课程内容的逻辑起点。这一逻辑起点主要源自语文名师个人的实践体会和理论思考，在实践层面提供了大量丰富的语文课程内容，如语感派、思维派、管理派、绿色语文、青春语文、生态语文等，都对"语文应该教什么"给出了自己的解释。

### （二）作者文本逻辑

文本是教师教的内容，是学生学习活动的载体，教学问题的关键在于能否将学生学的活动与教师教的活动与文本内容有机融合。语文教学没有固定的模式，课堂的逻辑很大程度上应由文本的特质决定，而文本最大的特点就是"唯一性""不可重复性"。

文本分析之所以无效，原因在于空谈分析，实际上根本没有进入分析这一层次。分析的对象是文本的矛盾，而许多无效分析，恰恰停留在文本和外部对象的统一性上，如认为《荷塘月色》反映了大革命失败后知识分子的苦闷，"明月松间照，清泉石上流"惟妙惟肖地反映了美好的"景色"。这从哲学上说，是机械反映论。而那些注意到文本和外部对象的矛盾的分析文章，也往往把文本当作一个绝对的统一体，如认为《再别康桥》表现了诗人内心的离愁别绪，等等。其实这首经典诗作表现的矛盾很明显：一方面是激动——"满载一船星辉，在星辉斑斓里放歌"，一方面又是不能放歌——"沉默是今晚的康桥"；一方面是和康桥再别，一方面又是和云彩告别。文本分析的无效之所以成为一种顽症，就是因为文本内在的矛盾成为盲点。

### 1. 文体特质

以诗歌为例，诗歌最为独特之处应是情感的特殊性，甚至是诗人一瞬间油然而生的情感，而时间、地点、条件等限制因素就相对比较笼统概括。随着时间、地点等条件限制的增多，诗歌的散文性、叙述性就相应的增加，更倾向于散文特质。当然，散文的情感也相应是特殊的。"所以诗歌，由于其概括性，往往是形而上的，而散文则是形而下的。"

文本中的另一主要题材小说，它又有别于诗歌和散文。在小说中，客体特征和情感特征都必须是特殊的，但是与散文不同，小说中人物是多元的，情感不是单元的，而是相互错位的，在某些大型作品中，还是多元错位的，由此产生了情节。相互的情感在不脱离、不重合的情况下，"错位"的幅度越大，形象越是有个性，也越是动人。

就小说而言，几千年的历史发展，乃是其内在矛盾的系统性转化。例如，从片段的魏晋志怪，到有完整情节的唐宋传奇，情节是一种因果关系，是把复杂的原因简单化、单一化了，相爱的情人很少有错位性格，到了宋元话本，《三国演义》就有了性格错位，情节进步了，因果关系突破了单一性，但还没有出现造成性格的环境因素，而《水浒传》"逼上梁山"的"逼"提供了社会环境原因。而到了《红楼梦》，相爱的人物心理多元错位了，又出现了情节淡化的倾向，这种情节淡化，是因为情节把情感因果关系单纯化导致简单化。情节的淡化也就是情感因果的复杂化，甚至不可穷尽化（如《红楼梦》），这既是单一化发展极端的结果，又是对单一化的拯救。到了五四时期，淡化情节在小说中成了比较普遍的倾向，新的取向是情节不加正面描写，变成背景，变成交代（如《祝福》《孔乙己》）。此时，环境因素仍然是得到强调的，这是现实主义和浪漫主义的小说。到了现代派小说中，不管什么样的悲剧，环境淡化了，连人物的名字都不重要了。悲的原因并不能完全归结为环境，人与人，包括相爱的人，心灵难以沟通乃是人类本身的弱点，就是恋爱充分自由（如《围城》），也不能避免婚姻的失败。

### 2. 文本情感逻辑

艺术家在艺术形象中表现出来的感觉不同于科学家的感觉。科学家的感觉是冷静的、客观的，追求的是普遍的共同性，而排斥个人的情感,一旦有了个人的情感色彩，就不科学了，没有意义了。可是艺术家恰恰相反，艺术感觉之所以艺术，就是因为它是经过个人主观情感"歪曲"的。正是因为"歪曲"了，这种表面上看来比较表层的感觉才能成为深层情感乃至情节的可靠索引。有些作品，尤其是一些直接抒情的作品，往往并不直接诉诸感觉，这时只用感觉"还原"就不够了。例如，"在天愿作比翼鸟，在地愿为连理枝，天长地久有时尽，此恨绵绵无绝期"，好在什么地方？它并没有明确的感知变异，它的变异在它的情感逻辑之中。这时应该使用的是情感逻辑的"还原"。这几句诗说的是爱情是绝对的，在任何空间、时间，在任何生存状态，都是不变的、永恒的，爱情甚至是超越主体的生死界限的。这是诗的浪漫，其逻辑的特点是绝对化。用逻辑还原的方法明显不符合理性逻辑。理性逻辑是客观的、冷峻的，是排斥感情色彩的，对任何事物都采取分析的态度。按理性逻辑的高级形态，即辩证逻辑，任何事物都不可能是不变的。在辩证法看来，世界上没有永恒不变的东西，一切都随时间、地点、条件而变化。把恋爱者的情感看成超越时间、地点、条件的东西是无理的，但是，这种不合理性逻辑之理，恰恰又符合强烈情感的特点。

情感逻辑的特点不仅是绝对化，而且可以违反矛盾律、排中律、充足理由律。人真动了感情就常常不知是爱还是恨了，明明相爱的人偏偏叫冤家，明明爱得不要命，可见了面又像贾宝玉和林黛玉那样互相折磨。臧克家纪念鲁迅的诗说："有的人活着，他已经死了；有的人死了，他还活着。"这按通常的逻辑来说是绝对不通的，要避免这样的自相矛盾，就要把作家省略了的成分补充出来："有的人死了，因为他为人民的幸福而献身，因而他永远活在人民心中。"这很符合理性逻辑了，但就不是诗了。

### 3. 文本价值

创作就是从科学的真的价值向艺术的美的价值转化。因为理性的科学价值在人类生活中占有优势，审美价值常常处于被压抑的地位。正因为这样，科学家可以在大学课堂中批量化培养，而艺术家却不能。要欣赏艺术，摆脱被动，就要善于从艺术的感觉、逻辑中还原出科学的理性，从二者的矛盾中，分析出情感的审美价值。为什么李白在白帝城向江陵进发时只感到"千里江陵一日还"的速度，而感觉不到三峡礁石的凶险呢？因为他归心似箭。为什么李白觉得并不一定很轻的船很轻呢？因为他流放夜郎，"中道遇赦"，用今天的话来说，就是解除政治压力后，心里感到轻松了，因而即使船再重，航程再险，他也感觉不到。这种感觉的变异和逻辑的变异成为诗人内心激情的一种索引，诗人用这种外在的、可感的、强烈的效果去推动读者想象诗人情感产生的原因。为什么阿Q在被押上刑场之时没有大喊冤枉，反而为圆圈画得不圆而遗憾？按常理来还原，正是因为画了这个圆，才完成判死刑的手续。通过这个还原，益发觉得阿Q的麻木。阿Q越是麻木，在读者心目中越是能激发焦虑和关注，这就是艺术感染力，这就是审美价值。正因如此，逻辑的解读最后必须走向价值的还原，而从价值的还原中，就不难分析出真正的艺术奥秘了。

### 4. 文本风格

从创作论来说，一切艺术创造都不是凭空的，它是在前人艺术积累基础上前进的。这种积累，首先是形式和流派。艺术是审美情感的表现，任何审美情感都是不可重复的，但这并不意味一切艺术创作都要从零开始，因为审美情感虽然不能重复，但艺术形式和流派却是在不断地重复的。正是在形式和流派中，积累着的人类审美情感升华为审美规范。有了这种规范，作家就不用从零开始，而是把艺术的历史的水准作为自己的起点了。但是，形式和流派毕竟是共同的。作家要遵循它的规范，但是又不能完全拘泥于它。完全拘泥于它，就变成了重复，就没有创造可言了。因而艺术的特性，又不断突破和颠覆形式和流派的积累。最可贵的是不但要遵循其规范，而且要突破其规范。最大的突破就是对形式和流派全部规范的颠覆。

在同样的形式和流派中，在同样的历史条件下，有风格，就是有创造；没有风格，就是没有创造。没有创造，就只能沿袭，而沿袭与艺术的本性是不相容的。余秋雨创造了一种崭新的散文风格，他把自然景观拿来阐释人文景观，而且把宏大的文化思考放到和小品联系在一起的散文中去。这种风格在中国当代散文史上是影响深远的。对于作品分析来说，最为精致的分析就是在经典文本中，把潜在的、隐秘的、个人的创造性风格分析出来。比如，同样是抒情，朱自清的《荷塘月色》和郁达夫的《故都的秋》不同，朱自清的抒情，是一种温情，用温情把环境美化，而郁达夫却不写温情，他所强调的是一种悲凉之情，说秋天的美在于它的萧索、幽远和落寞。这两个人的风格显示了他们不同的文化和美学追求。善于在对比中分析不同，对于拓展学生的精神境界和审美情操是有好处的。如果满足于把这两种风格的文章说得差不多，就可能把学生的心灵窒息了，到写作的时候，就难免是千篇一律的滥情了。要把独特的风格概括出来，就要善于比较，这就要有精准的辨析力。不但善于从看似相同的作品中看出相异的地方，而且要善于从看似相异的作品中，看出相同的地方。这是科学抽象的基本功，是需要长期自我培养的。最关键的是，要使思想活跃起来，在别人看不到联系的地方，作为教师的我们，要能看到联系。

### （三）教师行动逻辑

当今的教学提倡以学生为主体，但是教师的引导同样重要。可以说，教师的行动逻辑决定整堂课的逻辑是否恰当、合理、流畅。笔者认为，为寻求更有逻辑的互动课堂，教师的行动逻辑应从以下几个方面体现。

#### 1. 合理而明确的逻辑起点

教学的逻辑起点，和教学目标以及教学起点有着紧密联系，但又不是一个概念。它既不是教学目标，也不是教学起点，但又涉及有关内容。从教学行为看，就是目标不清楚；从教学内容看，就是"教什么"不清楚；从教学过程看，既没有明确的教学起点，更找不到一条清晰的逻辑线索。这节课的目标和内容是离散的，全节课没有一个清晰的逻辑起点，也就是说，整堂课的各个教学环节没有围绕一个点（这个点可以是目标，也可以不是目标）展开，而是相互离散、相互割裂的。因此，我们大致可以这样说，教学的逻辑起点，就是既有明确的教学需要，又有正确的价值取向，教师清楚这节课要教什么和怎样教，为什么教和为什么这样教，整个教学过程聚合于一个集中的点。

那么，怎么确定教学的逻辑起点呢？就语文教学来说，就是在语文课程的共性目标和具体的教学内容的个性特点之间寻找它们的契合点。

#### 2. 教学程序的安排合乎逻辑

教学过程是由一个个教学环节组成的，这些环节之间，这个过程的发展，应该是一个合乎逻辑的运行，谁在前谁在后，为什么要先安排这样一个环节，它的教学价值在什么地方，为什么后面要安排这样的环节，它和前面的环节是什么样的关系，都应该有道理可讲，这就是教学程序合乎教学逻辑的体现。此外，教学过程中问题的提出和解决要合乎教学逻辑，更重要的也是更难做到的，是在解决学生的问题时要遵循教学逻辑。因此一堂有逻辑的互动课堂，一定是做到了文本、教师与学生三者合而为一的。

### （四）学生认知逻辑

学生的认知逻辑就是学生认知事物的基本过程和合理顺序，学生学习知识、技能的过程就是在原有认知结构的基础上，新的认知结构的组织和重组织的过程。按照皮亚杰的"同化、顺应、平衡"理论，学生的认知逻辑需要从原来的平衡状态向更高层次的平衡状态逐渐过渡。奥贝尔则指出，影响学习的最重要的因素是学生已经知道了什么。学生原有的知识经验或已经达到的认知水平，是进一步认识事物的基础。学生学习新知识的过程，就是将新知识纳入已掌握的知识系统中，重新组织和发展认知结构的过程，使已有的知识和过去的学习对当前的学习产生影响，从而不断地获取新知识。一堂有逻辑的互动课堂，应该是顺应学生的认知逻辑，从感知到理解，从已知到未知；从易到难，从浅入深。

在当前的高中语文阅读教学中，学生的思维条理不清晰，逻辑思维混乱是常态，其实与教师、教学也有莫大关系。很多一线教师在方法上依旧遵从传统的教育模式和教育方法，按部就班，教师每一堂课都按照一个模式进行，学生又按照教师的思维进行阅读学习，不仅无法提高学生的学习效率和教师的教学质量，也不利于在阅读教学中培养学生的逻辑思维能力。很多情况下，学生的思维逻辑呈现板块化、平面化的特点，这是许多课堂不得不面对的现实问题。

在高中语文阅读教学中有意识地培养学生的逻辑思维能力，一方面可以有效提高学生的写作能力；另一方面，学生阅读需要运用科学理性的思维描述相应的事件，这也可以在一定程度上提高他们的综合能力。因此高中语文教师必须重视学生的主体地位，对传统的教学模式进行创新和突破，锻炼学生的推理能力和阅读能力，提高课堂质量，同时也达到培养学生逻辑思维的目的。

教师需要提高学生的想象力和联想能力，引导他们发掘不同事件的共同点，进行思考和总结，分析其中的因果关系，培养他们的逻辑思维意识，提高逻辑思维能力。

首先，学生的认知逻辑要注意思维的广度，不仅应博古通今，也应学贯中西。

学生的思维逻辑拓宽了，思考问题时自然就不会陷于狭隘和死板，分析问题的时候也不会过于片面。思维的广度从何拓展？笔者认为，学生的认知逻辑与自身的阅读量有密切关系，阅读能力的提高有助于判断能力和推理能力的提升，如此一来，逻辑思维能力也逐渐由低阶走向高阶。

其次，逻辑思维要立体，还应在课堂中注重学生逻辑思维深度的挖掘，向纵深拓展，让思维更具有深刻性。

在这一方面，作为教师，要加强学生语文思维的培养，应首先培养他们深刻的思维，杜绝肤浅与平庸，更要远离泛泛之谈。在学生语文思维深刻性的培养过程中，还应重视对学生在通过表象找实质方面的引导，使他们善于寻求物质根本，挖掘事物本质。在平常的教学中，教师应在该字斟句酌的地方着重强调，从而培养学生勇于质疑的好习惯以及坚定不移的好态度，坚持不懈的追根寻底，一定有利于学生的思维逻辑向纵深发展。

## 四、逻辑的内在联系与转化

### 1. 教师经验与学生认知自主建构

随着教学改革的变化，语文课堂也一直在变化，教师与学生的关系也随之改变。不管如何变，教师与学生都是课堂教学的主体，但只有从学生的认知出发，将教师已有的经验进行合理的建构、整合，师生互动对话，才算得上一堂真正的互动课堂。过去的教学中，教师更多时候充当的只是"教参"的被动执行者，而现在，教师是一名主动的课堂构建者，要基于学生认知基础进行构建。

一堂互动的课，一定是一场教师和学生的轻松对话。即使是以问题为纽带，即使问题是教师提出的，但教师也不是操控者。教师根据已有的经验，安排充足的时间制造认知冲突，引发学生思考，帮助学生运用已知去解决问题、探寻未知。相信在这样一个教师创设的安全、有支持性的学习氛围中，学生的大脑始终处于生长模式，不时有新的发现，而教师的在场激励，又不断促进着学生的表达，引发他们的学习动机，也带来高水平的思考。

这样的互动课堂，教师和学生像旅伴，像朋友，一路对话，一起发现、分享旅途中的美好。

### 2. 学生认知与文本特质整合

以前，语文课堂的设置是随"文"而教，而这个"文"，更多地指向了文体，记叙文教学，几乎每堂课都围绕着时间、地点、人物，事情的起因、经过、结果；议论文教学，翻来覆去就是论点、论证、论据；说明文教学，就是说明对象、说明方法、说明顺序；小说教学把人物、情节、环境不断翻炒；散文教学则是永远的"形散而神不散"。这样的课堂教学就是没有真正地做到"随文本特质命题"，将学生认知的具体性、文本的唯一性都抛之弃之，没有真正地做到相互融合。

语文课堂的核心价值就是让学生通过文本特征的讨论和文本表达方式的推敲，去感受文本的内涵价值。语文的教育不仅着眼于眼前的分数，笔者认为更大的意义在于多年以后的某个瞬间，学生或许已然不记得曾经学习的具体内容，却能够在日常生活中自行体味到语文给他生命带去的"温暖与力量"。

诚然，由于时代的变迁，社会主流文化的影响，一些文本内容与学生的经验还有很长一段距离，诸如文言文让学生难明其意，又如外国文学让学生味同嚼蜡……这样的情况并非个例，教师的作用就是千方百计地拉近学生经验与文本的距离，这是语文教师的重要职责。教师单教知识是不够的，更为重要的是要"造境"，创造情境，将学生置于情境之中，产生执行任务的愿望，在探究中促进知识的理解和运用，实现对意义的整体获取。教师创造的情境应和学生生活经验相关联，因为文本和生活经验之间是双向的动态关系，学生会将自己的生活经验带入文本，而文本也会改变学生的生活经验。没有人能替别人完成学习，学生只有依靠自己才能赋予学习以意义。他们对任务处理的思考越多，就越能找到并修正其中的错误，从而实现高效学习。

以《雨霖铃》为例。十六七岁的青少年自是不明离愁别恨，加之现代交通的方便与发达，他们何曾真正地去深刻体会过离愁别恨。本节课的授课教师就可以专门为这种情况营造氛围与情境，教师的语调、教学的氛围、教学资源的取用都可以作为创造情境的手段。当学生真正进入情境之中，文本知识的解读、情感的体悟都不再是难点。

课堂的学习是一个极其复杂的过程，将各项要素进行整合融会，教师创造的情境将学生的生活经验相关联，学生将自己的生活经验带入文本，文本也会改变学生的生活经验，达到文本与生活经验之间的双向动态。

### 3. 教师对文本要恰当利用

文本逻辑是形成学生认知结构的必要前提，文本逻辑转化为学的逻辑是课堂教学的重要内容和根本目标之一。而教的逻辑则是促进文本逻辑向学生学的逻辑转化的中介和动力。对于教师来说，就是要通过对学的逻辑和文本逻辑的分析，设计优化的教学过程，促进学生利用自己的认知逻辑同化学科逻辑，并最终转化为学生认知结构。

课堂教学其实与海上帆船运动有着异曲同工之妙，要想到达目的地，还需要扬帆借风前进。在语文教学中，要想达到最终目标，教师还需处理好自身与文本的关系。

例如《〈呐喊〉自序》一课，授课教师在处理文本解读的过程中就做到了合理利用。

课始，教师提供《呐喊》捷克版本序言，序言共三段。捷克版序言成为贯穿整堂课的线索。课尾，教师又回到捷克版序言："临终之前的鲁迅有无摆脱内心的寂寞？他的《野草·题词》《写在〈坟〉后面》等，绝不是可有可无的敷衍之作。"教师所链接的捷克版序言及其他资源，让学生和课文适度拉开了距离，在很大程度上使语文教学摆脱了复现文本内容的窘境，不再是简单的逢山开道、遇水搭桥，而是起到了围魏救赵、借石打鸟的功效，学生表现出了对原本厌恶的鲁迅作品学习的浓厚兴趣和高参与度，从而对鲁迅的思想有了深刻认识。知识的学习来自收集到的信息和学生既有知识之间的互动，正如帆板要借风前进一样，学生要自己经历曲折航行，才能获取胜利。教师《〈呐喊〉自序》课堂上的捷克版序言，无疑就是让航行者前行的"风"。

教师在处理文本时，要做的不是给出答案，给出教师自己的解读，而是给出线索，激起挑战意识，开启学生的学习发动机。或许有人会担心，在这样的课堂上，教师成了语文教学知识和学生之间的"中间人"，这是否会降低教师的地位？答案当然是否定的，因为在越来越彰显"交际"特征的时代，中间人的角色显得更为重要，正是教师促进、丰富、创造着学生学习的条件，引领并协助学生成为知识的探求者和建构者。

**4. 三维逻辑融会贯通**

在建构主义思想中，皮亚杰认为，学习离不开主客体之间的交互，正是在儿童与外界的同化和顺应中，他们的认知结构才得到发展。布鲁纳认为，高级的认知能力需要通过交往和向他人学习来发展，个体心灵能力的提升有赖于社会互动的作用。

语文课堂教学中三维逻辑的关系就表现在教、学、文三方面。教的逻辑是教学逻辑在课堂教学行为中的突然表现，是外显的教学逻辑；学的逻辑是教学逻辑中考虑学生认知规律的维度；文本逻辑则是文本自身生成规律的维度。后两者内隐于教的逻辑背后，却是教师形成教的逻辑的前提。希望我们的语文教学可以营造一个连接、交互、动态的互动式逻辑课堂。

# 互动式逻辑课堂建构链式结构的方法
## ——对高中语文教学过程中问题设计的探源

石文芳

提问是课堂教学中常用的一种师生互动的方式，借助于问题的引导，能加深学生对文章内容的理解和把握，将文章深挖下去。语文课堂中的问题设置，直接关系到学生思维的方向和逻辑建构，如何提问，提问有哪些原则需要把握，很多教师已经有了多方面的研究，但似乎还缺乏一种明确的指向性引导。现就关于问题建构应该注意的几个方面做初步的探索。

## 一、互动式逻辑课堂中问题设计的两个原则

在互动式逻辑课堂教学过程中问题设计是核心，关系到整个教学能否按照预定目标实施，关系到学生在学习过程中能否按照预期思路走下去，关系到整节课学生到底能获得多少知识等，其重要性不言而喻。既然如此，那么设计问题应该把握哪些原则呢？

### 1. 确定好课堂的起点和终点

课堂的起点，指的是以什么样的方式开头或者说从哪个地方作为本节课的切入点。起点是学生面对文本所产生的困惑点。终点是由文本的个性特征、教师的文本解读和文本对于学生最有价值的内涵确定的，也就是文章教学目标的设定。一篇文章的内容非常丰富，教学价值也很多，比如，从篇章结构来说，文章是如何构成的，开头写了什么，中间如何叙述，最后观点是什么，作者采用了怎样的结构形式。文章的价值又是多层次的，从修辞角度来说，一篇文章中用了什么样的修辞方法，修辞是如何应用的，表达了什么，有什么样的特点；从文章的内涵来说，一篇文章背后的深层含义是什么，想给我们什么样的启示，想让我们获得体验还是理解文化的多样性；等等。对于不同的文章，确定的起点和终点也不同，问题的链式结构也不同，从起点走向终点的途径也不同。从另一个角度来说，教学目标也决定着文章如何从起点走向终点，也决定着问题逻辑链的建立。

课堂的起点和终点决定着课堂的切入点和问题设置，决定着课堂如何建构。从这个意义上来说，课堂的起点和终点是问题建立的基础。

以《小狗包弟》为例。这篇文章主要的教学价值定位为：知识分子在"文化大革命"中精神上所受到的伤害和巴金深刻的忏悔心情。课堂的起点为，一只可爱的名叫包弟的小狗陪伴着我们一起生活；课堂的终点为一个知识分子在"文化大革命"中受到的精神创伤。这样文章的问题逻辑方向就会基本确定，教师需要进一步引导学生，让学生发现文本中"文化大革命"是如何给一个知识分子在精神上造成伤害的。这就是课堂问题逻辑建立的思路，以此为基础设计问题，所有的问题都需要逐步向前推进，而最终走到"文化大革命"给知识分子的伤害重点上来。

当确定好课堂的起点和终点之后，如何从起点走到终点就是课堂问题的建构过程。在问题建构的过程中，并不是将问题进行随意的排列，而是需要遵循一定规律，比如课堂整体的逻辑，即课堂如何从起点走到终点的过程逻辑，课堂各个环节的目的，各个问题之间的关系等，而这些都与课堂问题逻辑的链式建构有非常密切的关系。

**2. 建立问题逻辑的链式结构**

任何一篇有价值的文本，都有文本的内在思维逻辑。教学问题设计如果遵循文本的内在逻辑，那么课堂逻辑就会与文本逻辑自然融合。

（1）课堂问题链的形成首先要关注的是文本的内在逻辑，即文章写了什么内容以及是如何表达的，作者的行文逻辑是怎样的。

比如说《小狗包弟》是随着"文化大革命"的批斗的进一步加剧、作者的恐惧情感的逐步叠加，构建起文章的逻辑，而《雨霖铃》是按照离别前、离别中、离别后的作者情感的抒发建立的文章逻辑。不同的行文逻辑对问题的设计就有不同的要求，对于《小狗包弟》的文章逻辑来说，首先是发现小狗的可爱、善解人意，然而这样一个小狗却被送上了解剖台，为何会有这样的一个结局……设计问题逐层深入，以便对文本进行挖掘。而《雨霖铃》则要求学生逐步体会作者的情感，首先是离别前，天气、环境都给作者心里笼罩上一层愁情，再接着是离别中、离别后一层层加深这样的情感体会。

所以文章的内在逻辑不同，课堂问题链也就不同。

（2）课堂问题链的建立，还需要关注学生的思维逻辑。学生对新的认知结构的组织和重组织的顺序是因人而异的，但也存在某些共通的基本原理。皮亚杰的认知发生论认为学生认知结构的形成和发展受三个基本过程影响：同化、顺应和平衡。当个体不能用原有的认知结构同化新的刺激时，就要对原有图示进行修改或重建，即顺应，最终个体会从原来的平衡状态向更高层次的平衡状态过渡。在这些基本原理的指导下，学习过程也有一定的规律可循，即一定的认识顺序，如从感知到理解，从已知到未知，从易到难，从特殊到一般和从一般到特殊的结合，在理解的基础上巩固和应用，从基本练习到综合练习，从模仿到创造等。

对于问题设计来说，学生的认知有自己的过程，在设计问题时候必须要按照学生认知的逻辑进行设计，设计的问题要符合学生的逻辑思维习惯，先易后难，先内容后情感，先文本后内涵，先内容后哲理，先感性后理性……教师设计的合理的问题链，也在一定程度上培养了学生的思维能力。而思维能力的提升，是每一个教师每一节课都应该努力追求的，只有不断强化和培养，学生的逻辑思维能力才最终会有所改善，一个学生逻辑思维能力的提升将会使他受益终身。

（3）问题的设计要符合文本本身的特征。不同的文本有不同的特质，有些文章偏重理性，想要挖掘内涵需要不断的分析探讨，比如说《劝学》《兰亭集序》《装在套子里的人》；有些文章适用于理解体悟，比如说《雨霖铃》《边城》《寒风吹彻》等，需要不断创设情境体会情感。不同文本的价值不同，决定了教师在设计问题时需要选择不同的方式。以理解分析文化内涵为主的文章，主要进行的是理性的思考，不断对文本中发现的问题进行追问，寻求思维的深度，以求深入理解文本。而以理解体会情感为主的文章，则要求在设计问题的时候不断地拉近读者和作者情感的距离，创设情境，触发读者情感，以便体会作者的情感，达到感同身受的效果。除了以上列举的文本的特征之外，文本还有很多不同的特质，比如说有些文本需要发现的是它的文化价值，有些文本需要挖掘的是它的历史价值，有些文本则要发现文本本身的价值，等等，不管是什么样的文本价值，我们在问题设计的时候必须要围着这个文本的特性和主要价值来进行操作。

（4）课堂问题的设计要形成一个完整的链式结构。课堂问题的设计从一开始就需要有明确的目标。比如说，课堂的开始是导入，导入的目的是什么？为何用这一导入而不是另外一种类型的导入？这样导入对核心问题起什么作用？导入应该是课堂核心链条上的一环，从课堂的开始就为了核心问题做铺垫。

比如说《小狗包弟》的导入：

"作家巴金先生如今已走过了风风雨雨一个世纪，在这变幻的100年中，他有过成功的欢欣，有过屈辱的磨难，有过痛苦的忏悔，有过平静的安宁。

巴金的人生，映照着一代五四知识分子坎坷而不平凡的命运，对他的祝福和纪念，也是对20世纪许多像他一样的知识分子的怀念，是对我们的民族经历的百年风雨的记忆与思索。'巴金的伟大，在于敢于否定自己'，他虔诚、严苛地自我拷问和历史反思的忏悔精神，至今仍是空谷足音，无人超越。当文学面对现实惊人的冷漠时，我们多么需要巴金直刺现实的勇气，多么需要他振聋发聩的呐喊，多么需要他来扫除我们心灵的垃圾，净化我们的灵魂。《小狗包弟》就是一篇能给我们带来希望，带来勇气，带来力量的散文，让我们来感受巴金与一只叫包弟的狗之间的不解之缘，听听他的故事吧。"

以一个世纪老人的忏悔来开始，之后全文都围绕着为何巴金会向一只小狗忏悔来展示那个时代带给知识分子的伤害。

结尾也是一样的：

"巴金是现代中国为数不多的文学大师、思想家之一，他以丰硕的文学成果以及一生坦荡无瑕、圣哲般高贵的人品，向世人证明了爱心的价值、真诚的伟大，以及天才的光芒，这位'20世纪中国的良心'，他的名字必将与鲁迅等人一样，长留青史，像北斗一样在天空闪烁！让我们记住这位世纪老人并学习这位世纪老人的不断进取的精神和严于解剖自己灵魂的勇气，铸造一种坦诚真实的人格。"

依然是围绕着他的忏悔和他的个人品质，这样文章从导入到结语形成一个完整的问题链，前面的所有问题都是为文章的核心问题"知识分子在'文化大革命'中的精神创伤"服务，以世纪老人深刻的忏悔开始，以他伟大的人格作结，文章形成一个完整的链式结构。

## 二、互动式逻辑课堂中问题设计的三个注意点

教学过程中的问题设计除了把握以上原则外，还有一些细节方面的内容需要注意，俗话说"细节决定成败"，我们既要关注大的原则，也需要在细节方面精心考虑，这样才能设计出一节有逻辑建构力的好课。

### （一）问题的设计要依托于文本

语文教师在课堂中的提问是为了刺激学生的思维，帮助和引导学生独立思考，让学生自主探究，获得对文本的理解和感悟。教师的问题设计必须立足于教学文本，因为教学文本是课堂教学的依托，是学生获取课堂知识的来源。但是，教师教学的最终目的不是让学生只学习课本上的知识，而是要更好地激发学生的潜能，促进每一位学生的全面发展。虽然教材上选用的文本大都是有价值的名篇，而且具有一定的现实意义，但是毕竟有些内容距离现

代社会太遥远，有些内容又涉及哲学、心理学等方面的知识，学生无法准确地理解和把握。因此，教师的问题设计应该以立足文本为基础，同时还应该拓展延伸，将课外的知识与课内的知识相结合，尊重学生的生活体验，让学生拥有更多感知社会、了解社会的机会。

例如，人教版高中语文必修四《短文三篇》中的《热爱生命》一文有这样几句话："不过，我却随时准备告别人生，毫不惋惜。这倒不是因生之艰辛或苦恼所致，而是由于生之本质在于死。"教师在讲授时针对这篇文章热爱生命的主题，引导学生细细解读文本，并设置提问："这篇文章的题目是'热爱生命'，但是作者在这里却表示自己随时准备好告别人生，而且丝毫不感到惋惜，是否与文章主题相违背？"这个问题抛出来以后，学生感到有些困惑，进而去仔细阅读文本，试图从文章中找到线索来解答。然后学生发现后面有一句"因此，只有乐于生的人才能真正不感到死之苦恼"。乐于生的人，就是享受生活的人，他们享受生活中的种种快乐，所以就会觉得死而无憾，也就不会感到死的苦恼了。在这个时候，教师趁机向学生讲述史铁生、桑兰、海伦·凯勒等名人的事迹，他们都是遭遇过不幸的人，但是他们都没有被打倒，而是乐观向上的生活，活出了自己的价值，他们都是热爱生命、享受生活的人。接下来为了让学生能够运用自己的生活体验进一步感知文章主旨，教师提问："课文中说'享受生活要讲究方法'，那么，请你说说，你会怎么享受生活？"这个问题，是检验学生对课堂所学知识的把握程度，同时也是让学生联系自己的生活实际，带着自身的生活体验再次深入理解课文，拓展学生的思维，促进学生能力的发展。

同时也有一个反例：

一位教师在讲授《劝学》的时候提出了这样一个问题："荀子劝学的终极追求是什么？""荀子的劝学对于'善伪'的制定标准我们应该如何看待？"第一个问题还好，在文本中有相关的句子可以作为评价的标准，但是第二问题很明显和文本的关系较远，不是从文本本身生发出来的问题，而是根据资料补充拓展的，将这种拓展的问题作为课堂中的主要问题呈现，其实和《劝学》最终设立的教学重点和难点相隔较远，和文本的距离也较远，对于这样一篇文章来说意义不大。

互动式逻辑课堂教学中的问题，必须要从文本本身出发，最后再回到文本之中，虽然在处理的时候思考的比较费力，但是当真正实施了，才发现好的课堂是那些能从文本中的关键字句进行思考，提出问题，最后又回到文本本身的问题。

### （二）问题的设计要注意指向性

每一个问题的设计都要考虑清楚问题最终指向的目的何在，问题针对的思维锻炼方向何在，问题依附的文本何在。

#### 1. 从完成教学目标的角度来看

教学目标是一节课的风向标，对于课堂教学的设计具有重要作用。为此，教师要意识到这一点，在设计提问时，紧扣目标展开，以此突出难点，促进阅读教学质量的提升。

例如，在学习《锦瑟》一诗时，对于"沧海月明珠有泪，蓝田日暖玉生烟"这两句诗，学生虽然已经了解其字面意思，但没有了解其深刻的内涵。实际上，这两句诗千古流传，其中隐含着深刻的意蕴。为了让学生了解这一点，深入把握其内涵，教师可设问："同学们，当你们读到这两句诗的时候，脑海里会出现怎样的情景？"以此引导学生进行深入思考，结合想象深入理解，以提升教学效果。在这一环节，教师要兼顾学生的各种需求，先让学生独立思考，再在小组内交流，最后班级讨论。由此，学生在教师引导、点拨下深入诗词，把握其中内涵，在达到学习目标的同时，促进了思维的发展。

教师围绕教学目标设计提问，能充分调动学生学习的积极性，引发学生的深入思考。学生可在问题引领下深入文本，展开探究，以此实现突破。在这一过程中，教师要密切关注学生的思维发展，发挥学生主观能动性，让学生在深入文本的过程中把握内涵，以提高阅读教学效率和教学质量。

#### 2. 从问题性质的类别角度来看

在对教学过程进行细化研究的时候，会发现不同的问题有着不同的指向，这种指向可以从不同的角度进行分类，比如从合作和探究的角度分类，从分析综合的角度分类，从演绎和归纳的角度分类，但是还有一种对于教学来说更有价值的分类角度，那就是从性质角度进行分类，具体来说就是这个问题指向的是信息搜索还是内容探究。

信息搜索的课堂问题关注的是较低阶段的能力培养。小学的时候我们就开始练习搜索信息，例如，文章中的主要人物是谁？什么时间、什么地点发生了什么事件？……类似这样的直接指向文本内容，只需要从文本中检索的问题我们称之为信息搜索型问题。这种问题指向学生能够读懂文章的内容和总结概括的能力。这种能力从小学的时候就不断地进行训练，当训练到一定程度的时候很难有新的突破，对于学生的思维能力的培养来说并没有什么太大的意义。对于高中的学生来说，这种问题的价值并不是很大，所以我们需要另外一种更能够培养学生思维能力的高阶的探究型问题。

探究型问题指向学生的高阶思维，学生在文本中找不到准确的答案，最多也就是能发现一些相关的语句，那么想要获得准确的答案就需要学生不断进行思考，进一步深挖才能得出结论，这种类型的问题我们称之为探究型问题。

比如，在《青玉案·元夕》的课堂教学中，教师提出这样几个问题："《青玉案·元夕》中前面写节日的热闹浪漫，与后三句'蓦然回首，那人却在，灯火阑珊处'有什么关系？""寻千百度，在阑珊处的'那人'对于辛弃疾而言，意味着什么？"类似这样的问题，在文本中是直接找不到答案的，需要学生不断地进行高阶思维，用文本中的相关信息进行推断和思索才能得出结论。

这种类型的问题相对于信息搜索式的问题来说，主要指向于较高阶的学生思维能力的培养。学生只有通过这样的问题，才能逐步构建起自己的逻辑思维的框架，从而不断提高学生的逻辑思维能力。

这两种类型的问题并不是互不联系的，在回答训练高阶能力的探索型问题的同时，也需要学生不断地进行文本信息的搜索，所以对于语文教学来说，其实我们更需要的是探索性的问题，这样学生会在不断地训练中提升自己的思维。

总之，不管从教学内容和教学重难点的设定来看，还是从问题的性质分类来说，任何课堂问题的生成都不是考虑单一方面的因素来完成的，我们需要兼顾多方面的因素，这样才能有更加有效的、高质量的问题产生。

**（三）问题的设计要切中焦点**

在阅读文本的过程中，我们会发现文本中有很多会产生矛盾的地方，而这些地方往往就是作者的写作用意之所在。我们要能够及时抓住文本中矛盾的焦点，于焦点处提问，这样的问题更具有挑战性，课堂也会更加有深度，学生也会更有收获。

**1. 在课文内容矛盾处提问**

在高中语文教材中，有的文章内容看似矛盾，实则有必然之处，教师在课堂教学中通过抓住这类蕴含着巨大思考价值的地方，通过思考和研究课文内容的矛盾点，让学生真正掌握课文内涵，在活跃学生思维的同时深化教学。

比如，在教学《奥斯维辛没有什么新闻》一课时，通过让学生展开合作交流，多媒体展示文本中出现的矛盾之处，让学生合作探究："文章开头写阳光明媚，绿树成荫，孩子们高兴地嬉戏，这在我们看来是一幅多么美好的景象！可是作者却说'从某种意义上说'，这是'最可怕的事情'，'像一场噩梦'，他为什么要这样写？"

通过这种提问，激发学生的好奇心，让他们在思考中了解文章核心内容，以点带面，深化课堂教学效果。

**2. 在课文内容对比处提问**

纵观语文教材中选编的文章内容，有的作者为了突出中心思想或人物形象，或表达某种观念，往往会在文章内容上进行或明或暗的对比，教师在进行提问的时候，可以抓住课文内容处的对比，在突破重难点知识的基础上引起学生思考，不断优化、推动语文课堂教学进程。

比如，《过秦论》中的内容就有明显的对比：

（1）六国"合纵抗秦"时的力量与秦国的对比。

（2）陈涉领导的农民起义军与九国之师的对比。

（3）陈涉领导的农民起义军与秦国的对比。

（4）秦国攻天下与守天下的对比。

强烈的对比中关联着文章的核心思想，教师可以在此设计有效提问，让学生在分析文本中论证文章观点，并总结历史教训。

又如，在教学《荷塘月色》一文时，抓住文眼设疑提问："作者为什么'不平静'？从哪些地方可以看出来？"通过引导学生分析"这几天心里颇不平静"与文章所写的"静"形成鲜明对比，以蝉声蛙鸣的"闹"突出荷塘的"静"，让学生联系创作背景分析文本内容，深入理解作者的思想感情。

**3. 在课文内容重复处提问**

教师在写作指导中常常会跟学生强调避免内容重复，重复会显得整篇文章啰唆，然而，研究现行高中语文教材不难发现，一些经典的好文章多在内容上设置重复，那么作者为何要刻意在特定的段落或句子上设置重复的内容呢？它是否有非同一般的意义？在高中语文课堂教学中，教师可以对内容重复的地方进行提问，引发学生主动思考。

比如，在教学《记念刘和珍君》一课时，在合作探究环节，笔者向学生提问："作者为什么两次写'我也早觉得有写一点东西的必要了'？如何理解这句话？作者为什么反复强调？"又如，在教学《奥斯维辛没有什么新闻》时，作者在课文第六段写有"在奥斯维辛，并没有可供报道的新闻"，与末段"在奥斯维辛，没有新鲜东西可供报道"重复，教师可根据这两句话提出问题，在提问中引导学生分析探究，揣摩其中的深意，加深学生对文本的理解。

"先生的责任不在教，而在教学生学。"打开一切学科的钥匙毫无疑问是问号。在高中语文课堂教学中，教师通过钻研教材，根据教学内容和学生实际情况精心设计问题，启发学生思考，通过在文本内容关键处、矛盾处、对比处和重复处设置提问，在师生交流中有效调动学生的学习积极性，从而实现高中语文课堂教学有效性。

## 三、互动式逻辑课堂中问题设计的两点意识

教学是教师的教和学生的学组成的双向互动的关系，教师除了关注文本本身的内容之外还需要特别关注学生。作为一个个有血有肉、有思想、有灵魂的个体，我们必须要从每一个学生的个体需求出发来设计问题。

### （一）让学生有参与意识

在互动式逻辑课堂教学的实施过程中，首先，教师要运用一些策略，让更多的学生参与到问题中来。有可能的话要给每一个学生回答问题、互动交流的机会，教师还要尽可能地创设条件，采取一些具体的方式来让学生参与互动。其次，要想问题有效，一定要给学生一定的思考时间。有研究表明，教师提出问题，学生回答之后，给予三到五秒钟的等待时间，就会有更多的学生参与到课堂讨论中来，他们的答案会更完整，质量也会更高，对于学生的认知水平的发展也会有提高。

而那种教师在提问之后，等待的时间不足一秒，甚至几乎没有什么停顿的情况下，导致的结果是学生参与的积极性不高，对内容的思考也不深入。还有一种情况也应该引起注意，即教师出于一些考虑，如教师认为引导的太多可能不符合"尊重学生的阅读体验"的精神，主动放弃了话语权，对于学生的交流和讨论没有提供反馈的意见，更没有进一步引导或者启发学生重新阅读文本，进行深层次的思考，从而做出正确的回答，甚至在学生的讨论范围已经偏离文本的价值取向的情况下，教师也不能及时地指出并加以引导。这种对话就失去了探究性，不能将对话引向深入，充其量只是具备对话的形式而已。

### （二）让教师有点拨意识

孔子曰："不愤不启，不悱不发。"在知识积累、能力方法、人生情感阅历这些方面都比学生丰富的教师，在师生对话的过程中，无疑要起到一个点拨、指导的作用。要做到这点，同样对教师的素养提出了很高的要求，素养不够，就不可能是一个好的点拨者，找不到这个"点"到底应该在哪里，抓不住点拨的最佳时机。而点拨，是实现有效教学的一个有效途径。

比如，可以借鉴某位教师在上《葡萄月令》所体现出的点拨意识和具体

的点拨过程。为了探寻文章的主旨，教师引导学生去品味语言，具体的做法是借助朗读和思考之后讨论的方式。学生归纳出一月、二月、三月是写葡萄的生成，后面则不同。这时，学生虽然比较出语言表述内容的区别，也意识到文字背后可能有某种深刻的含义，可是一时无法理解到底蕴含的含义是什么。教师找准切入点，让学生重点品读九月，概括九月是在写葡萄的什么。经过一番交流，有的学生意识到：此时，葡萄已经奉献出它的果实，人们也不再管它了，可是，葡萄依然保持着它顽强的生命力。教师不满足于此，而是进一步追问，最终学生感悟到作者平淡的文字里所蕴含的一种精神：淡定、从容地面对困境，是一种人生的境界。

一般的情况，关于领悟主旨，至此可以说已经完成了教学任务，但是，教师接下来又提出一个问题："汪曾祺的作品感动了许多跟他有相同遭遇的人，还吸引了当时很多的年轻人，对此，该做何理解？"进一步点拨学生深入感悟，文章是运用了最朴素的语言表达对生命最深刻的思考这一特点。

在这一环节的处理上，教师没有以自己的分析讲解来代替学生的独立阅读，但也不放弃在学生思维陷入停滞时给予及时的点拨，引导他们通过细致的阅读、严谨的思考去逐步理解作者想要表达的情感。在这一过程中，教师不急于求成，而是舍得花时间让学生沉入文本去阅读，去比较，去联想，最终水到渠成。学生从最初接触文本时"不怎么喜欢"到最后有很深的感悟，这一过程中教师的点拨和引导是功不可没的，因为他对问题的设计都很合理，而且很有启发性。

整个教学流程表现出了学生阅读细致、思维缜密的特点，也彰显了教师及时点拨的意义，体现了教师对文本阅读求深求透的精神。教学是成功的，因为学生知道了阅读的基本方法，并切切实实地实践了一把，想必以后他们在阅读文本时会用上这种方法。能达到这一教学目标的重要原因，就在于教师找准了解读文本时的几个点，最大化地实现了文本的教学价值。

对于互动式逻辑课堂，我们可以总结关于点拨的几点启发和思考。

**1. 以学生的阅读主体地位来寻找点拨之"点"**

我们在一些教师的课上看到一些很成功的案例，比如，课前归纳整理学生阅读中遇到的障碍问题。因为这些障碍是学生在自主阅读过程中自己无法解决的，将这些学生的疑难困惑设置到自己预想的教学环节中来，适时的予以点拨，可以激发学生的思维。教师不但要课前思考"点"在何处，准备给予点拨，同时还要依据学生在课堂上的反应和要求，随时发现有意义有价值的"点"，并且这两点要紧密结合。

**2. 要有点拨的本领**

优秀教师的课，整堂课流畅自如，灵活中不乱分寸，变化中不失规矩。细思之下，就在于教师的语文素养深厚，练就了兵来将挡、水来土掩的本领，能快速地做出分析、判断，及时地引领学生深入思考，化解难题。

互动式逻辑课堂中语文教师的角色具有多重性的特点，对语文教师的综合素养也要求很高，但在这其中最关键的是做到心中有学生，心中有文本。

## 四、教师要设计出针对性强的有效的学案

互动式逻辑课堂是教师、文本、学生三者之间的互动交流，教师要针对"这一个"文本的个性和"这一班"学生的特性，设计出与课堂目标相吻合的学案，就要注意以下几方面。

**1. 设计学习目标和过程要有适合度和坡度**

教师在"学案设计"中，首先考虑的是"教会学生什么"的问题，如果设计的内容仅仅停留在对文本肤浅的认知层面上，课堂中，学生就会缺乏思考，就会产生懈怠。语文教学中如果只是对文本中表象化的知识进行解析，再灌输一些语文知识让学生机械的累积，其结果只能让学生对语文学习缺乏兴趣和激情，甚至对语文学习产生迷茫。

不同学段、不同层次的学生，他们的需求是不一样的，教师要着眼于学生的兴趣点、障碍点、发展点，要把知识的学习、掌握、运用与学习习惯的培养、学习方法的掌握结合在一起，要发现学生的已有水平。在教学过程中，尤其是在学习新知的过程中，教师要不断唤醒学生沉睡的记忆，调动学生已有的积累，让学生通过已知来认识未知，在不断反复的过程中巩固旧知，建构新的知识体系。

学生的认知过程是一个从"阅读、理解"着眼，以"辨析、探究"入手，以"感悟、应用"为目的的基本过程，这是一个逐渐上升的过程。教师在教学内容设计上就应该考虑适合度的问题，要按照学生的认知规律来设计，先要激发出学生的学习兴趣，辅助学生搭建一个自主阅读、探究的平台。另外，在教学过程中还要设置一些必要的阶梯，形成一定的"梯度"，学生对文本的发掘就会循序渐进、由浅入深、由表及里，最终达到登堂入室的目的。相反，那种面面俱到、细杂琐碎、平进平出的课堂教学过程，往往不能激起学生的求知欲望。

**2. 设计学习活动要有参与度和感悟度**

文本的价值最终是落实在学生身上，也是要靠学生来体现的。学生是教

学中的主体，互动式逻辑课堂中如果没有学生的积极参与和有成效的感悟，这样的课堂往往很难不被学生遗忘。

教师是引导者和促进者。互动式逻辑课堂是在教师的引导和促进下，形成师生共同参与、共同合作的互动的教学氛围。这样的课堂，教师注重培养学生的自主意识、合作意识和探究意识；这样的课堂，学生就会从传统的"让我学"走向"我要学"的境界；这样的课堂，文本的价值才能得到最大限度地发掘，教学内容才能更显实效。

教师在课堂上如果对学生激发的力度不够，课堂则显得冷清，只是教师在唱独角戏。当然这有教学设计上的问题，但关键还是教师的教学思想欠更新。另外也要避免表面上学生的参与度很高，课堂气氛很热烈的一类课堂。这种热闹过后又没给学生留下太多印象的课堂，是缺乏理性的，忽视了"语文本质"的课堂，这样的课堂，教师对学生的激发角度其实是偏离了文本，学生对文本的发掘只是停留在表面上，学生的体验和感悟也是肤浅的，如此的学习活动显得虚浮和空泛。

互动式逻辑课堂中，教师的角色是教学内容确定的主导者，教师要确定可行的教学内容，制定出有效的教学目标，又要以"生"为本，因材施教，把文本教学资源的开发与教学目标的确立、教学方法的选择有机结合起来。互动式逻辑课堂中，教师、文本、学生这三者的互动，不是形式上的，而是在感悟、探究、品味文本的过程中，师生得以教学相长。

总而言之，问题是语文教学过程中实施的关键环节，教学重难点的实现都需要问题的引导，并且在研究问题的同时也拉近了老师和学生、学生和文本之间的距离。面对课改的需求和对学生素养的培养，教师更应该结合文本和学生的情况优化问题，提高问题的有效性、针对性，进而调动学生的思维，培养学生的思维，积极发掘语文知识的深层内涵，进一步提高语文教学的效率和质量，促进学生的全面发展。

# 互动式逻辑课堂建构的课堂追求

## ——对生命灵性的唤醒

黄志英

语文课堂形态繁多，当我们面对各种语文风潮的时候，怎样更好地定位自己的课堂追求？这需要我们回到原点来思考语文到底是什么？语文到底要给学生什么？我们到底要倡导一种什么样的语文课堂建构？只有弄明白这些核心问题，才能形成我们自己对学科课堂追求的理解。

## 一、语文学科人文与工具、表达与情意的逻辑关系

我们且从不同社会时期的三种不同课堂形态说起。通过思考这三种课堂形态的路径选择、教育追求、目标定位、教学价值，可以清晰地看到不同的时代决定不同的育人观念，不同的育人观念决定不同的课程意识，不同的课程意识决定不同的学科理解，不同的学科理解决定不同的课堂形态。

### 1. 偏重工具与表达

第一种课堂形态，课堂建构偏重工具性，关注文本表达的共性，追求掌握程序性知识的策略。这种课堂形态产生的源流可以追溯到工业革命时代，那是第一次知识大爆炸的时代，知识放在比品性更重要的位置，教学就变为以传授知识为主。过去很长一段时间，我们强调的是语文的工具性，以满足社会对劳动者和操作者的需求，关注的是语言形式的表达。

这种情况下呈现的课堂形态是对文本共性的追求，在对知识的分析中，让学生以这个文本为例去掌握这一类文本阅读的技能，追求让学生掌握程序性知识的能力，教学目标明确，容易达到。

试看《祝福》课例，在学习这篇小说时的课堂建构和设计意图如下：

师：小说是什么？

生：是故事……

**设计意图：**

学会分析小说的要素——故事。

师：故事要关注什么？

生：叙述视角，包括第一人称、第三人称……

**设计意图：**

学会分析小说的要素——叙述视角。

师：叙述视角是为突出人物，小说突出的人物是谁？

生：祥林嫂……

**设计意图：**

学会分析小说的要素——人物。

要关注直接描述的地方和文本的叙述者的评价，关注对话、行为、心理，最后得出人物形象。

师：形象要通过情节来表现，情节要关注什么？

生：高潮……

**设计意图：**

学会分析小说的要素——情节。

高潮的判定要关注意外、冲突、转折点，结合高潮考虑故事的开端、发展、结局，特别关注转折点对人物性格的凸显。

师：情节和人物表现了什么主题？

生：批判社会的腐朽黑暗，暗示民众的病态灵魂。

**设计意图：**

学会分析小说的要素——主题。

师：环境描写有什么作用？

生：场景的作用。

**设计意图：**

学会分析小说的要素——场景。

第一种课堂形态，课堂建构更关注文本的共性，文本在课堂中起到样本的作用，作为证据证明这一类文体的共性。文本解读不需要深入情感的文化的解读，主要是归纳型的低阶思维，这种方法可以用在其他的小说上，读一篇文章的目的是读懂一类。读一类体裁的文本都是同样的方法，从小说、散文到议论文，文本虽然不同，但课堂流程基本差不多，课堂过程类化。如小说就讲人物、情节、环境；议论文就讲论点、论据、论证等，得出一个个以知识性为主的结论，区别在于设计活动的不同。教师、学生按路径可千篇一律地操作，是简单的、明确的任务驱动的课堂，怎么读小说是总任务，故事、叙事观点等是六个分任务，运用鱼骨图、思维导图这样的思维工具来搭建课堂的支架，操作性强。

第一种课堂形态的特征是：把文本作为一类体裁的例子；站在编者、语文教材的角度去阅读；课堂指向给学生方法；课堂思维形态是内化的；过程的形成是为了任务的完成；语言在文本中的价值主要是作为证据；对课堂有效度的评判，是站在上课教师的角度观察任务完成得怎么样，学生对这种方法是否掌握。

第一种课堂形式是教技能，把这些知识按照一定的顺序排列出来，可以形成一个操作路径，就叫作方法，就是程序性知识。用这个方法解决问题，用会了就变成能力，这个能力是技能的培养，获得的是方法和路径，是从阅读一篇文章到阅读一类文章的方法能力，虽具有显性、可操作性的优点，但课堂建构的设计却不利于独特的理解体验，学生的精神成长被弱化，只得到一个浅显的主题。

**2. 偏重人文与情意**

第二种课堂形态，课堂建构偏重人文性，关注情意对人格的养成，追求掌握实用性经验的能力。随着社会的发展，时代对人的需求发生了变化，社会从对劳动者、操作者的基本要求变为对人的全面发展的高阶要求。

第二种课堂形态不太关注语言品读，而是直接指向教育的内涵——人格教育。培养学生的人格、心智是教育的目的。通过阅读，帮助学生去经历没有经历过的生活，去体验没有体验过的情感，触发学生原有的人生经验和认知体验，引导学生去体察文本中独特的情感认知，丰富他们的认知经验，完成经验的重构，进而达到一个更高的认知层面，变得更具有真善美的辨别力，更丰富，更崇高。

试看《种树郭橐驼传》课例，初通文意以后的课堂建构和设计意图如下：

师：郭橐驼其貌不扬，为什么人们"皆争迎取养"？

生：他会种树，"所种树，或移徙，无不活；且硕茂，早实以蕃。他植者虽窥伺效慕，莫能如也"。

师：所以我们要受到大家的欢迎，并不全在于容貌。

**设计意图：**

懂得如何立足：要有技艺。

师：他植者"虽曰爱之，其实害之；虽曰忧之，其实仇之"的做法让你联想到生活中哪些类似的做法？

生：为学、养生、育人等等。

师：生活中我们常常出现自以为是为了对方好，其实是害了对方的错误做法。

**设计意图：**

懂得如何生活：顺其自然。

师："吾问养树，得养人术"，我得到了怎样的养人术？

生：勿繁政扰民。

师：我们现在也是如此，从小到大的各级单位，如果不断的有各种行政集会和事物来扰人，人们就会疲于应付，而难以专心做自己的专业。

**设计意图：**

懂得如何为政：简政安民。

在这个追求掌握实用性经验能力课堂形态的案例中，关注文本创设的情境，以此唤醒生活的经验，是在原文情境下再创设一个情境，结合文本线索和生活经验得出结论。它是基于文本情境，再联系生活，得出的结论，关注的是文本局部的教学价值，不追求文本的整体性结构，追求的是实现生活的价值判断，而不是读好读透这一个文本的价值，目的是积累合理的人生经验。教师掌握思维的方向，上下问题层次没有联系，学生无法预测，思维形态清晰而简单，前提与结论是直接勾连的，师生对话的目的不在于激发学生有效的有价值的思维，而在于结论的获得，学习任务单一，文本语言没有品读价值，只有信息价值。

再试看《廉颇蔺相如列传》课例，在初通文意以后的课堂建构和设计意图如下：

师：蔺相如是一个地位低贱的舍人，怎么会被委以出使赵国重任的？

生：在缪贤的推荐下，在他坚定表示完成要么收到城池，要么完璧归赵的使命的承诺下，被委以重任。

**设计意图：**

懂得出身低微如何立足：把握机会的重要性。

师：面对强秦，蔺相如是如何完璧归赵的？

生：靠智谋和勇敢。

**设计意图：**

懂得面对强权如何取胜：智勇兼具。

师：渑池之会，秦终不能加胜于赵，轻易出兵的原因是什么？

生：外交上维护国威，军事上设兵以待。

**设计意图：**

懂得弱势国家如何保全：外交与国防的重要性。

师：蔺相如若与"不忍为之下"的廉颇发生争执，会带来什么后果？

生：将相失和，国家危机。

**设计意图：**

懂得公私矛盾如何化解：和为贵、国为重的重要性。

第二种课堂形态，课堂建构关注人文性，追求掌握实用性经验的能力，使学生获得内在心灵的成长，体现了生命的均衡、全面、连续的发展，重在"立人"，有利于人的精神成长。这样的课堂时时把人拉回现实生活，是实用主义、功利主义。

第二种课堂形态的特征是：把文本作为生活价值发现的资源；站在教者的角度去阅读，教师联系生活去发掘生活价值点，然后告诉学生；课堂指向给学生生活价值；课堂思维形态是发散的；过程的形成是为了实现生活价值点；语言在文本中的价值主要是作为一种信息；对课堂有效度的评判，是观察发掘出的生活价值能对学生有多大影响。

第二种课堂形式指向价值的形成，唤醒生活经验，形成行为准则，虽具有显性、可直接应用的特点，也存在很多缺点，这样的课堂弱化了学科，被质疑成思想教育课，难以形成阅读力等语文学科素养。

**3. 融合人文与工具、表情与达意**

如今，已进入大数据时代，我们从原来倡导基础知识、基础能力的"双基"教育转变为现在的培养核心素养，由此产生第三种课堂形态，课堂建构融合人文与工具，关注文本表情达意上的个性，追求综合提高学科的核心素养。

第三种课堂形态是大语文教学观下的思维课堂，课堂追求以"逻辑建构"为核心的价值追求，注重语言的建构理解，思维的发展提升。课堂建构关注文本个性，发现文本价值，追求综合提高学科的核心素养。在思辨性质疑中提升思维能力，有利于综合素养的发展。

也以《种树郭橐驼传》为例，展示了在初通文意以后完全不同的课堂建构和课堂追求：

师：本文作为一篇人物传记，与《廉颇蔺相如列传》《张衡传》《苏武传》相比，有什么不同？

生：本文是不知名的小人物，生平事迹模糊，全文以对话为主展开对种树的讨论，与生平似乎无关。

**设计意图：**

创设思维起点：直接指向证明型、比较型问题，而不是搜索型，引导学生进入文本个性特色的品析，激发学生迅速进入思维的高阶形态，为后面对这个传记的深刻意义的理解打下基础。

师：郭橐驼是个不知名的小人物，他自己也说"我知种树而已"，你认同吗？

生：他并不是一个只知道种树的人，他虽普通却有绝技，他虽残疾却有智慧。

设计意图：

提升思维品质：引导学生全面把握郭橐驼的形象，引导学生感受郭橐驼的这些品质都是在正侧结合、正反对比的相关内容中表现出来的，这些品质会显得更加深刻。同时，改变学生的低阶的归纳思维转变为高阶的演绎思维。

师："我"向郭橐驼询问种树的道理"得养人术"，说说"养树术"与"养人术"之间的联系。

生：长人者繁政扰民就如同他植者勤虑害树，长人者能使百姓蕃生安性就如同郭橐驼能使树顺天致性。

设计意图：

挖掘思维深度：引导学生进一步感受写养树术的寓意，为后面解读此传记的写作目的张本。

师：所谓"语中有语，名为死句；语中无语，名为活句。"只看本文前三段的种树，也是一个完整的部分，加了后两段的"官理"，岂不是成了"发露无余"的"死句"，可否去掉呢？

生：不可去掉，加了后两段，本文才有针对性。当时的社会，正值贞元二十一年，安史之乱后，永贞革新前夕，繁政扰民致使民生凋敝，踔厉风发的柳宗元怀着高度的责任感写下这篇寓言性质的传记，来表达对民生的关怀。

设计意图：

建立思维链接：这个环节构成课堂前后两大部分的逻辑关联，也是体会柳宗元选材匠心的关键。深入文本体裁的个性特点，了解柳宗元的文风，探究寓言体传记的特点。

师：柳宗元阐述为官之理为什么要写成传记形式？

生：所谓"文无定格，贵在鲜活"。这种前虚后实，前宾后主，寓言体传记设事明理的写法，更加鲜活动人。

设计意图：

形成思维逻辑：引导学生通过这个过程的梳理，理解柳宗元采用寓言体传记设事明理的特色，呼应本课开头的问题，至此，可以完成对这一特殊文体及其文化内涵的理解。

在这个追求综合提高学科核心素养课堂形态的案例中，关注文本的个性特征，内容的个性价值，语言形式的个性价值，形成个性的解读过程，同样的作品类型，但是不同文本的价值不同，重视教学的核心价值，重视对作品的整体解读，重视文本的内在逻辑，实现学生思维的内在推进，实现和文化的情境对话，追求的是阅读的建构过程。一般在一节课中设置一个主问题，然后围绕主问题做系列思考，到最后也水到渠成，解决了主问题。注重语言的品读和鉴赏，这样有助于减少信息化的碎片式的提取。

第三种课堂形态的特征是：把文本作为阅读内容，对文本完成整体的建构；站在读者、学生的角度；课堂指向是让学生的思维更有效；课堂思维形态是建构的；过程的形成是为了逐层推进思维的建构；语言在文本中的价值在于品读，对语言的表达和语言内容的品读。对课堂有效度的判断，是观察其思维建构的完整性以及是否是逐层推进的。

第三种课堂形式，关注人的成长、语文素养的成长、逻辑建构能力的形成，知识、能力、精神成长合为一体是它的追求。通过长期的坚持和渐进的内化，慢慢地积累起来形成关键的能力，比如，批判性思维等有机融合的能力。

第三种课堂形态与前两种课堂形态不同的是，学生能力的获得是间接的，每个学生在每一个教学过程中，在尊重文本的前提下，有一个个性的过程。学生自己总结、提炼、内化、升华，读出文本的个性、独特性和思想情感深处的东西，阅读力慢慢得以提升。这类课堂教给学生的是一种更高位的思维、思辨和逻辑建构、批判思维能力。

这种课堂，授课教师并没有像前两种课堂形态那样，将文本在培养学生知识、能力、价值观等方面的不同价值维度割裂开来进行模块化的讲授，而是摆脱知识概念的框架，将知识融入文本，将学生思维与能力的培养融入文本核心价值的探究过程当中，由核心价值统摄所有教学环节，这样既保证了学生思维过程的完整性，抓住了文本的核心价值，又兼顾了其他教学目标。这种课堂形态下语文的人文性与工具性、表达性与情意性是相统一的逻辑关系。

## 二、互动式逻辑课堂建构的课堂追求

以上课堂形态呈现出一些值得反思的课堂理解：看似字、词、句、篇、思想全方位的，却什么都无法落到实处；停留在归纳空乏概念的"类"的知识的表面，而没有个性生命的审美；崇尚图式情节和描写知识，对文本进行从抽象的语言到抽象的意义的技术分析；鉴赏活动停留在导致课堂过程和学生思维碎片化的琐碎的块状结构的语言解释。

我们究竟需要怎样的课堂呢？今天已进入对话时代、互动时代，只传授知识是不够的，教的过程要转化为学的过程。语文教学的核心追求是促进学生的知识成长、精神成长、能力成长。20世纪末的语文大讨论及由此诞生的课程标准，在对语文教育的深入认识的基础上，从学科育人价值的角度，提出语文素养的概念，即人的整体素质在语文方面的体现，具体包括语言、思维、审美、文化四个方面。

能力是跨学科的，各个学科都有责任。各学科培养创造思维能力的方向是不一样的。

语文课程标准说，语文是一门学习语言文字运用的综合性、实践性课程。语文的"综合性"给语文课程的定位是：语文课程的价值是多元的。

鉴于此，我们更需要第三种课堂形态：课堂建构融合了人文性与工具性，关注文本表情达意上的个性，追求综合提高学科的核心素养。但这种课堂形态缺乏稳定的有较强操作性的路径和策略，对学生和教师来说都有很大的挑战性。这就需要我们在课堂建构中关注以下几种能力的提升。

**1. 提升学生的思维逻辑建构力**

关注建构有助于提升学生思维逻辑建构力的高阶性思维。新课标提出了语文的核心素养，学生的思维能力发展是重要的方面。我们的课堂建构要更多地指向学生的高阶思维建构，通过学生的高阶思维建构过程，将知识、能力和情感、态度与价值观等融合在这种高阶思维建构的过程中。通过一个个独特的课堂经历，让学生在足够多的课堂经历当中不断地总结、提炼、比较，最后通过内化提升获得更高位的能力，使语言建构和思维提升等语文学科核心素养得到发展。

尽量避免陷入点对点式的搜索型和归纳型的低阶思维，尽量引导学生进行推演型和证明型的高阶思维，培养学生思辨和探究的能力，以帮助学生进行思维逻辑的建构和文本整体的重构。在这个建构的过程中，锻炼学生的逻辑思维，提升学生的核心素养。

**2. 提升学生的语言品读鉴赏力**

关注建构有助于提升学生语言品读鉴赏力的比对性思维。语文是什么，简单地说，就是表情达意，即表达和情意。一篇文章是由内容和形式组成的。关注语言的品读，是回到语文的源点。在"表情达意"中，"情意"就是文本的思想情感，按文艺理论的说法，"表达"就是语言形式。语言形式包括语言本身、文章结构、行文思路、表现手法。一切表达思想情感的形式都属于语言形式，比如情景交融等等。一篇文本就是要呈现用怎样的形式去表现作者的情感。寻找文本的核心和文本的特点，就是思考文本是用怎样的语言形式有效地表达了思想情感的。内容决定形式，形式服务内容。语文教学就是要引导学生从语言形式走向思想情感。思考文本是怎么表达的？这个表达是怎么有效地传递情意的？

语文的价值应从两个方面去发现，即发现语言形式和思想情感的个性特征。

以《劝学》为例，先从语言形式发掘文本内在的思维的逻辑建构价值。

师："君子曰，学不可以已"这一句话，有的版本不单独列段，我们的教科书中却单独列段，不同的分段体现出的内在逻辑有什么不同？

生：不独立出来，可以管到一个自然段；独立出来，可以管到三个自然段。

师：先不看这句话，后面三段之间的关系是怎样的？

生：后面三段的内在联系：第一段，人性是可以改变的，提供成为君子的可能；第二段，要借助外在好的东西来去除内心恶的东西，提供成为君子的外在路径；第三段，恶的去除漫长艰难，提供成为君子的内在修炼要求。

师："学不可以已"放在段落不同的地方，包含的含义有哪些不同？

生：放在开头单独成段，是作为文章总的观点，包含想要成为君子，要有人性可变的坚定信念，要有善假于物的合适路径，要有持之以恒的追求。不单独列出来，就不能包含三个意思了。

师："君子曰：学不可以已""君子博学而日参省乎己，则知明而行无过矣""君子生非异也，善假于物也""积善成德，而神明自得，圣心备焉"。这几句中的"君子"或暗含的"君子"，是指"已经成为君子的人"，还是"想要成为君子的人"？

生：荀子认为人性本恶，只有学了才能成为君子；善假于物了，才能成为君子；积善成德了才能成为君子。所以，每一段中的"君子"是指"想要成为君子的人"。

师：后三段都在讲学的重要性，可以调换顺序吗？

生：不可以。首先，要证明本性可以改变，这是成为君子的前置性条件，提供成为君子的可能。再次，孟子强调反诸己，抵制污染，保持本性的善，荀子却要证明求助外界的好的东西，去除本性的恶。最后，要证明成为君子是个漫长而艰难的过程，所以要持之以恒的积累。

师：第二自然段中的"青，取之于蓝，而青于蓝；冰，水为之，而寒于水"与"木直中绳，𫐓以为轮，其曲中规。虽有槁暴，不复挺者，𫐓使之然也"，这两处包含的意思一样吗？它们可以互换位置吗？

生：不一样，不能互换。前一处是为了证明事物是可以改变，但是有的还可以回到原来的状态，冰化了又回到水。后一处中的"虽有槁暴，不复挺者"是说事物一旦改变了，就不会回到原来的状态，是为了证明人一旦成为君子就不会再变成小人。

我们要读出语言上这样的逻辑层次来，才能真正读懂作者一层一层意思推进地表达，挖掘出文本的内容价值。

因此，我们更应该关注表达思想的语言，尊重文本的个性，发现不同的文本对语言的不同关注。比如，有的文本是通过关联词直接指向文本的逻辑建构，围绕文章层层推进。如果我们能够品读这些关联词，比对出它不只是语言的，还有内容的、思想的关联，有助于学生完成对文本整体的逻辑建构。又如，有的文本是通过看起来整体与局部思维有冲突的地方的语言的比对，来表现内在结构的统一性，而有的文章是通过看起来一样的语言的比对，来表现内在含义的差异性。通过语言比对，找出文本的对应关系，甚至揣摩标点符号在彰显行文思路方面的作用，让学生领悟到文字背后深藏着的大智慧，感受作者蕴藏在字里行间的深刻思想。

### 3. 提升学生文化认知审美力

注重过程的价值，构建一个合理的过程，应该达到两个目的，一个是逻辑能力的培养，一个是文化认知能力的培养。帮助学生建立文学阅读的支架，关注建构有助于提升学生文化认知审美力的体验性和分析性思维。

仍以《劝学》为例，高中生不理解人性，要帮助学生建立文学阅读的支架。通过这样的文章，让学生知道，在性恶还是性善上，儒家有不同的观点，渐渐构成文化网络，学生就有了文化意识。这就是过程给予学生的价值。

师：《劝学》为什么作为《荀子》的开篇呢？要弄清楚这个问题，首先我们来看看荀子关于人性的问题是在什么情况下提出的？

生：孟子与荀子虽同为儒家，但对本性根源的认识不同，孟子认为性善，荀子认为性恶。

师：孟子生在荀子之前，孟子提出性善，人只要固守自己，就是君子了，认为人的核心就是要控制自己的欲望，君子和小人的区别在于，君子能勿丧耳，保持本性抵制外来的诱惑。荀子是从人的本能是有欲望的考虑，认为人的本性是恶的。普世的认识是对孟子有利的，《三字经》用了孟子的观点"人之初，性本善"，大家早已接受了性本善，不需要证明。荀子就需要证明，荀子需要怎么证明？

生：如果性本恶，就要证明本性是可以改变的，改变了以后是不会恢复的这一哲理命题。

师：荀子认为要怎么改变本性呢？李斯和韩非是荀子的学生，传承了荀子的性恶论，但李斯、韩非是法家，荀子是儒家。这两个流派对怎样改变人性之恶的看法一样吗？

生：荀子认为人性本恶，但要通过内省，自我改变，自我完善，激发内在学习的欲望从善，成为君子。李斯、韩非认为人性本恶，要像商鞅变法那样用严酷的外力法律的强迫来制约，是外力压制，不是内省去除。

师：荀子认为人性本恶，但通过内省，恶人可能成为君子。《劝学》放在《荀子》的开篇，是因为荀子要解决对生命，对人性的理解。性恶论是根本的源头。《劝学》为荀子整个的理论确定了起点。从这个写作背景来看本文的写作意图，荀子说的学习跟我们今天说的"学习文化知识"是一个概念吗？

生：不是，荀子是学习成为君子，去恶从善。

师：今天我们怎么看待人性的问题，怎么去恶扬善？

生：今天对人性本善还是本恶，有新的观点，人性是善恶共同体。人天然的有物质欲望的贪婪和精神欲望的崇高，孟子、荀子的观点在今天看来都太绝对了。

这个过程的价值在于从荀子的写作意图考虑，提供认知的基础，提升逻辑建构能力和逐渐帮助学生搭建一种文化的框架。没有这个背景，完全抛开了荀子的本意，我们读出来的这篇文章就只是在讲今天普遍意义上的好好学习文化知识。

提升学生文化认知审美力，仅仅找到这堂课的文化背景、写作意图的合理起点是不够的，还要对终点进行拓展，这个思辨过程有助于帮助学生搭建完整的文化认知的支架。

以《归去来兮辞》为例，探讨对文化认知起点与终点的处理。

师：现实也许总会不太让人满意，面对这种不满，陶渊明采取的态度是回归田园，但在封建社会，大部分中国文人面对社会的黑暗，采取的价值取向并不是陶渊明式的，你怎么看待他们的不同价值取向？

生：陶渊明的辞官归田，偏向于庄子的道家思想，追求的是心灵的自由，避世是为了寻找灵魂的栖息地，现实世界不适合我，我就到虚幻的世界去。

生：但是也有杜甫、陆游、文天祥、辛弃疾、范仲淹等大部分文人，认为要先天下之忧而忧，天下兴亡，匹夫有责。他们选择的是铁肩担道义。偏向于儒家思想，面对封建社会的黑暗，主张承担起使命和责任，作用于社会和人，去实现生命的价值。

师：儒家和道家对生命的理解和定位不同，每个人对生命的理解也不一样。站在一个合理的角度去理解生命，是值得我们每个人思考的。

不同的文本，处理的路径也不相同，应在思辨探究的逻辑建构过程当中发现文本的价值。理性比较强的文本，可以走向分析性的文化认知，比如鲁迅的《拿来主义》。今天我们已经认同了"拿来"，但在鲁迅那个时代并不都认同，所以一定要放到当时的文化背景中去分析鲁迅文章的价值，才能认识鲁迅思想的深刻性和前瞻性。如果缺少了这个文化背景的分析，仅仅在文本的意义上讲拿来主义，不是在文化的意义上讲拿来主义，学生很难真正明白它的意义。

对情感性比较强的文本，可以走向体验性的审美，比如柳永的《雨霖铃》，可以让学生体验离别的情感，感受词作的美。《记念刘和珍君》可以让学生体验鲁迅在极尽曲折的"说与不说"中，喷发出来的充满矛盾的情感内涵，体验文辞中的大爱与大憎、极冷与极热、绝望与希望交织的艺术感染力。

## 三、完成建构要提升关键能力

要达成互动式逻辑课堂建构，还是要靠教师的引领和设计。好的引领和设计来自教师关键能力的提升，教师需要提升的关键能力有以下五点。

### 1. 对文本的解读力

提升对文本的解读力，着力挖掘文本个性。课标提出的语文学科素养有四个方面，要在一堂课中全面实施是困难的，应该根据教材的特点，从这四个方面进行考虑，不同的课文决定了课堂实行中不同的素养关注点。教师解读文本时，会着力挖掘文本的"个性"，衡量每个文本在这四个方面的体现孰轻孰重，找出文本和素养的契合点，进行课堂实施。

例如，如何解读李煜的《虞美人》的"愁"？

"问君能有几多愁，恰似一江春水向东流"，李煜的"愁"的与众不同的个性在哪里？李煜的愁是"亡国"之愁，李煜作为五代十国时期南唐后主，造成他"亡国"悲剧的原因，在于帝王与词人身份的错位。在他的词作中绝少有关注国家命运的词句，他首先把自己摆在一位词人的位置，而非帝王，只有在这首生命终结前夕的词作中才流露出少有的家国之叹——"故国不堪回首月明中"。回想起南唐的王朝、李氏的社稷，自己的故国早已灭亡。诗人身居囚室，听着春风，望着明月，触景生情，愁绪万千，夜不能寐。

解读出文本因"错位"而造成的"亡国"悲剧及其带来的亡国之愁，还要进一步解读出这是"君王"的亡国之愁，这种自己亲手造成的国破家亡的深痛哀愁，又不同于一般臣子、百姓的"亡国"之痛。

这种关注文本个性的解读，才有助于学生思维的发展与提升。

一篇文本就是要呈现用怎样的形式去表现作者的情感。内容决定形式，形式服务内容。语文的价值可以从语言形式、思想情感两个方面去发现，要更多地关注个性特征。

**2. 对核心目标的预设力**

提升对核心目标的预设力，精准确定课堂目标。核心目标统率文本和课堂，成为主线，将逻辑建构作为核心价值，培养学生的建构力。文本的核心价值对于学生成长具有重要的意义。语文学科的育人价值要指向人的发展，就在于培养学生的语文核心素养，促进学生的精神成长。

那么文本呈现的东西是否对学生成长有价值？什么样的东西才对学生的成长有价值呢？我们就要跳出概念化的解读和浅层的解读，关注文本的个性，思考一个文本最深刻、最独特、最发人深省的东西，即文本的核心价值。这是我们决定一堂课要教什么，决定一堂课的终点的重要依据。

例如，如何预设《边城》的核心目标？

《边城》曾列入1988年诺贝尔文学奖候选名单之中，终因沈从文的离世而未果。这部小说独特在哪里？它的美学艺术在哪里？《边城》中作者的理想是要在小说中表现"优美、健康而又不悖乎人性的人生形式"，为人类的"爱"字做了最恰如其分的说明。

"然而，这种优美健康的爱为什么最后却成了悲剧？"围绕这个核心目标思考《边城》最发人深省的东西。翠翠与傩送遇上之前，是一个淳朴自然的"小兽物"，是无忧无虑的自然人。然而，随着年龄的增长，她的内心渴求不可避免地发生了变化，对爱情的渴望随之而来，忧思也随之而来。这是伴随着成长所不可避免的人性悲剧。

如何理解这种普遍意义的人性悲剧？这是《边城》最独特、最发人深省的东西，也是预设的核心目标。

在课堂上，只有基于学生的认识的起点和需要，挖掘出了文本的核心价值，才有可能真正地提高学生的阅读力，进而才有可能提高学生的思维和能力，促进学生的发展。

一个文本的价值是多方面的，学生的精神成长包括知识的积累、能力的培养、价值观的树立、文化品位和审美情趣的提高等等，这些构成了文本的不同的价值维度。一般来说，核心价值多指向文化、审美层面。

我们要抓住文本的核心价值，并不是要丢掉其他维度的价值，而是要融合多元目标，将不同维度的目标融入核心价值中。

91

### 3. 对学生思维逻辑的建构力

提升对学生思维逻辑的建构力，有效引领课堂思维。现在大量的课堂中的师生对答，缺乏高阶思维含量，实际上是学生在帮助教师完成思维建构。如何真正地帮助学生完成思维建构？如何诱发学生的好奇心，激发他们探索与发现的激情，提高他们探索与发现的能力？关键在于思维的品质，课堂要抓住文本中能够引发思维冲突的地方提问，提出的问题要有思维的含量，留给学生足够的思维空间。

试比较以下《归去来兮辞》的两种提问方式：

方式一：你从哪里可以看出陶渊明回归田园是快乐的？

这样的问题是低阶的搜索式问题，学生会从文章中搜索出支离破碎的答案，问题简单且无助于高阶思维的训练。

方式二：在农村生活过的人都知道，田园的生活是艰辛的，为什么在陶渊明的笔下却是美丽而温馨的，看不出丝毫劳苦？

这样的问题是高阶的比较式、证明式问题，包含了方式一的低阶思维，学生需要先找到文章中哪里表现出了回归田园的快乐，这些地方在普通人眼里是个什么样的客观状态，在陶渊明眼里为什么是另一种状态。

这样的思考才有助于学生理解陶渊明回归田园的真正原因及其追求精神自由的回归宗旨。

指向高阶思维的课堂建构，才有思维的空间和发展的可能。如何判断是否是真正意义上的互动式逻辑课堂建构？首先，可以观察学生的回答是否能证明一个个前后关联的观点，而不是简单地信息搜索或二元判断。其次，不能用教师的思维过程代替学生的思维过程，要注意为学生搭建思维的阶梯与平台，想象体验与思辨分析应有机结合，不可偏废。

### 4. 对有意义语言的发现力

提升对有意义语言的发现力，适度重视语言品读。语文课堂如何走进文本的内部，依托语言来完成逻辑建构？古代文论就有经典的论说："夫缀文者情动而辞发，观文者披文以入情，沿波讨源，虽幽必显。"（刘勰《文心雕龙·知音》）意思是说：写文章是内心有所活动，然后才表现在文字之中，阅读文章却是先看作品的文辞，然后再深入作家的内心。读书就要像沿着流脉探讨大河的源头一样，即使文义幽深，也一定会明白的。此所谓"觇文辄见其心"。

例如，在学习辛弃疾的《青玉案·元夕》时，就可以抓住"众里寻他千百度，那人却在灯火阑珊处"这一句中的"却"字进行品读。"却"字更多的不是表现了词人找到知音的惊喜，而是对那人身处"阑珊处"的失望、无奈。

"那人"是词人自我的写照，"阑珊处"也是词人政治境遇遭冷落的写照。

叶圣陶先生也说"打通了语言文字，这才可以触及作者的心"。语文课堂应该聚焦文本的语言，通过语言的揣摩、思辨，达到对文本的思想、情感、文化内涵的理解与把握。知识与能力的目标应该融入其中，又通过整体素养的提升慢慢内化为能力。

### 5. 对课堂节奏的控制力

提升对课堂节奏的控制力，全程关注思维过程。在课堂上，教师要控制学生思维的方向、课堂的节奏、课堂的氛围等等，同时，还要控制自己的表现欲望，留给学生思维的空间，引领学生的思维。学生思维的提升需要教师的不断启发和引导，对话是引领学生思维跃升的有效手段。在语文教学中，教师要善于和学生展开对话，用教师的高阶思维介入学生的原始思维，引导他们从知识的表层深入到知识的价值和意义的再发现中，发展学生思维的长度和深度。

借鉴布卢姆的目标分类，我们对语文学习目标粗分为四个层级，知道、理解、运用、综合，最终目标是获得运用不同的知识解决复杂问题的综合性能力。同一个内容，在学生不同的认知阶段可以制定不同的目标，有的可以先知道，等以后再理解，最后达到知识、技能、情感、价值观的有机融合。依据教学内容，发现文本价值，在多元价值中发掘核心价值，将非核心价值的东西融合到核心价值中。关注学生的学，打造有效的学习经历，关注学生思维的完整性，关注过程的有效性，实现语言的建构和思维的提升。正确解读语文学科发展趋势，重新定位课堂上的师生关系，强调学生主体，强调学生自我发展。

## 四、用互动式逻辑课堂唤醒生命的灵性

教育绝非单纯的文化传递，教育之为教育，在于它是一种人格心灵的唤醒。有位美国校长给每位新入职的教师这样一封信："我是一名集中营的幸存者，我亲眼看到人所不应见到的悲剧：毒气室由学有专长的工程师建造；妇女由知识渊博的医生毒死；儿童由训练有素的护士杀害。所以，我怀疑教育的意义，我对你们唯一的请求是，请回到教育的根本，帮助学生成为具有人性的人，你们的努力，不应该造就学识渊博的怪物，或者是多才多艺的变态狂，或受过教育的屠夫。我始终相信，只有孩子具有人性的情况下，读书、写字、算术的能力才有价值。"这段话生动地说明了教育的本质在于唤醒，唤醒孩子内心深处的灵性和对美好的更高欲求，使他们能区分崇高与平

庸，向着更高更远的目标前行。

所以法国总统萨科奇也曾给全国85万名教师写信，倡导培育对真、善、美、伟大与深刻事物的欣赏，对假、恶、丑、渺小与平庸事物的厌恶，这便是教育者为儿童所承担的工作，这便是对儿童最好的爱，这便是对儿童的尊重。

### 1. 灵性在学生与经典的"互动"中唤醒

语文在对人性的唤醒上具有学科优势，布卢姆感叹道："在人们重温柏拉图和莎士比亚的著作时，他们将比其他任何时候生活得更加充实，更加美满，因为阅读经典作品将使人置身于无限深蕴的本质存在，使人忘掉他们短暂纷杂的现实生活。永恒完整的人性不仅过去存在，而且永远存在，在某种程度上我们能够伸展自己探寻的指尖触摸到它，这样做将不断完善我们不完满的人性，它的种种缺憾常常使我们难以忍受和宽待。在那些经典著作中的客观的实在的美依然令人赏心悦目。"与经典互动完善人性，是语文教师的常用路径。

教育必须要重演整个人类知识进化史，然而教材只能把人类最基础的知识用框架图景的方式呈现出来，它不可能把人类最伟大的智慧和思想具体地、生动地、细致入微地传递给学生，真正的智慧和思想只能在与那些最伟大的著作的直接对话中才能够获得。

因此，我们和孔子对话，和老子对话，那些伟大的思想才能成为自己的一部分；和文艺复兴时期的大师去交流，那个时代的思想精神才能成为自己的一部分……所以，一个人的精神成长在一定意义上取决于他的阅读范畴，一个人的精神境界和他的阅读水平紧密相关。

然而，令许多语文教师忧虑不安的问题是：为什么少年们不喜欢读那些有价值的科学书籍和文艺书籍，为什么他们只阅读一些轻浮的冒险小说和像蜉蝣一样短命的、不会留下任何痕迹的低劣作品？苏霍姆林斯基的回答是，少年们往往不懂得什么是真正的阅读，不善于深入思考所读的东西的含义，没有开动智慧的力量，不会欣赏作品的艺术价值。青少年精神空虚的原因之一，就是缺乏真正的阅读。

现在的有些做法仅仅把教材当作例子，只停留在用图标等进行技术分析，如讲授《荷塘月色》，将五个阶段的情节、情感用图标标示的做法，将灵动的情感抽象化成干巴巴的东西了，学生并没有真正领会。语文教材除了实现"类"的共性价值，更要实现"篇"的个性价值，需要举一反三的"类"的价值，更需要举三反一、举百反一，通过文本不同的个性价值培养学生的高端能力。

现在我们的语文教学是否关注了知识后面的人格人性，给了学生真正的阅读？爱因斯坦说："通过专业知识的获得他会成为储存知识的容器，但是他不能成为一个和谐发展的人。"所以，我们现在要培养完整的人，要从知识教育走向完整的人的教育，实现语文学科的语文价值和唤醒人自觉追求成长的价值。

**2. 灵性在逻辑建构的"过程"中唤醒**

21世纪将为信息的流通和储存以及传播提供前所未有的手段，因此，它将对教育提出乍看起来近乎矛盾的双重要求。一方面，教育应大量和有效地传授越来越多、不断发展并与认识发展水平相适应的知识和技能，这是造就未来人才的基础。另一方面，教育还应找到并标出判断事物的标准，使人们不会让自己被充斥公共和私人场所、多少称得上是瞬息万变的大量信息搞得晕头转向，使人们不脱离个人和集体发展的方向。可以这么说，教育既应提供一个复杂的、不断变动的世界的地图，又应提供有助于在这个世界航行的指南针——过程路径。

德国的第斯多惠认为："不好的教师是给学生传授真理，好的教师是使学生找寻真理。在第一种情况下，运动是由上而下进行的；在第二种情况下，运动是由下而上进行的。前者是学生由顶峰开始，努力走向基础；后者是从基础开始，学生站在基础上面，然后走到终点，升到顶峰。"可见在找寻真理的过程中，学生能更好地掌握知识，实现找寻真理的过程价值。一般的教师带着一门学科走向学生，而优秀的教师带着学生走向一门科学，并努力使学生和学科融为一体。

课堂总归是执教者的具有个人魅力的一种创造，我们不能把课堂模式化。我们提倡全人教育，体现知识能力、方法和情感、态度与价值观在课堂过程中的有机融合，尊重学生成长的需要，提升学生的核心素养，将指向内容价值的显性目标和内容实现过程价值的隐性目标结合。语文学习是一个感知、体悟、升华、内化的过程，不是解析过程。注重逻辑课堂的过程建构这一隐性目标，通过过程更好地提高学生的逻辑建构能力。在这个建构的过程中，学生的思维形成一个完整的过程。

在关注精神成长，唤醒生命灵性这一价值引领下，知识不再是作为结论的终结点，而是作为读懂文章、找寻真理的前提。

唤醒生命灵性的育人路径是内容价值和过程价值的统一，语文教学是教教材和用教材教的有机融合。前者实现的是内容价值，后者实现的是过程价值。内容价值的实现一定要有有效的过程，过程价值的实现一定要以内容价值为载体。学什么是内容价值，怎么学是过程价值。我们要关注学习过程和学习行为，课堂上的小组讨论、合作学习的真正价值还在于过程价值。

随着语文核心素养的提出，"思维的发展与提升"已经成为语文课堂的重要任务之一。《普通高中语文课程标准》（2017年版）指出，"要重视发展学生的思维能力，尤其是创造性思维能力，重视提高学生的思维品质"。现今语文课堂上学生的思维培育仍然存在着碎片化、模式化和浅表化的现象。

李震老师在《语文教学智慧与策略：迈向生活化课堂》中提道："关注生命就是关注人，关注人就要关注人的思维。"中学阶段是学生心智发展的黄金时期，是智慧提升的重要时期，是生命成长的关键时期，理想的语文课堂应注重对学生思维品质的提升。

语文的育人价值指向人的发展。语文学科育人的核心就是从知识教育走到人的发展，布卢姆认为，走到文化的、人性的、人格的、育人的最深处去，不需要联系实际，使人忘掉短暂奋战的现实生活，走向永恒完整的人性。要创造思维空间，启发学生的思维兴趣；以问题为驱动，让学生思维生长；以对话为载体，促进学生思维能力的发展、思维品质的提升。以互动式逻辑课堂的建构，唤醒生命的灵性，实现语文课堂追求的理想境界，即尊重文本的个性特征，聚焦学生的思维过程，领悟语言的内在意蕴，凸显课堂的核心价值，关注情感的审美体验，实现文化的传承理解，形成有效的学习经历。

互动式逻辑课堂建构的课堂追求，就是从抓有意义的语言入手建立联系意识，将语言形式、思想感情两者有机融合，把握文本的整体方向，理解文本的具有个性的经典的核心情感和核心思想，在进入文本深处的过程当中，获得语言情感、道德人格的文化启迪，在审美和批判的阅读中促进学生的精神成长，获得对社会生命时代的认识——对生命灵性的唤醒。

为什么要灵性的课堂？日本哲人池田大作曾经讲过，人一辈子都在建设，没有建设的人生是失败的人生。这就是生命的灵性。因此，对于自己应该做的事，要燃烧起满腔的热情。对现在应当做的事没有热情，是没有权利讲未来的。所以只有立足时代，开拓创新，才会有后来的大飞跃，"欲穷千里目，更上一层楼"，等你攀登到一定高度的时候，就会"一览众山小"！

这种建设和生长的热情就是生命的灵性，人与动物的区别很大程度上在这里。生长是人的生命的本质性的特征。我们的课堂也是不断在建设的，建设课堂、建设语文、建设自我。有了这样的意识，课堂就有了灵性，就会朝着唤醒学生的灵性，唤醒我们自己的灵性，唤醒语文的灵性上去不懈努力。

下 篇

# 智慧探寻

# 古代诗词

## 山河消逝终不悔　天地混沌心难移

### ——《上邪》教学设计

甘琪丽

## 一、逻辑课堂建构说明

课堂开始以电视剧《还珠格格》的视频导入，让学生体会男女之间海誓山盟的真挚，之后以"谁发的誓言"为引，进一步阐明在当时社会女性对于爱情的勇敢表达和追求。之后从誓言的特点入手印证这种情感的炽烈，并援引古代相似题材的诗歌来进行对比，体会古代女子在追求爱情上强烈的自主意识。最后以编写故事做结，进一步发挥学生的想象力，再次体悟当时的情景。整节课通过不断地追问、探讨和诵读加强学生的理解和体会，最后达到对爱情这一永恒文学主题的新的理解。

### 1. 课堂起点——文本解读

《上邪》这首诗出自汉乐府，以女子的口吻表达对爱情的真诚追求。它与别的诗歌写法不同，采用反证手法，列举了五种不可能出现的自然现象，反证女主人公对爱情的执着与坚贞，热烈与真挚。

### 2. 课堂终点——目标定位

女主人公的感情在诗歌当中直接抒发，读者一目了然。本诗最大的特色是通过五种不可能发生的自然现象来反证自己的誓言。

### 3. 逻辑建构——路径选择

路径：诗歌中女主人公的感情是真挚而炽烈的，我们该怎样一步步去体会和感受呢？

方法：要体会女主人公的感情，可以通过反复诵读，读出她发誓时内心的那种坚定，也可以在对比鉴赏中，体会她用多种不可能发生的自然现象来证明自己忠贞的热烈情感，还可以让学生发挥想象，想象他们发誓时的场景。

在对比鉴赏的过程中，学生很快就找出了《上邪》和《菩萨蛮》的共同点和差异处，再通过共同点来引导学生领会反证手法的魔力，它能使本来就真挚的感情变得更忠贞，更热烈！

建构：先用电视剧《还珠格格》的台词导入，相似的情境，让大家体会到恋人山盟海誓的真挚，接着提出"谁发的誓言"这一问题，进一步阐明在当时社会女性对于爱情的勇敢表达和追求。再从誓言的特点分析本诗的反证手法，并引进古代相似题材的两首诗歌来进行对比，体会古人在追求爱情上强烈的自主意识。最后以编写故事为任务，让学生发挥想象力，再现当时发誓的情境。整节课通过不断地追问、探讨和诵读加强学生的理解和体会，最后达到对爱情这一永恒文学主题的新的理解，并对反证手法有了一定的认识。

本节课问题链设计如下：

| 教师引领 | 学生预设 | 设计意图 |
|---|---|---|
| 这首诗是谁发的誓言？ | 这是一个女孩子发的誓言，从"我欲与君相知"中的"君"字判断出来 | 创设思维起点：让学生意识到古代的女子在表达感情时，不一定都是含蓄和娇羞的，也可以非常的直接与热烈 |
| 在我国古代，大都是男子比较大胆，女子比较娇羞，为什么在这首诗中，这个女子如此大胆，敢说出这样的誓言来？ | 女子抛却娇羞与含蓄，大胆地表露自己的心声，体现了女主人公对爱情的执着与真诚 | 发展思维逻辑：时代的局限性并没有限制女主人公对感情的直接表达，学生进一步体会到女主人公对爱情的执着与热烈 |
| 本誓言有何特点？ | 这首诗一共列举了山体崩塌、河水枯竭、冬雷震震、夏雨雪、天地合五种不可能发生的事情来发誓，感觉这个女子非常大胆，非常豪放 | 挖掘思维深度：通过女子用五件不可能发生的事情来表达对男子爱情的坚贞，引出学生并不熟知的反证手法 |
| 请同学们从形象、体裁、感情等方面将《上邪》与敦煌曲子词《菩萨蛮》进行对比学习 | 它们的体裁不同，一首是乐府诗，一首是词；题材相同，都是爱情诗；形象不同，前者是女子发誓，后者是男子发誓；表达技巧方面，都是直接抒情，感情都非常热烈；都列举了不可能发生的事情，《上邪》列举了五种，《菩萨蛮》列举了六种 | 提升思维品质：通过对两首诗的对比学习，提高学生的鉴赏能力并加深学生对反证手法的认识 |

| 教师引领 | 学生预设 | 设计意图 |
|---|---|---|
| 请大家发挥想象，联想一下《上邪》中的女子是在什么样的情形下发的誓言，再把它写成一个小故事 | 有一个女孩和一个男子相识，两人情投意合，十分相爱。后来战事迭起，男子要上战场为国驱敌，离别之时，正值落英缤纷、柳絮翩飞，男子担心自己离开后女孩会移情别恋，千叮咛万嘱咐，十分不舍，女孩对天发誓，表示自己今生今世此情永不移 | 形成思维逻辑：发挥学生的想象力，编写故事，实现情境再现，让学生想象女主人公发誓时的情境，进一步体会女主人公的深情 |

## 二、逻辑课堂建构教学设计

【教学目标】

（1）了解汉乐府诗的基本知识及其在文学史上的地位。

（2）感受诗中主人公对所爱的真挚和执着，了解她通过假设之辞抒发感情的写法。

【教学过程】

**1. 导入新课**

师：同学们，在电视连续剧《还珠格格》里的一个大家熟悉的片段中，紫薇说的台词"山无棱，天地合，才敢与君绝"其实并不是琼瑶首创的。它最早出现在汉乐府的一首民歌《上邪》中。今天，我们一起来学习《上邪》这首诗。

**2. 了解"汉乐府"**

学生上台展示准备好的"汉乐府"知识。

"乐府"本是汉武帝设立的音乐机构，职能是训练乐工，制定乐谱和采集歌词。乐府采集的歌词中有大量民歌。后来，"乐府"便成为一种带有音乐性的诗体名称。今天我们熟知的某些诗歌就是乐府诗，如《战城南》《东门行》《十五从军征》《陌上桑》等，其文体较《诗经》《楚辞》更为活泼自由，发展了五言体、七言体及长短句等，并多以叙事为主，塑造了具有一定性格的人物形象。

乐府在文学史上的地位极高，一方面它反映了广大人民的生活和爱憎，是从民间或受民间文学影响而产生的艺术硕果，以它灿烂的花朵和浓郁的芳香装点了荒芜的汉朝诗坛，与《诗经》《楚辞》可鼎足而立。另一方面，它在中国诗歌史上，起着承前启后的作用。它继承发展了《诗经》的现实主义传统，也继承发展了《楚辞》的浪漫主义精神。它的成就，灌溉了中国后期诗坛，哺育了一代又一代诗人的成长。汉代文学的主流是文人创作，文人创作的主流是辞赋。

乐府民歌作为民间的创作，是非主流的存在。它与文人文学虽有一致的地方，但有更多不一致之处。这种非主流的民间创作，以其强大的生命力逐渐影响了文人的创作，最终促使诗歌蓬勃兴起，取代了辞赋对文坛的统治。所以，乐府民歌在中国文学史上，有着极其重要的地位。现存的汉乐府民歌数量不算多。但是，在到汉为止的中国文学史上，它显示出特异的光彩。

**3. 整体感知**

师：先请同学们集体朗读这首诗歌。

（生朗读）

师：同学们读得很整齐，但要注意诗歌里的字与台词不同，电视剧的台词是"山无棱"，我们朗读的这首《上邪》是"山无陵"，大家再来朗读一遍诗歌。

（生朗读）

师：接下来，请同学们思考这首诗是谁发的誓言？

生：是一个女子。

师：你是从哪里看出来的？

生：从"我欲与君相知"中的"君"字判断出来的。"君"应该指的是男子，所以推断出是女子在发誓。

师："君"也是"你"的意思。在汉乐府的其他诗歌当中，也出现了"君"字，"相思与君绝"中的"君"指的是心爱的男子。《孔雀东南飞》当中也有"十七为君妇，心中常苦悲"，指的是夫君，学案后附的《白头吟》中"闻君有两意，故来相决绝"中的"君"指的是心爱的男子。由此可以推断出来，《上邪》中的"君"是一个男子，所以《上邪》是一个女子发的誓言。

一般来说，在我国古代，男子比较大胆，女子比较娇羞，为什么在这首诗中，这个女子如此大胆，敢说出这样的誓言来？

生：这个女子抛却娇羞与含蓄，大胆表露自己的心声，体现了她对爱情的执着与真诚。

师：回答得非常好。下面请一位同学带着这种执着与真诚来读一下这首诗。

（生1朗读）

师（纠正字音）：夏雨（yù）雪，山无陵（líng）。

师：这首诗是誓言，我们应读出她发誓时的坚定。请同桌也来读一遍。

（生2：朗读）

（女生齐读）

师：男同学们觉得女生读得怎么样？

男生：声音很响亮，也很整齐，但没有把誓言的感觉读出来。

师：那请男同学们来读一遍诗歌。

（男生齐读）

师：男同学比女同学的声音更响亮一些，也读出了坚定之感。下面全班同学再来读一遍。

（生朗读）

师：大家这一次读出了誓言的坚定。下面再思考本誓言有何特点。

生：这首诗一共列举了五种不可能出现的自然现象，巍巍群山消逝不见，滔滔江水干涸枯竭，凛凛寒冬雷声翻滚，炎炎酷暑白雪纷飞，天地相合归于混沌，直到这样的事情发生，我对你的感情才敢断绝！言下之意就是直到这个世界消失不见了，我的爱才会停止。感觉这个女子非常大胆，非常豪放。

师：她非常豪放、大胆。她没有借用别的词，而是直接对男子起誓，以此来表达她的爱意。从表达方式上来说，属于直接抒情，也叫直抒胸臆。

（板书：直抒胸臆）

下面来看这五个誓言。山体崩塌了，河水枯竭了；（板书：山河消失）冬雷震震，夏雨雪表明四季颠倒，天地合意指天地混沌。（板书：四季颠倒、天地混沌）

女子用这五件不可能发生的事情来表达对男子爱情的坚贞，这种手法叫作反证。（板书：反证）这就把与君绝的可能性给排除了，这也是恋人之间的一种绝对化的心理。

下面我们再来看看女子起誓的对象"上"是什么意思。

生：指的是天。

师：对。"上邪"翻译为"上天啊"。开头两句是女子对天盟誓：上天作证！我愿与你相知相惜，让我们的爱情永不衰绝！为什么古人喜欢指天发誓？

生：因为古人觉得上天是最大的，体现了时代的局限性。

师：是的，古代人对天是非常敬畏的，这个女子敢于指天发誓，气氛非常凝重，说明她对感情是非常认真的，下面我们带着强烈而真挚的感情把诗歌再朗读一遍。

（生朗读）

### 4. 比较分析

师：《上邪》这首诗非常的有特点，用五种不可能发生的自然现象来发誓。无独有偶，还有一首诗和它有异曲同工之妙。

（PPT展示敦煌曲子词《菩萨蛮》：枕前发尽千般愿，要休且待青山烂。水面上秤锤浮，直待黄河彻底枯。白日参辰现，北斗回南面。休即未能休，且待三更见日头。）请同学们从形象、体裁、感情等方面来进行对比学习。

生：它们体裁不同，一首是乐府诗，一首是词；题材相同，都是爱情诗；形象不同，前者是女子发誓，后者是男子在发誓；表达技巧方面都是直接抒情，感情都非常热烈；都列举了不可能发生的事情，《上邪》五种，《菩萨蛮》六种。

师：这两首诗词的创作时间虽然相距了几百年，但确实有异曲同工之妙，都是用不可能发生的事情来发誓，这种特点是非常突出的。后世类似的还有冯梦龙编撰的《挂枝儿·欢部》。

（PPT展示《挂枝儿·欢部》：要分离，除非是天做了地！要分离，除非是东做了西！要分离，除非是官做了吏！你要分时分不得我，我要离时离不得你。就死在黄泉，也做不得分离鬼！）

师：请同学们读一读这首曲，并说说你的感受。

生：冯梦龙的这首曲比较口语化，在措辞和艺术方面远不如前两首。

### 5. 课堂训练

师：下面请同学们完成学案的最后一个任务。请大家发挥想象，联想一下《上邪》中的女子是在什么样的情形下发的誓言，再把它写成一个小故事。

生：有一个女孩和一个男子相识，两人情投意合，十分相爱。后来战事迭起，男子要上战场为国驱敌，离别之时，正值落英缤纷、柳絮翩飞，男子担心自己离开后女孩会移情别恋，千叮咛万嘱咐，十分不舍，女孩对天发誓，表示自己今生今世此情永不移。

师：同学们的想象力非常丰富，写出了各种各样的故事，时间有限，其他佳作大家课后相互传阅。感谢同学们的分享，我们再以热烈而真挚的感情朗读一遍这首诗来结束这节课。

板书设计：

上邪　汉乐府

现象：山河消失、四季颠倒、天地混沌

手法：直抒胸臆　反证

## 三、扫码观看逻辑课堂建构案例系列资料

扫码观看《上邪》　　扫码观看《上邪》　　扫码观看《上邪》　　扫码观看《上邪》
课堂实录　　　　　　教学课件　　　　　　素材资料　　　　　　学案设计

# 赞悦先民之唯美　浸沐爱情之婉约

## ——《静女》教学设计

曾远扬

## 一、逻辑课堂建构说明

　　课堂引导学生领会远古时代纯真美好的爱情，那是一种没有功利，没有门第，没有任何杂质的纯粹情感。在这种甜蜜的爱情中，普天下的男子和女子特有的调皮、痴念、爱慕、温柔，表现得淋漓尽致。在这种美好情感的浸润中，引导学生树立正确的爱情观。

### 1. 课堂起点——文本解读

　　《静女》是一首直接表达民间生活、民间情感，反映时代风貌的民歌。孔子说："《诗》三百，一言以蔽之，曰：'思无邪'。"《诗经》是比较纯正的，这应该是文本很重要的特征。这首诗描绘了一个生活场景，这是一个甜蜜的、美好的瞬间，我们要从中读出这个生活场景中的氛围情感。这个情感实际上就是那个时代特定背景下，男女之间一场美丽的约会，它的背后

是一种美好的纯真的情感。

**2. 课堂终点——目标定位**

营造情境，让学生走进纯净、纯粹、纯善、纯美的情境中去。这种不带功利色彩的美丽的瞬间是很可贵的，借此培养学生的情感，提高他们的审美能力，了解那个时代特定的生活状态，留存一份诗意。

在《诗经》的那个时代，是自由奔放，没有文化束缚的时代，所以才会出现这样一场美丽的约会。从战国的"男女授受不亲"到宋朝、明朝"饿死事小，失节事大"中可以看出，文化对男女交往的约束在加强。从时代的对比中，从文化价值的角度让学生认识到这种思想的变化。

**3. 逻辑建构——路径选择**

路径：使面对快餐文化、快节奏生活的学生体会这种慢生活的美好情感，培养学生对那种美好情感的欣赏能力、审美能力。

方法：读诗要有点诗的味道，让学生感觉到那种至纯的、更高层面的、更高境界的东西。当我们进入更高境界时，我们可以获得更大的身心的愉悦。

建构：《诗经》创作时代的这种美好的情感，实际上是符合人的本性的，是发自人的内心的美好情感，让人的心灵得到洗涤，感受愉悦、甜美的快乐。

本节课问题链设计如下：

| 教师引领 | 学生预设 | 设计意图 |
|---|---|---|
| 我们通过听范读音频的方式来一起感受一下《静女》这首诗中究竟讲述了怎样的爱情故事 | 一段恋人之间相约的爱情故事，表达了彼此的爱恋之情，是一个美丽的爱情故事 | 创设思维起点：通过对文本的通篇理解来营造氛围，让学生进入作品的环境 |
| 说说恋爱中的静女和男子的形象 | 女子活泼、害羞、调皮，男子痴情、有耐心、憨厚 | 挖掘思维深度：运用朗读和分析的方法深入了解作品中两位主人公的心情，为下一步体味一份唯美的情感和美好的回忆做铺垫 |
| 品味"爱而不见，搔首踟蹰" | 体味这美好的瞬间，从中品味二人性格上的差异和彼此对对方的深深爱意 | 提升思维品质：从品味一个美好的瞬间入手，让学生重现作品的环境，从而回忆生活中那些美好的瞬间 |

| 教师引领 | 学生预设 | 设计意图 |
|---|---|---|
| "彤管"在注释中有两种解释。如果你是文中的男主人公的话，你更喜欢哪一种解释 | 两种说法各有所长，只要能自圆其说都是正确的答案，只要能围绕着他们彼此之间的爱慕之情来展开即可 | 建立思维链接：品味诗歌的朦胧美、含蓄美及诗歌情节的跳跃性，训练学生在诗歌鉴赏时的联想与想象能力 |
| 爱情是美好的，你喜欢静女或那个男主人公吗？结合文本，你认为我们应该培养怎样的品质才能让对方欣赏呢？ | 女子：尊老爱幼、善良、温柔、孝顺、大方、自信。男子：专一、阳光、开朗、诚信、有上进心 | 形成思维逻辑：结合自身，拓展延伸课文的内容，结合现实，发挥充分的联想与想象力，增强自己对美好情感的感悟能力，从而发现生活中真情实感的美 |

## 二、逻辑课堂建构教学设计

【教学目标】

（1）能了解有关《诗经》的文学常识及其在中国古代文学史上的地位。

（2）能熟知《静女》重点字词及其主题，会通过人物的动作、表情及心理活动分析人物形象。

（3）能有感情地朗读课文，体会、感受《静女》的感情基调：男女主人公纯真、热烈的爱情。

（4）学习了解古代人们对真挚爱情的向往，树立健康的爱情观。

【教学过程】

**1. 导入**

师：爱情是个千年不衰的话题，我们学过《诗经》中的哪些诗歌？

生：学过《关雎》："关关雎鸠，在河之洲，窈窕淑女，君子好逑。"这首诗以雌雄二鸟起兴，表达了男子对女子真挚而热烈的追求。还学过《蒹葭》："蒹葭苍苍，白露为霜，所谓伊人，在水一方。"

师：这首诗表达了追求不得的惆怅和迷惘的感情。爱情是人类最真挚的情感，爱情是文学永恒的主题。在人类漫长的历史长河中，我们有大量的作品在歌颂爱情，表达爱情。同时，《诗经》作为我国第一部诗歌总集，它是由我们古代劳动人民在劳动生活中创作完成的。可以说它是首次被记录在文本之中的诗歌，同样也大量记录了爱情这一永恒的主题。我们看幻灯片上展示的很多《诗经》中有关爱情的经典名句。下面我们齐声朗读一下。

（PPT展示："关关雎鸠……君子好逑。"《诗经·关雎》以雌雄二鸟和鸣起兴，表达了男子对女子真挚、热烈的追求。"一日不见，如三月兮。"《诗经·子衿》表现的是男子对女子刻骨铭心的思念，以致度日如年，精神恍惚。"蒹葭苍苍，白露为霜，所谓伊人，在水一方。"《诗经·蒹葭》表现的是追求而不可得的惆怅、迷惘的愁情恰似苍茫的秋水，萧瑟的芦苇。）

（生齐读）

**2. 读一读**

师：我们这篇课文作为《诗经》的第一篇，同样是讲述了有关爱情的故事。下面请大家翻开手中的资料，我们通过听范读音频的方式来一起感受一下《静女》这首诗究竟讲述了怎样的爱情故事。

（PPT展示：静女其姝，俟我于城隅。爱而不见，搔首踟蹰。静女其娈，贻我彤管。彤管有炜，说怿女美。自牧归荑，洵美且异。匪女之为美，美人之贻。）

（生观看视频并给课文生字词注音）

师：接下来大家齐声朗读一遍这篇课文。

（生齐读）

**3. 议一议**

（1）赏析女子形象

师：说说你眼中的静女形象，静女"爱而不见"，这使你觉得这是位怎样的女子？

生：很美好，也很漂亮。

师：美好跟漂亮应该是一个意思，那么你说一说哪里看得到她的漂亮呢？

生：文章一开头的"静女其姝"里边的"姝"是美好的意思，还有后面的"静女其娈"中的"娈"也是形象美丽的意思，还有从最后一句"匪女之为美，美人之贻"也说明了这个女孩子是漂亮的。

师：好，我们准确地找到了。文中我们留意一下，还写了一个细节……

生："爱而不见，搔首踟蹰。"

师：这里面又说明了这个女孩子是一个……

生：害羞、矜持的女孩。

师：并且我们可以发现"俟我于城隅"，说明是谁在相约？能体现女子什么性格特征？

生：女子约男子相会，说明了女子的大胆、可爱、调皮。

师：我们也不要局限于只从一个角度来理解，我们可以说这个女子是善解人意的，因为她是先来的，为了不让男子难堪，她故意躲起来，等他出现的时候再出现也是可以的。那么我们再来分析这个男子又是怎样的人？我们再次齐声朗读一遍课文。

（2）赏析男子形象

师：说说你眼中的男子形象。

生：很纯洁，很痴情，爱女子爱得很深。

师：我们再来看"搔首踟蹰"这个动作，又表明男子的什么特征？

生：很有耐心，很憨厚。

（3）赏析"彤管"形象

师："彤管"在注释里有两种解释，你更喜欢哪一种？为什么？

生1：我觉得应该是第二种说法，因为荑草象征着爱情，女子赠送给男子，说明接纳了男子的爱情，同时象征了婚姻，感觉像他们的定情信物一样，如同现在的戒指的功能。

生2：我觉得应该是第一种说法，因为相比之下第一种更珍贵，女子愿意把珍贵的东西送给男子，说明女子心里对男子的爱是深沉的。

生3：我觉得两种解释还是有区别的，因为送的是荑草，说明双方的身份是同等的，送乐器的话，说明对方的身份更高，是一种尊重，所以我认为是第二种。

生4：我也认为是荑草，因为不论送什么都会让男子重视，所以理解成荑草更能显示出"礼轻情义重"的含义。

师：我们可以这样来看，这两种理解我们都认可。乐器，买来的，获得的方式不是很辛苦，但赠送贵重的东西体现了女子对"我"的重视程度，是一种"爱乌及屋"，也与下文的荑草形成对比。跟荑草同类，那是女子初次给男子送的礼物，但只要是女子送的，男子都喜欢，体现了"爱屋及乌"的情感特征。

（4）文中静女有没有出现过

师：接着我们再来看下面这个问题。文中静女有没有出现过？你更喜欢哪一种说法呢？为什么？

生1：我认为女主人公走出来了，并且赠送男子彤管，而且两人一面说笑一面散步到了野外，女子又送了荑草，这样三个恋爱场面，能表明感情一步步加深的意思。

生2：我认为这只是男子等待女子的一个场景，因为"爱而不见"，男子"搔首踟蹰"，不知女子心意，于是前思后想，回忆种种情事，以揣测女子

"不见"的因由，揣测女子对自己的心意，这样更能体现男子对女子的深沉爱恋。

师：这两种理解都是正确的，因为这是文学上留有余地的写法，留给我们想象的空间，体现了诗歌的朦胧美、含蓄美，也体现了诗歌情节的跳跃性，需要读者加上自己的想象，把情节连贯起来，于是也就引发了不同的联想，诗歌因此而有了无穷的魅力。

（板书：男子的回忆、留有想象、逐步呈现画面、感情愈加深厚）

**4. 想一想**

意境扩写：

师：发挥你的联想、想象能力，扩写意境，我们来重现一下当时的情景：（女子）爱而不见，（男子）搔首踟蹰。

挑选学生现场演示人物形象：女孩——调皮可爱，天真活泼；男孩——急躁而诚挚，憨厚而痴情。

**5. 谈一谈**

师：爱情是美好的，你喜欢静女或那个男主人公吗？结合文本，你认为我们应该培养怎样的品质才能让对方欣赏呢？

生1：女子——尊老爱幼、善良、温柔、孝顺、大方、自信。

生2：男子——专一、阳光、开朗、诚信、有上进心。

师：了解爱情是我们体味生活的必要途径。虽然我们今天不谈爱情，但是我们以后要面对爱情，所以提前了解对我们是有意义的。资料的后面也加入了很多关于爱情的故事，是不同朝代的，我按照时间顺序给大家罗列了一些，希望大家课后可以阅读，感悟一下古代爱情有哪些美丽的瞬间。

师：从那些古代爱情故事中我们可以看到，爱情会受到很多的影响，我们应该怎样看待爱情？

生：外貌、金钱、地位、社会礼教……

师：爱情是我们生活中很重要的事情，我们如何对待爱情将直接关系到日后生活的幸福与否，我们不能随便、不能勉强、不能凑合，找到真正自己所爱的，要有共同的兴趣爱好，共同的追求才能走到一起。

**6. 小结**

师：这节课我们领略了细节描写和侧面描写的魅力，领略了古代劳动人民对自由婚姻和美好幸福的爱情生活的追求与向往。

**7. 作业**

（1）背诵并默写全诗。

（2）请同学们思考，如果由你来记述这次约会的话，你会怎么写。

板书设计：

### 静 女

一个美好的瞬间　一份唯美的情感　一段美妙的回忆

女子的美好品质：活泼、害羞、调皮

男子的美好品质：痴情、有耐心、憨厚

男子的回忆、留有想象、逐步呈现画面、感悟愈加深厚

## 三、扫码观看逻辑课堂建构案例系列资料

扫码观看《静女》　　扫码观看《静女》　　扫码观看《静女》
课堂实录　　　　　教学课件　　　　　视频朗诵

扫码观看《静女》　　扫码观看《静女》
素材资料　　　　　学案设计

# 读五言之冠冕　品一字之千金
## ——《涉江采芙蓉》教学设计

张莹莹

## 一、逻辑课堂建构说明

课堂围绕"一群诗""一群底层文人""一群底层文人生活的时代"，

引导学生"走进诗境""发现价值""深入发掘",让学生透过对诗歌情感的深入解读,进而挖掘其中的文化现象。整节课逻辑主线清晰,既带领学生感知诗歌的美,又追求鉴赏的深度与思维的高度。在爱情诗之外,整节课试图以蕴含其中的冲突为阅读支架,品读出其中的寄托之音。本节课的教学设计体现了三个定位,在引领学生走进意境之后,深度解读诗歌情感,继而深入挖掘其中的文化意蕴。

**1. 课堂起点——文本解读**

本文选自《古诗十九首》,目前的主流看法是汉末文人所作。人们普遍将本诗视为一首爱情诗来解读。我们不能忽略汉末是社会动荡、文人失意的乱世,且作者群体为社会底层文人。自先秦以来,大多数中国文人的人生价值往往是儒家的"学而优则仕",立志要实现"立德、立言、立功"之"三不朽"。时代带来底层文人的失意,其冲突有助于我们建立阅读支架。而屈原的《涉江》与"香草美人"传统,似乎在本诗中也可以找到影子。因此,本诗的主题在爱情之上似有更多的价值有待发现、挖掘。透过冲突,我们发现这首诗在写爱情之余,似乎也有寄托,即生命价值无法实现的深沉的忧伤。而这种忧伤,更是中国的一种文化现象,它是当人生理想无法实现时文人的一种委婉表达,可见本诗中之"忧伤"乃古今失意文人之共情。

**2. 课堂终点——目标定位**

由一首诗,了解一个时代,走进一群人,感受其人生失意的深沉忧伤,探寻背后的文化现象,深入解读情感。

**3. 逻辑建构——路径选择**

路径:"忧伤以终老"是多么强烈的浩叹!本诗仅仅是爱情诗吗?其仅仅表达男女之间的离别忧伤吗?围绕这一问题,思考本诗的主题。

方法:课堂重在培养学生的逻辑建构能力,由忧伤入手,深入挖掘后再回到忧伤,建立完整的逻辑建构路径。

建构:首先读课文,体会离别的忧伤。接着,分析谁在讲述这个离别的故事。再思考本诗仅仅是离别之情吗?之后挖掘忧伤背后深藏着的中国文化现象。最终,回到"忧伤以终老"。

问题设计环环相扣,问题指向明确,所有的问题设计是基于起点,局部意义均为终极目标服务,瞄准终点。

每一次磨课,于教师而言,都是一场磨炼,更是一次蜕变。在立志追求逻辑课堂的道路上,教师的思维不断涅槃重生,学生的思维、能力、素养不断建构飞升。师者追求课堂的酣畅淋漓,生者则满载成就感、收获感。

本节课问题链设计如下：

| 教师引领 | 学生预设 | 设计意图 |
|---|---|---|
| 是谁在讲述这个离别的故事 | 是男子，漂泊在外的游子采莲给远方的心上人。是女子，思妇采莲，遥寄相思之情。是男女双方，女子采莲思念游子，游子在路上回望故乡 | 创设思维起点：跳出鉴赏诗歌的常规思维，通过分析画面关系，进入情境。引导学生进入诗歌的画面，通过"以意逆志"，明确故事的讲述者，为后面对情感的深入挖掘做铺垫 |
| 通过进入情境，我们感知到更可能是第三人在为我们讲述这个离别的故事。那么，你认为这首诗仅仅是在写男女之间的离别之情吗 | 是，所思之人在远道，相爱不能相聚所以忧伤终老。不是，涉江而过，兰泽多芳草，却只去采芙蓉。芙蓉象征着高洁美好的品质，作者可能追求美好却不可得。不是，如果是写爱情，相爱不能相守，但忧伤终老未免太夸张 | 提升思维品质：知人论世，引导学生深度解读诗歌的情感，重在培养学生价值发现的能力。通过不断唤醒学生已有的经验，使之与文本碰撞融合成新的认知，培养学生的思维建构能力 |
| 诗歌的作者群体为汉末底层文人，所处时代为社会动荡且枭雄纷起的乱世，我们发现其人生追求而不得的冲突。这是一种人生价值无法实现的大忧伤，而这种失意的忧伤也是中国文化的一种现象。结合古人的人生追求，追溯古人怎样表达人生的失意 | 苏轼，被贬黄州，写出《赤壁赋》《念奴娇·赤壁怀古》等名篇大作来抒怀。屈原，被流放，写《离骚》，国家灭亡时投江而死。陶渊明，做官违背本性，隐逸田园 | 挖掘思维深度：深入挖掘文化现象，引导学生进一步理解"忧伤"的情感之深重，之无法排解。同时，注意引发文化思考，培养学生的文化素养和高阶思维能力 |
| 失意人生导致理想无法实现，带来内心的孤独及人生价值的丧失——这是中国古代文化的一种现象。而穿越到汉末，我们似乎对本诗的情感有更深的感悟。请同学们再读诗歌，体会何为"忧伤以终老" | 这是一种理想无法实现的忧伤，这种忧伤是伴随一生的，直到生命的尽头。"理想很丰满，现实很骨感"，同心而离居的正是作者的抱负无法实现的写照。"忧伤以终老"不一定是说时间上的，可能是虚写，更可能是说这种忧伤之深重，之绵长 | 建立思维链接：入乎其内，出乎其外。带领学生完整地走完一个思维建构的历程。经由文本的冲突处，发现文本的价值点，进而深入挖掘文本背后的文化现象，但不忘回归文本。出入有度，主线指向明确，由课堂起点依循逻辑建构路径走到课堂终点 |

## 二、逻辑课堂建构教学设计

【教学目标】

（1）以意逆志，品读诗中传递的离别的忧伤。

（2）走进意境，透视画面关系，明确故事讲述者是谁。

（3）知人论世，深度解读一个时代文人失意的忧伤。

（4）深入挖掘，追溯背后的文化意蕴，深度解读失意人生之忧伤。

【教学过程】

**1. 诉说千古离情**

师："黯然销魂者，惟别离而已矣。"离别是这个世界上一直在上演的剧情。与朋友别，"挥手自兹去，萧萧班马鸣"；与爱人别，"执手相看泪眼，竟无语凝噎"；与父母别，"临行密密缝，意恐迟迟归"；与儿女别，"眼枯即见骨，天地终无情"……在我们的生命里，一直饱蘸着离别的泪光。

而古人或许对离别有着比我们更深的理解，在那样一个交通、通信不发达的时代，时间与空间给他们带来了刻骨的思念。今天，让我们追随诗歌《古诗十九首》中的《涉江采芙蓉》，来到东汉末年，感受这种离情惊人的悲剧魅力。

**2. 初读，整体感知**

师：请同学们齐读本诗，体会诗中传递的是什么情感。

生：离别的忧伤。

师：这是怎样的一种离别？具体描述一下。

生1：思念远方的爱人，一个采摘芙蓉思念，一个人环顾故乡相思，是相爱的两个人却不能在一起的忧伤。

生2：这种忧伤应该是有生之年无法消除的。

生3："忧伤以终老"应该是说相爱的两个人不能相守的忧伤之深重，忧伤之久远。

师：对于这种离别，看来同学们已经初步感受到作者的这种浓重深久的忧伤了。

**3. 想象，进入诗境**

师：请同学们想象诗中所呈现的几幅画面，走进诗歌创设的几个情境。思考是谁在讲述这个离别的故事？（例如，是……在讲述这个离别的故事。因为画面一是……画面二是……画面三是……）

生1：是一个采芙蓉的女子在讲述这个离别的故事。因为画面一是女子采芙蓉寄托对远方之人的思念之情；画面二是女子想象远方的游子也在漫漫长路上望故乡，思念自己；画面三是女子因为相爱却无法相见而发出的忧伤的感慨。

生2：画面三也可能是男女主人公共同发出的对悲剧命运的忧伤之情。

生3：是一个远行的游子在讲述这个离别的故事。因为画面一是男子采芙蓉想送给思念的姑娘；画面二是思念的女子在远方环顾望故乡；画面三是游子的感慨。

师：同学们的想象力非常丰富，又是那样合情合理。正如同学们所说，不管采芙蓉的是思妇或游子，如果全诗的主人公是一个人，那么就是采用了对写手法，也叫悬想手法，我们看一个例子。（参见学案）

师：杜甫的这首诗写家中妻儿对自己的思念等活动，但这些都是作者的想象，而作者正是通过从对面来写的形式表达自己的思乡之情。这种虚实结合的对写手法在表达两地思念的诗歌中很常见。情到痴绝处，到处都是所念之人的身影。

师：我们一起来分角色朗读《涉江采芙蓉》。女生读前四句，男生读五、六句，七、八句男女齐读。

（生朗读）

师：回到刚才的问题继续思考，还会是谁在讲述这个离别的故事？

生4：是第三个人在讲述这个离别的故事。因为画面一是女子（男子）采芙蓉；画面二是所思念的远方之人环顾望旧乡；画面三是看到这两个画面的人所发出的深深的感叹。

师：这种说法很大胆，有没有道理呢？我们来回忆一下张若虚的《春江花月夜》。

（PPT展示：滟滟随波千万里，何处春江无月明！……江畔何人初见月？江月何年初照人？人生代代无穷已，江月年年只相似。不知江月待何人，但见长江送流水。……谁家今夜扁舟子？何处相思明月楼？）

张若虚描写的景象是站在宇宙的全知视角，故事中的游子和思妇就像讲故事的人呈现的两处场景，而讲故事的人既不是男主角，也不是女主角。《涉江采芙蓉》的故事讲述者也更可能是第三人——这类似电影中蒙太奇的方法，这种描写方式使得诗中这种思而不得见，爱而不相守的痛苦表现得更直观，且更具普遍性和代表性。

**4. 再读，体悟情感**

师：《涉江采芙蓉》具有爱情主题，这是一个不争的事实，其中男女的离别之情万古同悲。请同学们再齐读这首诗。

（生齐读）

师：本诗仅仅是在写男女离别之情吗？

生1：远方的"他"或"她"可能是理想、追求。因为政治混乱，所以有抱负的人难以找到出路。因此，本诗可能在借写心爱之人无法相见，来写人生追求、理想无法实现的浓重的忧伤。

生2：远方的"他"或"她"可能是圣主明君。本诗可能在表达空有爱国热情但是却不被重用的忧伤。

生3：远方的"他"或"她"可能是清明太平的时代。作者渴望一个美好的时代，但只有生逢乱世的沉痛与忧伤。

生4：远方的"他"或"她"可能是已经逝去的青春或者一切不可触摸的美好，都可以是可望而不可即的"她"。作者渴望美好却不可得的忧伤之情。

师：深得我心！由此看，这种悲叹有更为普适的意义，可以泛化理解。曾有人说，"同心而离居，忧伤以终老"两句可谓《古诗十九首》的注脚，涵盖了几乎所有"逐臣弃妻，朋友阔绝，游子他乡，死生新故之感"。那么，通过同学们的探讨，可以有多种解读"他"或"她"的内涵，我们似乎可以得出这样的结论——《涉江采芙蓉》这首诗可能不仅仅在写男女之间的离别之情，还可能在写人生的种种失意。

这些都是同学们阅读后的主观感受和猜测，下面我们试着从本诗的关键意象"芙蓉"入手来探寻本诗所抒发的感情。兰泽多芳草为何去采芙蓉？结合所学诗句，抓住芙蓉这一意象，分析作者想抒发何种情感。

生1：屈原的《离骚》有诗句"制芰荷以为衣兮，集芙蓉以为裳"。芙蓉应该象征着高洁美好的品质，因此作者抒发对美好品质的追求难以实现之情。

生2：屈原在诗歌中用香草美人来表达对美好的品质或者人生追求。芙蓉应该象征着美好的人生追求。因此作者抒发人生追求无法实现的忧伤。

生3：南朝《西洲曲》："采莲南塘秋，莲花过人头。低头弄莲子，莲子清如水。"莲花就是芙蓉，莲子在说爱怜，采芙蓉象征着思念爱人。

生4：北宋周敦颐的《爱莲说》中有"予独爱莲之出淤泥而不染，濯清涟而不妖"。这里的莲就是芙蓉，象征着高洁超尘的美好品质。

师：大家找到了关于芙蓉的一些诗句，对于芙蓉的象征意义有了较为准确的认识。那么同学们看下《涉江采芙蓉》是写于什么时代？

生：汉末。

师：那么离汉末较近的要数先秦时代的屈原。屈原的香草美人传统对后世产生了极大的影响。

（PPT展示：屈原的香草美人。美人的意象一般被解释为比喻，或是比喻君王，或是自喻。屈原在很大程度上是通过自拟弃妇而抒情的……以夫妇喻君臣……香草意象作为一种独立的象征物，它一方面指品德和人格的高洁……——袁行霈主编《中国文学史》第一卷）

师：同学们，刚才我们体悟情感的方法是"以意逆志"。既然谈及屈原的香草美人和诗歌创作的时代，我们不妨来"知人论世"。这首诗的作者是谁？同学们知道吗？大家来看学案中的作者及作品简介。

生：注释只告诉我们出自《古诗十九首》，但没有说作者。

师：目前这首诗的作者是谁不清楚，《古诗十九首》的作者仍然是个谜团。

（PPT展示：《古诗十九首》为东汉末年文人五言诗的选辑。关于作者有多种说法，《昭明文选·杂诗·古诗十九首》题下注："并云古诗，盖不知作者。"曾有说法认为其中有枚乘、傅毅、曹植、王粲等人的创作，后人多疑其不确。）

师：诚如主流观点所言，《古诗十九首》是汉末文人诗，连作者都无法知晓，可见为社会底层文人所作。要深入了解当时文人的思想，我们需要关注汉末是一个怎样的时代。

（PPT展示：汉末，王纲解纽，士大夫饱经党锢之祸，借门第为躲藏所。寒士无门第，则心情变，社会私情，胜过政治关切。——钱穆《中国文学史概观》）

师：相信同学们已经感受到诗人所处的时代给人带来的压抑与痛苦。在屈原的香草美人之后，生逢汉末那样一个乱世，我们可以判断出作者写这首诗表达的是什么情感呢？

生1：在一个黑暗的时代中，文人们追求理想价值，背井离乡，忍受着相思和离乡的痛苦，但仍在苦苦求索，可能功未成、名未就，无颜见江东父老的忧伤。

生2：在乱世中，人们因种种原因而不能过上理想的生活，爱人或亲人却要被迫分离，忍受生离死别的痛苦。

师：是的，本诗在爱情之外，无疑给我们展示了诗人身处乱世，人生价值无法实现的忧伤。请大家带着这种沉重痛彻的忧伤来齐读这首诗。

**5. 探寻失意人生的表达**

师：虽然身处乱世，更加热爱生命的游子们，恪守着孤寂的精神领空，用漂泊来安顿理想，消解生命价值的虚无和焦虑。我们现在已经深刻领悟了这首诗歌中传递的人生失意的忧伤与痛苦之情。那么，不同时代的文人对于人生的失意又是如何表达的呢？请大家结合古人的人生价值追求（参见学案），联系所学过的作品，谈谈人生失意时的情感及其表达方式。

生1：中国古代知识分子追求立德、立功、立言来实现人生价值的不朽。一旦这三种"不朽"无法实现时会感觉人生没有意义，壮志未酬，会终身抑郁愁苦，无法释怀。贾谊因为怀才不遇抑郁而终。杜甫、李商隐等人也是一直处在人生失意困顿的状态中。

生2：屈原追求高洁美好的品质，有超越时代的政治远见和不同流俗的追求，但却被小人中伤，被君主流放，当深爱的祖国都城被攻破时他选择了投江而死。

生3："修身、齐家、治国、平天下"是中国古代知识分子的理想，当这些人生理想无法实现时，有的人会选择修身养性，隐居起来。陶渊明"采菊东篱下，悠然见南山"就是人生理想无法实现时的洒脱选择。

生4：苏轼一生仕途坎坷，但他并没有放弃儒家的"学而优则仕"的思想，不管人生顺利还是失意，他一直都在用超然豁达来消解人生的种种际遇。

师：同学们都很认真地对古人人生失意的情感及表达方式进行了思考。其实，人生失意已经成为中国的文化现象。下面我们选择几个有代表性的人物，按照时间的先后顺序来对所学过的作品做下梳理。

〔PPT展示：中国文化现象——失意人生导致理想无法实现，带来内心的孤独及人生价值的丧失。屈原（投江）、贾谊（抑郁而终）。

《咏怀八十二首·其一》·魏晋·阮籍：夜中不能寐，起坐弹鸣琴。薄帷鉴明月，清风吹我襟。孤鸿号外野，翔鸟鸣北林。徘徊将何见？忧思独伤心。

《杂诗十二首·其二》·东晋·陶渊明：白日沦西河，素月出东岭。遥遥万里晖，荡荡空中景。风来入房户，夜中枕席冷。气变悟时易，不眠知夕永。欲言无予和，挥杯劝孤影。日月掷人去，有志不获骋。念此怀悲凄，终晓不能静。

《拟行路难·其四》·南北朝·鲍照：泻水置平地，各自东西南北流。

人生亦有命，安能行叹复坐愁？酌酒以自宽，举杯断绝歌路难。心非木石岂无感？吞声踯躅不敢言。]

师：人生失意作为中国的文化想象，一直在文学作品中有所体现。在不同时代、不同的人物面对失意人生、理想价值无法实现时，都有各自或激烈，或决绝，或达观，或沉溺的表达方式。正是这多元的表达方式才使得我们的文学和文化中经典不断，震撼心灵。人生失意之愁，万古同悲。

请大家用自己的方式深情朗诵万古愁。

**6. 品失意与追求之美**

师：走进《涉江采芙蓉》，我们深切地感受到在长路漫漫的时空疏远中的万古悲情。我们从痛彻的离别之思中，思考乱世中的时代压抑，品味在时间生命意识下古人的人生追求，信仰危机下的人生失意，生存焦虑下的生命意志。

（生齐读PPT展示内容）

（PPT展示：生年不满百，常怀百岁忧。——《生年不满百》

在表面看来似乎是如此颓废、悲观、消极的感叹中，深藏着的恰恰是它的反面，是对人生、生命、命运、生活的强烈的欲求和留恋。

——李泽厚《美的历程》）

师：我们一步步地接近两千年前的汉末，走进《古诗十九首》，走进那个混乱的时代，感受这深重的忧伤。

（PPT展示：文温以丽，意悲而远，惊心动魄，可谓几乎一字千金……人代冥灭，而清音独远，悲夫！

——钟嵘《诗品》

观其结体散文，直而不野，婉转附物，怊怅切情，实五言之冠冕也。

——刘勰《文心雕龙》）

师：最后让我们怀着对生命的无比热爱之情，再次深情地诵读这一首诗。

**板书设计：**

### 涉江采芙蓉

一群诗：古诗十九首　一群诗的创作者：文人　一群文人失意的动荡时代：汉末

鉴赏诗歌　进入情境：以意逆志　发现冲突：知人论世　追溯文化：深入发掘

## 三、扫码观看逻辑课堂建构案例系列资料

扫码观看《涉江采　　扫码观看《涉江采　　扫码观看《涉江采
芙蓉》课堂实录　　　芙蓉》教学课件　　　芙蓉》学案设计

# 花开国亡愁煞人

## ——《虞美人·春花秋月何时了》教学设计

陈玉平

## 一、逻辑课堂建构说明

课堂通过"寻找词眼'愁'"—"具体有哪些愁"—"为何愁"三个步骤，带领学生抓住关键词语、理解词句，再从艺术手法入手，把握愁情，适当引入写作背景——为何愁。

### 1. 课堂起点——文本解读

作为一位亡国之君，李煜过着屈辱的生活，往事之叹、亡国之恨、去国之思让他忧思难平，这种愁情犹如滔滔江水。无论是君王还是平民，人生而有苦，生而有愁。李煜将自身的往事之叹、亡国之恨、去国之思融入"一江春水"那样无限的时间和空间去诉说世人之愁，这是一种普世关怀。王国维曾说："词至李后主而眼界始大，感慨遂深，遂变伶工之词而为士大夫之词。"从这个意义上讲，李煜的"愁"值得探究。

### 2. 课堂终点——目标定位

只描写"愁"是不能成为经典的。这首词千古流传，评价最高的是最后两句——"问君能有几多愁，恰似一江春水向东流"。李煜以水写"愁"，不仅是抓住了"愁"与水的三个相似之处，也写出了愁思的恒久之感。水是没有任何规则的，"愁"也是没有规则的；水是无穷无尽的，"愁"也是无穷无尽的；水是浩浩荡荡的，"愁"也是无边无际的。"愁"背后的原因，

更值得探究。

### 3. 逻辑建构——路径选择

路径：《虞美人》最大的愁是"亡国之愁"。"亡国之愁"是真正的一种"绝望"。当亡国的李煜从金陵被俘到汴京之后，他是没有任何希望的。李煜希望能够忘却，但是偏偏又不能忘却，所以看过"春花"看过"秋月"后还是"愁"，这是无法摆脱的"亡国之愁"。

方法：走情感路径的《虞美人》的课堂需要更多关注的是形象性的描述性语言、创设情境的语言。感情的体检是叠加的过程，是由浅入深的。在这样的叠加过程当中，我们可以从侧面切入。《虞美人》一开篇的"春花秋月"看起来轻飘飘的，但背后的情是很沉重的。良辰美景赏心悦事，"春花秋月"就是良辰和美景，良辰美景带给人的是赏心悦事。词人感受了春花秋月的美好，然后一个"何时了"，把这种沉重给引出来。"小楼昨夜又东风"，多好的时刻啊，为什么还盼望"何时了"？因为故国不堪回首，经历了亡国以后就应该忘却，但偏偏不能忘却。写尽他面前所有的美景，再好的东西，到了他眼前闪现的也是悲伤。我们通过字面可以去体悟背后的这种愁绪。语言是可以品读的，要描绘出来，让学生去感悟。品的过程不要解释，不要分析。

建构：从词眼"愁"入手，具体有哪些"愁"；"何时了""又"中的往事之"叹"和亡国之"恨"；"不堪""应"中的往事之"叹"和去国之"思"；"在""改"中的往事之"叹"和亡国之"恨"；时代背景（国破家亡），文化精神（亡国之愁难以忘却）；价值呈现（亡国难忘，李煜词风转变）。

本节课问题链设计如下：

| 教师引领 | 学生预设 | 设计意图 |
|---|---|---|
| 李煜在《虞美人》这首词中写出了哪些具体的愁 | 往事之叹、亡国之恨、故国之思 | 创设思维起点：引导学生结合具体的词句分析，为后面对"愁"这个诗眼深刻含义的理解打下基础 |
| "春花秋月"本来是美好的事物，词人为什么希望它们结束 | 李煜希望当时的囚徒般的生活早点结束 | 挖掘思维深度：引导学生理解"春花秋月"的深层内涵 |
| 词人仅仅在怀念之前的物质生活吗 | 更是对欢乐的怀念，对自由的向往，对尊严的期盼，对生存安全感的需要 | 提升思维品质：国破家亡已成定局，词人无力改变。引导学生全面把握"亡国之恨" |

续 表

| 教师引领 | 学生预设 | 设计意图 |
|---|---|---|
| 改变的仅仅是"容颜"吗 | 李煜由一国之君沦落为阶下囚，心情由尊荣显贵变成忍辱蒙羞。这一"在"一"改"之间，道尽了多少物是人非的酸楚与哀伤。这是李煜作为一个帝王对于自己无力保住江山的深深叹息 | 建立思维链接：这个环节构成文本前后两大部分的逻辑关联。"亡国之愁"无法消除，为后面理解"恰似一江春水向东流"做好准备 |
| 鉴赏"问君能有几多愁？恰似一江春水向东流" | 李煜以水写"愁"，不仅是抓住了"愁"与水的三个相似之处，也写出了愁思的恒久之感。水是没有任何规则的，"愁"也是没有规则的；水是无穷无尽的，"愁"也是无穷无尽的；水是浩浩荡荡的，"愁"也是无边无际的。引入写作背景 | 形成思维逻辑：引导学生通过这个过程的梳理，理解李煜的亡国之愁无法消除 |
| 比较李煜前后期的词风 | 在讲到"往事知多少"时，插入李煜前期的作品《浣溪沙》，让学生感受李煜前期的词风。在讲到"朱颜改"的时候，插入李煜后期的作品《破阵子》和《浪淘沙令》，让学生感受李煜后期的词风 | 形成思维逻辑：亡国难忘，李煜词风转变可贵 |

## 二、逻辑课堂建构教学设计

【教学目标】

（1）结合课文注释，理解词的字面意思，抓住关键词语，理清思路，熟读成诵。

（2）结合作者生平，挖掘作品的内涵，探究研讨文本，培养鉴赏能力。

（3）理解本词"把抽象的感情形象化"的艺术特色和跌宕起伏的笔法。

（4）通过"读悟议"结合法，完善对本词的整体认知。

（5）感悟李煜在词作中流露出的"愁"。

【教学过程】

1. 导入

（PPT展示：法国诗人缪塞曾经说过："最美丽的诗歌是最绝望的诗歌，有些不朽篇章是纯粹的眼泪。"）

师：我们已经学过很多诗歌了，大家能不能从中选一些"含泪"的"不

121

朽"篇章来呢?

师提示诗词题目或作者,生回答。

(PPT展示:李清照《武陵春·春晚》:物是人非事事休,欲语泪先流。白居易《琵琶行》:座中泣下谁最多?江州司马青衫湿。《红楼梦》的作者曹雪芹:满纸荒唐言,一把辛酸泪。艾青《我爱这土地》:为什么我的眼里常含泪水?因为我对这土地爱得深沉。)

师:由此可知,其实很多的诗歌都是作者自己的眼泪所铸成的。我们今天所要学习的李煜的这首词《虞美人》,它不单单是由词人李煜的眼泪铸成的,它更是由词人李煜的鲜血铸成的。因为他在完成这首词后不久,就因为这首词而招来了杀身之祸,所以这首词也成了他的"绝命词"。我们一起来学习李煜的《虞美人》。

**2. 解题**

(PPT展示:虞美人,著名词牌之一,此调原为唐教坊曲,取名于项羽宠姬虞美人,有悲壮凄凉的意味。因李煜填此词的名句,又名"一江春水"。)

**3. 初读感知**

学习一首诗歌是从诵读开始的。

(生1朗读)

师:他读得怎么样?(学生自由评价)

师:我们要读好这首词,就得把握一下这首词的节奏。这首词中的哪些字应该停顿?

师生:春花秋月/何时了?往事/知多少。小楼昨夜/又东风,故国/不堪回首/月明中。雕栏玉砌/应犹在,只是/朱颜改。问君能有/几多愁?恰似/一江春水/向东流!(PPT展示节奏)我们要学好一首词,就得把握它的感情基调。这首词的感情基调是怎样的?

生:悲伤。

师:所以在读的时候,我们应该注意什么?

生:读得慢一点。(听配乐朗读,再配乐齐读)

师:会读书的人,会把一本书读薄,会把一篇文章读短,也会把一首诗词读成一个字。如果我们用一个字来概括这首词的词眼的话,可以用哪一个字?

生:愁。

**4. 细心品读**

师:找到了一首词的情感落脚点,我们的赏析品味就有了依据。同学们都知道,"愁"是一个很广泛、很抽象的概念。李煜在《虞美人》这首词里究竟写出了哪些具体的愁？请大家细心品味词中的每一句、每一个词，然后谈谈每一句中哪个词给你的印象最深，引起了你情感的共鸣。（小组讨论）

（1）品读上片（学生自选词句）

① "春花秋月何时了，往事知多少"

师："春花秋月"本来是美好的事物，词人为什么希望它们结束？

生："春花秋月"周而复始，无休无止，勾起词人内心的痛苦。词人希望"春花秋月"早点结束，就是希望他当时的囚徒般的生活早点结束。课下注解告诉我们，这首词作于南唐覆亡后，李煜被软禁于北宋首都东京（今河南开封）时期。

师："往事知多少"中的"往事"具体指什么，即词人怀念的是什么？

生：以前当一国之君时的尊荣富贵的生活，后宫佳丽无数，锦衣玉食。

（PPT展示：浣溪沙·李煜：红日已高三丈透，金炉次第添香兽，红锦地衣随步皱。佳人舞点金钗溜，酒恶时拈花蕊嗅，别殿遥闻箫鼓奏。）

师：李煜在《浣溪沙》中提及这样的生活。"红日已高三丈透，金炉次第添香兽"。宴会才结束，但又开始了下一次的宴会。"红锦地衣随步皱，佳人舞点金钗溜"。这真是一幅纸醉金迷的宫廷宴会图景。词人仅仅在怀念之前的物质生活吗？

生：词人更是对欢乐的怀念，对自由的向往，对尊严的期盼，对生存安全感的需要。国破家亡已成定局，词人无力改变。这个时候，词人对于精神的需要已经超过了物质的需要。

师：春花秋月不会终了，往事不再，李煜的愁也不会终了。见到这些美好的事物，无非是徒增伤感罢了。李煜对往事的慨叹伤感之愁油然而生。（板书：往事之叹）

② "小楼昨夜又东风，故国不堪回首月明中"

师："东风"是什么风？

生：春风。

师：怎么理解"又"？

生：一年又过去了。

师：春风本是令人愉悦的，词人为什么用"又"和"不堪回首"来形容当时的心情？

生：后主归宋后的一年又过去了。词人的国家已经成了"故国"，词人由一国之君沦落为阶下囚。新的一年的春天的来临，其实是在暗示李煜在重复囚徒般屈辱的生活。月明（即月圆）之时，本应家人团聚，可词人却国破家亡，身陷囹圄，更加禁不住回首故国的人和事。

师：由"月"联想到什么？

生：词人在思念"故国"。"举头望明月，低头思故乡"，"但愿人长久，千里共婵娟"，"海上生明月，天涯共此时"，这些诗词就是通过"月"这个意象来寄托自己的思念之情。所以，我认为词人在这两句里写的是"亡国之恨"和"去国之思"。

师：东风去了，又来了。"燕子去了，有再来的时候；杨柳枯了，有再青的时候；桃花谢了，有再开的时候。"而故国灭亡了，还会再回来吗？皇帝的身份还在吗？主宰天下的权力还有吗？这时候陪伴他的只有天上那一轮永世存在的明月。月还是那一轮明月，只是月下的李煜已经从尊贵的一国之君沦落为不堪的阶下囚了。"不堪"，即不能，不忍，不便，也许还有不敢。李煜连故国都"不堪"回首了，又怎会想要见到这未了的"春花秋月"和又来报春的"东风"？过去的美好与今日的凄凉形成了鲜明的对比，浓重的去国之思和亡国之恨已经让李煜愁绪难平。（板书：亡国之恨、去国之思）

（2）品读下片

① "雕栏玉砌应犹在，只是朱颜改"

生：国家被攻破了，他昔日的皇宫应该还在吧。

师：这里用"应"表猜测，应该还在吧。所以这里表达的是什么愁？

生：物是人非。

师：我们可以归纳为"往事之叹"。"朱颜改"改变的是什么？

生："朱颜"，也就是宫女的容颜，也有词人的容颜、国家的容颜。

师：改变的仅仅是"容颜"吗？

生：李煜的身份、地位和心情都改变了。李煜由一国之君沦落为阶下囚，心情由尊荣显贵变成忍辱蒙羞。

师：尽管"故国不堪回首"，可李煜又忍不住不去"回首"。南唐故都那富丽堂皇的宫殿应该还在，只是那些宫女已经不再是当年沉鱼落雁似的宫女了，而李煜也不再是当年锦衣玉食、风流倜傥的李煜了。这一"在"一"改"之间，道尽了多少物是人非的酸楚与哀伤。这是李煜作为一个帝王对于自己无力保住江山的深深叹息。

师（总结）：李煜在《虞美人》这首词里写了往事之叹、亡国之恨、去国之思。这几句词永恒的"春花秋月"、今非昔比的"往事"、年年有的"东风""明月"、不堪回首的"故国"、应犹在的"雕栏玉砌"、已改的"朱颜"。"春花秋月""东风""明月""雕栏玉砌"是不变的"外物",而"往事""故国""朱颜"是巨变的"人事"。这里运用了对比的手法。

②"问君能有几多愁?恰似一江春水向东流"

词外觅"愁"。

(PPT展示:①剪不断,理还乱,是离愁;②白发三千丈,缘愁似个长;③只恐双溪舴艋舟,载不动许多愁。)

师:比较这几句写愁诗词的异同。

(PPT展示:①刘禹锡《竹枝词》:"水流无限似侬愁";②秦观《江城子》:"便做春江都是泪,流不动,许多愁。"③问君能有几多愁,恰似一江春水向东流。)

生1:《竹枝词》直白,通俗易懂。

生2:《江城子》直截了当。

师:虽然各有特色,但刘禹锡的太直白,秦观的直接,都不如李煜写得有深度和力度。

师(小结):李煜以水写"愁",不仅是抓住了"愁"与水的三个相似之处,也写出了愁思的恒久之感。水是没有任何规则的,"愁"也是没有规则的;水是无穷无尽的,"愁"也是无穷无尽的;水是浩浩荡荡的,"愁"也是浩浩荡荡的。王国维曾经这样评价:"词到李后主,而眼界始大,感慨遂深,遂变伶工之词而为士大夫之词。"

**5. 理解愁因**

[PPT展示:李煜(937—978),字重光,初名从嘉,自号钟隐、莲峰居士,徐州人。南唐中主李璟第六子。宋建隆二年(961)六月李璟去世,李煜嗣位于金陵,在位十五年,史称南唐后主,人多称之为李后主。李煜性格软弱,迫于形势,对宋称臣纳贡,苟且求安,并借佛教安慰精神。宋开宝八年(975),宋军长驱直入,围攻金陵,李煜被迫肉袒出降,随即送解到汴京,受封右千牛卫上将军,封违命侯。相传后主于太平兴国三年(978)七月七日他的生日那天在寓所命歌伎唱《虞美人》词,声闻于外,宋太宗闻之大怒,命秦王赵廷美赐牵机药将他毒死。王国维在《人间词话》中评论李煜:"词人者,不失其赤子之心者也。故生于深宫之中,长于妇人之手,是后主为人君所短处,亦即为词人所长处。"]

**6. 拓展延伸**

比较阅读李煜前后期的词,体会其词风的深刻变化。前期的作品《浣溪沙》，后期两首代表作《破阵子》和《浪淘沙令》。

（PPT展示：李煜作品《浣溪沙》《破阵子》《浪淘沙令》。）

师：李煜被囚，他的国家灭亡了，可是他却写出了很多到现在为止仍让大家所称颂的词。这就是我们所讲的"国家不幸诗家幸"。《浣溪沙》是他前期的作品，我们可以看出他以前过的是怎样的日子？

生：奢华的生活，而且很逍遥自在。"红日已高三丈透""佳人舞点金钗溜"，他们一直在玩乐，享受。

师：前期过着这样的日子，但是亡国之后，他写到"垂泪对宫娥""别时容易见时难""天上人间"，他原来写的词的题材会窄一点，可是亡国之后，他最大的愁是亡国愁。他把自己的亡国之愁全部都寄托在自己的词里边，所以他的词风就开始大变。

**7. 课堂小结**

词中有不堪回首的回忆，有痛苦难耐的现实，作者以赤子之心写惨痛的国破家亡之痛，引起后人的强烈共鸣。

板书设计：

虞美人　李煜

愁 ⎰ 往事之叹<br>亡国之恨<br>去国之思

## 三、扫码观看逻辑课堂建构案例系列资料

| 扫码观看《虞美人·春花秋月何时了》课堂实录 | 扫码观看《虞美人·春花秋月何时了》教学课件 | 扫码观看《虞美人·春花秋月何时了》朗读素材 | 扫码观看《虞美人·春花秋月何时了》学案设计 |

# 诸葛丞相肃清高　老杜志士皆知己

## ——《蜀相》教学设计

王飞燕

## 一、逻辑课堂建构说明

课堂带领学生感悟、分析诗歌的情感以及鉴赏精粹的诗歌语言，引导学生用"以意逆志""知人论世"的方法去读懂读透一首诗，充分挖掘了诗歌的审美价值和育人价值，将经典的作用发挥得淋漓尽致。整节课重点突出，思路清晰，言意结合，让学生感受到了咏诗史的含蓄、隽永、深沉之美。

### 1. 课堂起点——文本解读

《蜀相》属于咏史诗。咏史诗有两种，一种注重史实再现，一种注重借史抒情，本文属于后者。诗歌要借诸葛亮抒什么情？本诗的诗眼是"寻"，"寻"之前已有了情，所以诗歌不是触景生情，而是借景（史）抒情。"安史之乱"造成的动荡现实，使忧国忧民的杜甫想寻找到乱世中的支撑人物，带着时代需要的目的，他专注于寻找的是有责任感和使命感的人，力图恢复大唐的清明，所以诗中重点表现了诸葛亮的责任和使命（"天下计""老臣心"），而背后表现的是杜甫"寻"的缘由——忧国忧民。因此，杜诗所流露的身处困顿依然以天下为己任的精神情怀就很值得学习。

### 2. 课堂终点——目标定位

历代吟咏诸葛亮的诗词有很多，《蜀相》尤为经典，尾联两句更是脍炙人口的千古名句，仁人志士，为国为民，壮志深情，历久不衰。

### 3. 逻辑建构——路径选择

路径：读文本要动态化，不要静态化，静态化地解读文本容易把作品弄得四分五裂。诗歌塑造的是杜甫眼中的诸葛亮形象，它强调的是人物的责任和担当，而非雄才大略和丰功伟绩。将文本串起来的办法是抓住诗歌的线索——情感。

方法：引导学生用"以意逆志""知人论世"的方法，达成预定的目标。关注客观文字背后的事实之间的关联层面，比如本文的逻辑：找到串起

127

全诗的核心词"寻"—为什么寻—寻到什么—最终寻到了吗。有了这样的联系梳理，后文为什么出现"天下计""老臣心"就好理解了。再比如"长使英雄泪满襟"，为什么作者会"泪满襟"？仅仅是因为叹息诸葛亮出师未捷身先死吗？不是。还因为作者自伤，诸葛亮遇上明主，如此际遇尚且无法实现自己的理想，更何况自己怀才不遇呢？且杜甫身处乱世，心念武侯，高山仰止，也正是寄希望于当世的良相之材。

建构：探究杜甫眼中的诸葛亮形象—借写诸葛亮的形象传达什么情感—写景的两联与这些情感有何勾连？（一切景语皆情语）

上完这节课，我感触良多，意识到课堂要以学生为主体，要看看学生学后和学前有什么不同，获得了什么核心素养，作为人的发展有什么获得；学生有没有完整的思维过程。学生只是搜索信息、归纳结论的课堂，是以教师为中心，为教师服务的课堂。有思辨、有推导、有证明、有探究的高阶思维的课堂是以学生为本的课堂。建立整堂课的整体思维，建立目标的层级意识，结论与结论之间要有联系。

本节课问题链设计如下：

| 教师引领 | 学生预设 | 设计意图 |
| --- | --- | --- |
| 杜甫眼中的诸葛亮是一个什么样的形象 | 雄才大略、丰功伟绩、高风亮节、忠心耿耿、壮志未酬。或者说，有智慧、有责任、有担当、忠诚、壮志难酬 | 创设思维起点：诗歌不以"武侯祠"等地名为题，说明作者怀古的重心在人不在物，以蜀相形象探究为先导，可以引导学生抓住诗歌理解之纲，简洁明快 |
| 有人说，颈联概括诸葛亮的功业并不准确（只强调"天下计"和"老臣心"），你怎么看 | 杜甫身处乱世，忧国忧民，渴望有像诸葛亮一样的贤相来挽救时局（责任、忠心） | 挖掘思维深度：教会学生用"知人论世""以意逆志"的方法去理解作者对诸葛亮的咏叹 |
| 尾联的英雄为何人？杜甫自己吗？还是另有所指 | 英雄可以是杜甫，也可以理解成千百年来像诸葛亮一样壮志难酬的仁人志士 | 提升思维品质：引导学生学会迁移阅读，把握咏史怀古诗的特点，提高思维的深刻性 |
| 作者寻寻觅觅寻到了武侯祠，前两联写祠堂之景，景象有何特点？这与诗人怀古抒情有何勾连 | 祠堂之景幽静、肃穆，说明先贤功绩渐渐被人遗忘，也表现了诗人怀古的寂寞，对诸葛亮的怀念以及世无贤才的感伤。正所谓"一切景语皆情语" | 建立思维链接：这个环节沟通了前两联和后两联，使得写景和抒情有机地结合在一起，让学生知道诗歌无闲笔。贯穿诗歌的是诗人的"情"，情感是诗歌的线索 |

| 教师引领 | 学生预设 | 设计意图 |
|---|---|---|
| 读杜甫同一时期写的吟咏诸葛亮的诗歌（《咏怀古迹》《八阵图》《武侯庙》等），说说你所感悟到的杜甫对诸葛亮的情感是怎么样的 | 杜甫对诸葛亮十分敬佩、仰慕，同时也对他充满同情和怀念 | 拓展思维：学生通过这些作品的学习，加深理解了杜甫对诸葛亮的情感，也领悟了借史抒情诗的特点（常常是言在此而意在彼） |

## 二、逻辑课堂建构教学设计

【教学目标】

（1）通过了解作者的生平经历、作品的创作背景，赏析诗歌的语言、表现手法，理解、把握作者深沉而复杂的感情及作品的深层意蕴。

（2）学会用"以意逆志""知人论世"的方法鉴赏作品。

【教学过程】

**1. 导入激趣——猜一历史名人**

师：我们都知道，三国时期是个乱世，也是个英雄辈出的时代。在众多的英雄中，有一个人物，备受后世的敬仰，无论是王公贵族、迁客骚人，还是布衣平民，对他都有很高的评价，小说家更是把他渲染得神乎其神。他被誉为"千古良相"的典范，公认是杰出的智慧的化身，他的"鞠躬尽瘁，死而后已"的铿锵誓言也成为后代无数仁人志士的座右铭。（PPT投影谜面要点）大家知道他是谁吗？

师：这位历史名人就是诸葛亮！诸葛亮作为历史名人，历代崇拜他的人有很多，吟咏他的作品也有很多，今天我们就来学习唐代诗人杜甫的《蜀相》。

**2. 集体朗读作品**

学生集体读诗，师正音。

**3. 诸葛亮的形象探究**

（1）师：有人做过统计，说杜甫一生为诸葛亮写了将近二十首诗歌，现在我们来看看这首可以说是最有名的《蜀相》是怎么写诸葛亮的。在这首诗中，诸葛亮是个什么样的形象？请大家先把写诸葛亮形象的语句找出来分析。

生1：出师未捷身先死，长使英雄泪满襟。

生2：三顾频烦天下计，两朝开济老臣心。

师：非常好。能否说说这两联塑造了诸葛亮怎样的一个形象？

生：爱国，忧国忧民。

师：诸葛亮辅佐了两代的君王，分别是先主刘备和后主刘禅，这里的确能看出他爱国。

生：颈联写诸葛亮的忠心。刘备死后，他没有投靠其他的君主，而是继续辅佐刘禅。

师：概括得很好！刘备白帝城托孤的时候，嘱咐诸葛亮，他说了一番话，大意是：丞相您啊，有十倍于曹丕的才华，一定能安邦定国，我那个儿子啊，不才，如果你能够辅佐他的话，就辅佐他，如果他实在不行的话，你就可以自立为王。听了刘备的话之后，诸葛亮是什么反应呢？史书上记载是"涕泣"，也就是泪流满面。诸葛亮流着泪说："我愿意竭尽所能，尽心辅佐，直到死为止。"由此，我们可知诸葛亮对蜀汉政权的确是忠心耿耿的。

师："出师未捷身先死"，说的是公元234年，诸葛亮六出祁山，与司马懿隔着渭水相持了一百多天，同年八月，病逝于五丈原的军营中。诸葛亮北伐就是想实现自己的理想抱负，然而现在却……

生：壮志未酬。

生："三顾频烦天下计"讲的是刘备为统一天下，三顾茅庐，问计诸葛亮。这是赞美诸葛亮在对策中所表现的天才预见。

师：对，表面是写刘备，实际上是写诸葛亮——

生：大智，雄才大略。

师：刘备是何等的英雄人物，他愿意屈尊枉驾去拜见诸葛亮，正说明这一点。

师：有一种观点说，颈联这两句话概括诸葛亮的功业并不准确，因为它只强调"天下计"和"老臣心"，实际上诸葛亮的功绩有很多，比如在河南南阳卧龙岗有副对联。（PPT投影对联，学生齐读对联）大家看这副对联，写了诸葛亮这么多功绩：攻取东川、西川，创造八阵击退东吴的陆逊，七擒孟获，六出祁山，平定南蛮，东联孙权，北拒曹操，等等，为什么只强调两点呢？大家怎么看？

师：大家看资料，《蜀相》写于哪一年？

生：760年。

师：这一年前后杜甫的情况大概是怎样的，有没有同学能够给大家介绍一下？

[PPT展示诗歌写作背景：杜甫定居成都时，"安史之乱"还没有平息，唐王朝仍处于风雨飘摇之中。唐肃宗信任宦官，猜忌如杜甫这样真正忧国忧民

的文人。目睹国势艰危，生灵涂炭，而自身又请缨无路，报国无门，因此对开创基业，挽救时局的诸葛亮无限仰慕，倍加敬重。杜甫经历了一系列仕途打击，其"致君尧舜上，再使风俗淳"的理想彻底落空。当时诗人流落蜀地，寄人篱下，困厄穷途，家事、国事均忧心忡忡，苦闷彷徨。这段时间，他创作了一系列赞扬诸葛亮的诗篇，例如《咏怀古迹·其五》《武侯庙》《八阵图》《古柏行》《诸葛庙》《夔州歌十绝》等等。]

师：我们赏析作品，很多时候要知人论世，杜甫当时的情况就是这样的。我们回过头看看刚刚那个观点，杜甫为什么只强调那两点呢？

生：我认为杜甫想借诸葛亮的典故来表达自己的志向。

师：他的志向是？

生：辅佐国君，让国君成为一代明君。

师：当时是乱世，诸葛亮也身处乱世，杜甫希望跟诸葛亮一样做个贤相。还有，他强调"忠心"的一面，这跟当时的背景有关联（皇帝信任宦官），从这个角度去看的话，杜甫除了赞美诸葛亮的雄才大略、丰功伟绩、忠心耿耿，还有什么意味在里面？是不是还有对圣主贤相的渴望？

生：对。

（2）学生读颈联、尾联。语气：赞美，仰慕；惋惜，伤感。

（3）师："长使英雄泪满襟"中的"英雄"指谁？能理解成是杜甫本人吗？

生：我觉得不是指杜甫，应该是指所有像诸葛亮那样有政治抱负的人。

师：杜甫没有政治抱负吗？

生：也有。"英雄"指一类人。

师：所以这个"英雄"可以指杜甫本人，也可以理解成像诸葛亮那样有抱负但最终没有实现的仁人志士。《蜀相》最有名的两句可以说就是尾联的这两句。我给大家讲两个小故事：一个故事是，中唐时期有位政治家叫王叔文，他倡导了"永贞革新"，运动失败之后，就曾经反复吟诵此诗，为之流泪不止。还有一个故事，南宋爱国将领宗泽，因为忧愤国事成疾，临终之前也是念着"出师未捷身先死，长使英雄泪满襟"之后，才三呼渡河而亡的。所以，杜甫也道出了仁人志士们的心声。著名的古典文学研究学者周汝昌先生有过一番见解。

（PPT展示：有人问："长使英雄泪满襟袖"的"英雄"，所指何人？答曰：是指千古的仁人志士，为国为民，大智大勇者是，莫作"跃马横枪""拿刀动斧"之类的简单解释。老杜一生，许身稷契，志在匡国，亦英雄之人也。说此句实包诗人自身而言，方得其实。然而，老杜又绝不是单指个人。心念武侯，高山仰止，也正是寄希望于当世的良相之材。他之所怀者大，所感者深，以是之故，天下后世，凡读他此篇的，无不流涕，岂偶然哉！——周汝昌鉴赏《蜀相》)

师：杜甫叹息诸葛亮的壮志未酬，实际上也是在抒发自己功业未遂、抱负难施的忧伤。像刘备、诸葛亮这样的君臣际遇可以说是百年难遇，甚至是千年难遇的，但是就是有这样的际遇，诸葛亮的理想依然没有实现，感伤之情就更深一层了。

（4）师（小结）：通过对诸葛亮形象的赏析，我们知道了《蜀相》跟许多的咏史怀古诗一样，密切联系现实，密切联系自身。它不是为咏史而咏史，也不是为歌颂诸葛亮而歌颂诸葛亮，而是借赞美、仰慕诸葛亮的雄才大略、丰功伟绩、高风亮节和忠心耿耿来表达自己对英雄的敬意，表达对圣主贤相的渴望，同时也借感叹英雄的功业未遂来表达自己壮志未酬、抱负难施的忧伤。

**4. 首联、颔联赏析**

（1）师：首联"丞相祠堂何处寻？锦官城外柏森森"，这里的景有什么特点？

生：幽静。

师：对，在成都郊外，地理位置偏僻，鲜有人去瞻仰。还有吗？大家注意"柏"这个意象。"柏森森"是一种什么感觉？

生：肃穆。

（2）师：颔联"映阶碧草自春色，隔叶黄鹂空好音"。

生1：这是乐景。

生2：这是哀景。

师：有人说这是乐景，有人说是哀景。为什么说是乐景？春草碧绿，黄鹂鸣叫。为什么说是哀景？碧草春色，黄鹂鸣叫，如此美景却无人欣赏啊。所以这两句也写出丞相祠环境的幽静，先贤功绩渐渐被人遗忘。

（PPT展示：也表现了诗人怀古的寂寞，对诸葛亮的怀念以及世无贤才的感伤。碧草春色、黄鹂好音，入一"空"字，便凄清至极。）

师：首联、颔联表面写景，实则也在抒情，这正应了王国维先生的一句话———切景语皆情语。

**5. 生再读全诗**

（略）

**6. 拓展阅读，感悟杜甫对诸葛亮的深情**

［PPT展示：《咏怀古迹·其五》：诸葛大名垂宇宙，宗臣遗像肃清

高。三分割据纡筹策，万古云霄一羽毛。伯仲之间见伊吕，指挥若定失萧曹。运移汉祚终难复，志决身歼军务劳。《八阵图》：功盖三分国，名成八阵图。江流石不转，遗恨失吞吴。《武侯庙》：遗庙丹青落，空山草木长。犹闻辞后主，不复卧南阳。还有《古柏行》《诸葛庙》《夔州歌十绝》……]

**7. 谈谈你眼中的杜甫**

用"一个（　　　）的杜甫"来介绍，你会填什么词或短语？为什么会填这个词或短语？

**板书设计：**

蜀相　杜甫

诸葛亮形象：爱国、雄才大略、丰功伟绩、高风亮节、忠心耿耿、壮志未酬

杜甫情感：赞美、仰慕、叹惋、同情

景：幽静、肃穆、寂寞（一切景语皆情语）

方法：以意逆志、知人论世

# 三、扫码观看逻辑课堂建构案例系列资料

扫码观看《蜀相》
课堂实录

扫码观看《蜀相》
教学课件

扫码观看《蜀相》
朗读素材

扫码观看《蜀相》
学案设计

# 清秋节里长亭别　泪眼无语千古绝

## ——《雨霖铃·寒蝉凄切》教学设计

陈小娟

# 一、逻辑课堂建构说明

课堂依次品读"寒蝉凄切，对长亭晚，骤雨初歇""都门帐饮无绪，留恋

处兰舟催发""执手相看泪眼，竟无语凝噎""念去去，千里烟波，暮霭沉沉楚天阔""今宵酒醒何处？杨柳岸，晓风残月""此去经年，应是良辰好景虚设。便纵有千种风情，更与何人说"六个画面，带领学生通过初读、鉴赏、诵读进而体验词人柳永当时那种离愁别恨的浓情。整节课哀婉凄切、深情动人，连听课教师都感叹：这节课给教师提供了一种如何用体验法去鉴赏诗词的范例。诗词的教学不是干巴巴地讲作者的情感和写作技巧，而是教会学生如何站在作者的立场，设身处地地去诵读，去体验。本节课的教学设计体现了五个定位，带领师生在诗词呈现的画面中，体验了词人的离情与仕情。

**1. 课堂起点——文本解读**

区别于其他教师仅仅对作者情感、手法的理解与概括，或是将词中夹杂的前途不可知、人生不得意的宦海仕情大肆渲染，笔者觉得词人此时此刻与恋人的分别所自然流露出来的情感尤其值得关注，词人那种眷念不舍甚至悲痛欲绝进而对生活产生绝望的心情，一定要反复诵读、深入挖掘并切身体验，才能如临其境，感同身受。从这个意义上讲，体验词人眷念绝望的悲痛情感就极有价值。

**2. 课堂终点——目标定位**

若只是学学技巧、概括词人的情感、掌握鉴赏诗词的方法，是不能真正走入词境，浸入作者的内心深处的，更不能理解此词千古流传的魅力所在，所以，透过对文本的解读，便将本课的目标定位为：带领学生借助想象依次描述六个场景，通过不断的诵读、鉴赏、体验，浸入词境，真正体会《雨霖铃》清寒凄切的意境和词人离别时眷念、孤寂、悲痛、绝望的情感。

**3. 逻辑建构——路径选择**

路径：词人柳永依次描绘了六个画面，其中渗透的情感是层层深入的，我们该如何带领学生一起一步步地、慢慢地去体验词人的情感呢？

方法：让学生发挥自己的想象，站在词人的立场，详细具体且生动形象地描绘词人离别时的场景，并通过诵读、鉴赏、体验，以达到预定路径。

以解决品味画面三"执手相看泪眼，竟无语凝噎"这一环节为例：在船夫一遍遍的催促下，词人与恋人不得不分别，此刻词人的感情五味杂陈，不舍、悲痛又无奈，纵有千言万语，却又无从说起，词人心中那种泣不成声、哽咽不能语、悲痛欲绝的情感，现在的学生是很难体会到的，为了解决这一问题，导入新课时提前播放了音乐《别亦难》，营造了一种忧伤哀婉的气氛，接着带领学生初读、鉴赏、体验前面两个画面，此时学生渐渐地感受到了作者与恋人分别时的凄凉心境。为了让学生体验这种欲哭无泪的情感，笔者补充了古人的分别与现在不同：也许他们这一别将是永别，正所谓"生离死别"。笔者用带着哭控的声调进行范读，并让学生想象着画面反复跟读，最后，笔者惊喜地发现有些学生读得投入、读得深情，甚至眼里还闪着泪光，此刻，笔者感受到教师营造课堂气氛、教学情境，带领学生去体验作者当时的心情，是多么的重要啊。

建构：从播放音乐《别亦难》，营造忧伤的气氛入手—画面一"寒蝉凄切，对长亭晚，骤雨初歇"—画面二"都门帐饮无绪，留恋处兰舟催发"—画面三"执手相看泪眼，竟无语凝噎"—画面四"念去去，千里烟波，暮霭沉沉楚天阔"—画面五"今宵酒醒何处？杨柳岸，晓风残月"—画面六"此去经年，应是良辰好景虚设。便纵有千种风情，更与何人说"，一步步带领学生反复地诵读、鉴赏，去体验词人那种由眷念不舍到茫然孤寂再到悲痛绝望的情感。

这节课伴随着学生一路走下来，笔者既感慨又感动。笔者觉得作为语文教师，唯有潜沉文本，读出文本的个性特质，才能精准地确立目标，才能带领学生真正走入作者的心灵世界，才能身临其境、感同身受。

在今后的课堂设计上，笔者将自觉应用五大定位，琢磨出更好的课堂效果。相信这样的课，将会带给笔者更幸福而感动的课堂享受。

本节课问题链设计如下：

| 教师引领 | 学生预设 | 设计意图 |
|---|---|---|
| 请同学们发挥想象描述一下画面一"寒蝉凄切，对长亭晚，骤雨初歇" | 在一个清秋时节，一场阵雨刚刚停歇，寒蝉在树枝上凄切地叫着，这时，一位装束儒雅、神色黯然的书生和一位衣着淡雅、愁眉不展的俏佳人，相伴来到汴京城外的长亭，两人静坐良久，转眼已是傍晚时分 | 创设思维起点：抓住"寒蝉""长亭""骤雨"这三个意象的内涵，引导学生品读词人在开篇通过层层意象的叠加，特意设置了这样凄冷伤感的背景，抒发了离别前清寒凄切、黯然落寞的心情，为全诗奠定了悲凉的基调 |
| 哪位同学能够发挥想象描述一下画面二"都门帐饮无绪，留恋处兰舟催发" | 当词人面对恋人为自己送别而精心准备的酒宴时，他却毫无心绪，此时的他举杯如有千斤重，"酒入愁肠，化作相思泪"，与恋人不忍分别，唯愿长相厮守，"我欲与君相知，长命无绝衰"，然而，这时船夫根本不理解作者此时的心意啊，不断催促词人上船出发 | 发展思维逻辑：抓住"催发"可以窥见词人与恋人迟迟不愿分手、不忍离开的场景，从乘船的"留恋"，驾船的"催发"这一对矛盾中，可以看出两人爱之深、情之浓。因此，通过画面二中的吃不香、饮不畅，引导学生进一步品味出词人别离的苦味与词人钱别时欲留不能、欲饮无绪的状态 |

| 教师引领 | 学生预设 | 设计意图 |
|---|---|---|
| 画面三"执手相看泪眼，竟无语凝噎"，如此深情的语句，希望同学们能够把握这次难得的情感体验，描绘画面，分享一下你的感受 | 就在船夫一遍遍的催促下，词人与恋人手挽手，面对面，两双泪眼，一种情思，纵有千言万语，也难以诉说内心的痛苦，便只有强忍哽咽，默默相视 | 挖掘思维深度：引导学生初读、鉴赏、体验，并用带哭腔的范读带领学生反复诵读，以体味词人心中那种泣不成声、哽咽不能语、悲痛欲绝的情感。改变学生的思维，由肤浅的概括思维过渡到深刻的体验式思维 |
| 此时真的要乘船远去了，词人的心情可谓五味杂陈，谁能站在词人的立场来设想一下画面四"念去去，千里烟波，暮霭沉沉楚天阔" | 我极目远眺，一望无际的水面上，烟雾弥漫，水波动荡，傍晚的雾气，阴沉压抑，这浩渺动荡的江面就如我起伏难平的内心，如烟的雾气又恰如我郁积心头的愁云。"一重山，两重山。山远天高烟水寒，相思枫叶丹。"我的船只在不断前行，离自己心爱的人越来越远，真是"离愁渐远渐无穷，迢迢不断如春水"啊 | 建立思维链接：这个环节构成词人离别前与离别后两种不同情感的逻辑关联，也是体会作者与恋人分别之后心情的关键转折点。深入柳永的心灵世界，结合词人仕途渺茫、人生不得意的经历，为后面体验作者那种孤寂、思念甚至绝望的心情做好准备 |
| 画面五"今宵酒醒何处？杨柳岸，晓风残月"，词人酒醒之后的感受如何？他又看到了哪些景象？哪位同学分享一下你脑海中的画面 | 词人酒后醒来，船已靠在杨柳岸，只见习习晓风吹拂萧萧疏柳，一弯残月高挂杨柳梢头，一夜的煎熬，词人分明已憔悴许多 | 提升思维品质：着重鉴赏"酒""杨柳""晓风""月"这四个传统意象，明确词人正是借助这一层又一层的意象，来表达自己那种离别之后无限眷念与相思难眠之苦 |
| 画面六"此去经年，应是良辰好景虚设。便纵有千种风情，更与何人说"，这是词人想象今后漫长的岁月当中将要度过的生活情境，有哪位同学能够调动自己的生活经历体验一下词人的情感世界呢 | 此去一别，年复一年，何时才能再会？今后，春花秋月、风花雪月，再美的景色对作者来说一如过眼云烟，勾起不了半点兴致，因为人生的乐趣莫过于得一知己，如今"人面不知何处去，桃花依旧笑春风"，再想想今后漫漫人生路，自己将在无尽的思念中度过，在寂寞寡欢中度过，人生真是一段苦旅啊 | 形成思维逻辑：引导学生通过对六个画面的想象与描绘，体验词人那种由分别前的眷念不舍到分别后的孤独寂寞，对生活百无聊赖甚至绝望的心情。随着这一步步走下来，学生能够由初入词境到渐入佳境，最后与作者同呼吸，共命运 |

## 二、逻辑课堂建构教学设计

【教学目标】

（1）知识目标：以读带析，在朗读中体味《雨霖铃》清寒凄切的意境和离别孤寂、茫然失意的情感。

（2）能力目标：借助想象描述场景，带领学生进入词境，真正体会词人的悲情世界，以期达到感同身受。

（3）态度情感目标：创设情境，引导学生对诗词美的体验，培养学生的人文素养。

【教学过程】

**1. 导入新课**

师：同学们，刚刚听到的这首歌曲，你们对里面的歌词一定很熟悉吧！"相见时难别亦难，东风无力百花残。春蚕到死丝方尽，蜡炬成灰泪始干。"（李商隐《无题诗》）"相见时难别亦难"道出了天下有情人的共同心声——离别之难。正因如此，我们古人才会留下"剪不断，理还乱，是离愁，别是一番滋味在心头"这样脍炙人口的诗句。那么，今天这堂课，就让我们一起走进北宋词人柳永的情感世界，去领略他在《雨霖铃》这首词中所营造的离愁别绪。

**2. 品读体验**

（1）指导吟诵，初入意境

师：正所谓"欲走入诗境，必先朗读"，下面我们一起来有感情地来朗诵这首词。

（生齐读）

师：同学们读出了一点感情，但整体上显得太过平淡，我想问问大家全词的感情基调应该是怎样的？

生：凄凉哀婉。

师：所以，我们在朗读时要注意语速和语调。如"对——长亭晚""竟——无语凝噎""念——去去，千里烟波，暮霭沉沉楚天阔""便——纵有千种风情，更与何人说"，我们就应该放慢语速，用低沉哀婉的语调来朗读。

师：下面我们再次齐读。

（生齐读全词）

师：相比第一次感情、语速方面好多了，当然，要真正读出感情必须走入词境，设身处地地去体会词人当时的心境。

（2）想象画面，深入意境

师：苏轼曾说"诗中有画，画中有诗"。谢玉英也评价柳永的词"描情写景，字字逼真"。接下来我们将抓住词中一些"描情写景"的语句，想象画面，来领悟作者深沉抑郁的情感。

（PPT展示：画面一"寒蝉凄切，对长亭晚，骤雨初歇"。）

师：下面我们请一位同学发挥你的想象描述一下这个画面。

生：在一个清秋时节，一场阵雨刚刚停歇，寒蝉在树枝上凄凄地叫着，这时，一位束装儒雅、神色黯然的书生和一位衣着淡雅、愁眉不展的俏佳人，相伴来到汴京城外的长亭，两人静坐良久，转眼已是傍晚时分。

师：你能想象他俩在离别之前的心情吗？

生：清寒凄切，神情暗淡，情绪低落。

师：概括得很准确。那么谁来说说"寒蝉"这个意象的含义？

生："寒蝉"就是"秋蝉"，叫声低微，因秋深天寒，秋天的蝉是活不了多久的，正所谓"蝉之将死，其鸣也哀"。而通过"寒"修饰"蝉"更能衬托出离别时场景的清冷凄寒，让人感觉到寒风阵阵，而凄切的蝉鸣使人想到离人的哽咽哭泣。

师：大家想想词人为何要写"长亭"呢？

生："长亭"是送别之地，一直以来被视作离别的象征，"对长亭晚"应该是两人相对而坐，饯行离别，依依不舍一直到日落西山，只好在傍晚出发。

师：李白曾有诗云："何处是归程？长亭更短亭。"王褒也说过，"河桥望行旅，长亭送故人"。可见词人有意选取"长亭"是为了表达自己那种依依不舍的离情。

（PPT展示："何处是归程？长亭更短亭""河桥望行旅，长亭送故人"。）

师：那么"骤雨"又是什么意思呢？

生：暴雨、阵雨。

师：正所谓"一场秋雨一场寒"，刚刚下过的冷雨又为离别增添了几分寒意。凄厉的蝉声，声声嘶叫，清秋的骤雨，凄切清冷，傍晚的长亭，真是"秋风秋雨愁煞人"呐！词人想到即将与自己心爱的恋人分别，真是肝肠寸断。为了表达自己内心的情感，词人开篇通过层层意象的叠加，设置了这样凄冷伤感的背景，奠定了悲凉的基调。

师：其实，为了一开始就大肆渲染这种悲怆凄凉的基调，柳永特意选取了《雨霖铃》作为词牌名，据说这个曲目是由唐玄宗所创。当初，唐玄宗听到雨中铃声响起，想到了自己已经去世的爱妃——杨贵妃，故作此曲以示怀念自己与贵妃间那凄美的爱情。夜雨闻铃断肠声，曲调颇极哀怨，大家可以想见这一词调悲怆低回、凄楚欲绝的情味。

师：下面我们就带着凄切落寞的心情来齐读画面一中的这几句词。

（生齐读）

师：有一点落寞感，但还不够味儿，我们再读。

（生再次齐读）

师：好多了，感情节奏都出来了，看来我们还是要多朗诵，多去体味词人的心境。

师：在骤雨初过的傍晚，秋蝉发出凄切哽咽地哀鸣声，一对恋人正在长亭设宴告别。面对此情此景，面对美酒佳肴，词人却"都门帐饮无绪，留恋处兰舟催发"。

（PPT展示：画面二"都门帐饮无绪，留恋处兰舟催发"。）

师：有哪位同学能够发挥你的想象描述一下这个画面呢？

生：当词人面对恋人为自己送别而精心准备的酒宴时，他却毫无心绪，此时的他举杯如有千斤重，"酒入愁肠化，作相思泪"，与恋人不忍分别，唯愿长相厮守，"我欲与君相知，长命无绝衰"，然而，这时船夫根本不理解词人此时的心意，不断催促词人上船出发。

师：还有诗词的引入，很恰当。那么，带着你的理解，你能把这几句朗诵一下吗？

（生单独朗诵）

师：你能借助想象进行朗诵，比较到位。

师："催发"可以窥见词人与恋人迟迟不愿分手、不忍离开的场景，从乘船的"留恋"、驾船的"催发"这一对矛盾中，可以看出两人爱之深、情之浓。因此，通过画面二中的吃不香、饮不畅可以品味出词人别离的苦味，也写出了词人饯别时欲留不能、欲饮无绪的状态。

师：让我们带着缠绵不舍的心情朗读这几句词。

（生齐读）

师：碧水悠悠无意留人，兰舟船夫无情催人，在催促声中，不愿别，不忍别，可又不得不别，于是词人与恋人"执手相看泪眼，竟无语凝噎"。

（PPT展示：画面三"执手相看泪眼，竟无语凝噎"。）

师：如此深情的语句，希望同学们能够把握这次难得的情感体验，有谁愿意描绘画面分享一下你的感受。

生：就在这船夫一遍遍的催促下，词人与恋人手挽手，面对面，两双泪眼，一种情思，纵有千言万语，也难以诉说内心的痛苦，便只有强忍哽咽，默默相视。

师：你可以用一些词语表达你作为词人柳永此时此刻的心境吗？

生：伤心到极处。

师：再多的不舍但必须分离，也许这一别将是永别，正所谓"生离死别"。

生：欲语泪先流，泣不成声，哽咽不能语，悲痛欲绝来形容都不为过。

师：嗯，情感把握很准，不错！

师："执手""执子之手，与子偕老"，手连着心，生离死别，执手相对凝视。"流泪眼看流泪眼，断肠人对断肠人""相顾无言，惟有泪千行"，纷飞的泪滴中已藏有无尽的情怀，凝结了无限的话语，甚至凝滞了周围的空气。有道是"别有幽愁暗恨生，此时无声胜有声"，这一无声的注视将往日这种悲痛、眷恋又无可奈何之情镌刻在泪眼中，真是"一切尽在不言中"啊！这对恋人伤心失魄之情境，令"离人"如临其境，不觉哀婉同悲，正如庄子所云"真悲无声而哀"。

（PPT展示："流泪眼看流泪眼，断肠人对断肠人""生怕离怀别苦，多少事、欲说还休""相顾无言，惟有泪千行""真悲无声而哀"。）

师：下面就让我们带着这种哽咽欲哭、悲痛欲绝的心情来朗读画面三。

（生齐读）

师：有欲哭无泪、带哭腔的感觉。看来同学们越来越入境了。

师：正所谓"送君千里，终须一别"，举手长劳劳，二情同依依，词人站在河边，"念去去，千里烟波，暮霭沉沉楚天阔"。

（PPT展示：画面四"念去去，千里烟波，暮霭沉沉楚天阔"。）

师：此时真的要乘船远去了，词人的心情可谓五味杂陈。谁能站在词人的立场来设想一下这个画面呢？

生：我极目远眺，一望无际的水面上，烟雾弥漫，水波荡漾，傍晚的雾气，阴沉压抑，这浩渺烟波的江面就如我起伏难平的内心，如烟的雾气又恰如我郁积心头的愁云。"一重山，两重山。山远天高烟水寒，相思枫叶丹。"我的船只在不断前行，离自己心爱的人越来越远，真是"离愁渐远渐无穷，迢迢不断如春水"啊！

师：好一个"离愁渐远渐无穷"，你能把词人无限无尽的离愁分析出来，很了不起！

师：那么，"烟波""暮霭沉沉"给人什么样的感觉？

生：云雾低沉，傍晚的雾气笼罩着整个江面，给人一种迷茫，很沉重压抑的感觉。

师：说得很准确，那么"楚天阔"该怎么朗读？词人又流露出一种怎样的情感呢？

生："阔"应当是空阔辽远的，给人一种豁然开朗、胸襟广阔之感觉，但是与"烟波""暮霭"不协调，若理解为"离愁之广泛"，也过于牵强。

师：嗯，那么"楚天阔"到底该如何解释呢？

生："楚地"主要位于江南，应当是柳永此次要前去的地方。

（PPT展示：补充柳永的经历。）

师：我们可以结合作者的生活经历。柳永为人放荡不羁，一生穷困潦倒，功名不扬。少年时到汴京应试，由于擅长词曲，熟识了许多歌妓，并在闲暇时为她们填词作曲。当时有人欣赏柳永的才华并在仁宗面前举荐他，可是仁宗得知柳永非常狂妄，所以对他只批了四个字"且去填词"。也就是这句批语彻底封杀了柳永的仕途人生。前路漫漫，政治上的失意将使得他未来的生活无所保障，也使得恋人也无法一起同行。

生：所以我觉得"楚天阔"是词人设想只要兰舟起碇开行，就会越走越远。辽阔的楚天，衬托出诗人孤身行走的渺小、飘零，也暗示了这对恋人重聚的希望很渺茫，更衬托出词人对未来一切不可预知的茫茫然。

师：正所谓"知人论世"，解析得很全面。

师：浩渺的烟波、沉沉的暮霭、辽阔的天空，全是写景，实际上全是写情，衬托出词人前途茫茫，情人相见无期，感情无以寄托的凄苦，景无边而情无限。分别时的思念本不应该达到悲怆的程度，然而，此次分别既有词人仕途受挫而远离京都的被迫，又有暗含与恋人不知何时相逢的苦楚，因而，词人将官场失意、江湖流落的痛苦感受渗透其间，将这种思念达到悲怆的程度。在这烟雨迷蒙之中，身似浮萍，人生如梦，隐含了词人对未来前途渺茫飘忽的无尽担忧和对今后人生的寂寥惆怅的无限悲叹。

生：与其说在读离别，不如说是在读浪子人生，叹漂泊无依的命运。

师：概括得很准确。接着让我们带着词人的这种茫茫然、飘零失意的感情来朗读这几句词。

（生齐读）

师："多情自古伤离别，更那堪冷落清秋节！"生离死别本已令人黯然神伤，而"自古"二字更是将这一般的感受赋予了更为永恒、普遍的意义。

伤离惜别，并非自我始，自古皆然，是词人把自己的感情赋予了普遍的意义，即自古以来多情的人都会因离别而感伤，更何况"我"正在冷落清秋的时节呢！说明自己的离情比古人更甚一层。因为，此时词人经受的不仅是与恋人的离别，还有仕途的失意、前途的渺茫，而且正好赶上了冷落的清秋、萧瑟的西风，可谓雪上加霜，从而更加痛苦难忍。这真是伤心人偏逢伤心景，这叫人如何能忍受啊！生离死别莫过于此！所以，"自古"两字跨越了时空，感动了无数有类似处境的人。无论什么人，都能从中听到自己心灵的回声。

师：词人想象与恋人分别之后今宵必定情丝难断，愁绪难排，只好借酒浇愁，第二天拂晓，词人酒后醒来，发现"杨柳岸，晓风残月"。

（PPT展示：画面五"今宵酒醒何处？杨柳岸，晓风残月"。）

师：词人酒醒之后的感受如何？他又看到了哪些景象？哪位同学愿意跟我们分享一下你脑海中的画面？

生：词人酒后醒来，船已靠在杨柳岸，只见习习晓风吹拂萧萧疏柳，一弯残月高挂杨柳梢头，一夜的煎熬，词人分明已憔悴许多。

师：画面描绘得比较细腻形象，谁能说说词人的感受呢？

师：看到"酒"让我们想到范仲淹的"酒入愁肠，化作相思泪"，王安石的"一樽相别酒，千里独归人"，更何况这幅画面又是出现在一个特定的时刻——"酒醒"之后。离人饮酒，为的是消愁，但李白说过"举杯消愁愁更愁"。周邦彦也说"酒已都醒，如何消夜永"。这时的内心痛楚，真有点像麻醉药失效后的伤口所发出的阵痛那样，格外的锐利，格外的钻心，非切身感受者难以想象得到。

（PPT展示有关"酒"的词句。）

生：离开恋人之后，词人整天借酒浇愁的是离愁相思之情。

师："杨柳"在古诗中常常出现，例如——

生："昔我往矣，杨柳依依。"

师：除此之外，还有"伤心路边杨柳春，一重折尽一重新。今年还折去年处，不送去年离别人"，再如"纤纤折杨柳，持此寄情人。一枝何足贵，怜是故园春""柳条折尽花飞尽，借问行人归不归"，刘禹锡的"长安陌上无穷树，唯有垂杨管别离""年年柳色，灞陵伤别"等。因为它的枝条柔嫩"缠缠绵绵到天涯"，古人又有折柳送行的习惯，取柳依依之态。此外，"柳"与"留"谐音，含挽留之意。所以，离别的人一看到杨柳，就会浮现出赠柳惜别的情景，就会想起离别时依依不舍的场面，心中就会涌起一缕缕愁绪，正所谓"载酒送春别，折柳系离情"。

（PPT展示有关"杨柳"的词句。）

生：通过"杨柳岸"可以看出词人惜别的离情。

师：看到"月"我们不禁吟诵出——

生："我寄愁心与明月，随风直到夜郎西""月有阴晴圆缺，人有悲欢离合"。

师：积累得不错，当然还有"明月千里寄相思""残月脸边明，别泪临清晓""江上柳如烟，雁飞残月天""惆怅晓莺残月，相别，从此隔音尘"……可见，"月"这一意象与"思乡怀人"的主旨有关。那么，透过"残月"这一意象，你们能说说自己的感触吗？

（PPT展示有关"月"的词句。）

生：文中词人酒醒以后已是晓风拂面、残月当头的清晨，此时清秋的晓风是凉的，当空的残月是冷的。透过"残月"，我感受到了词人在凄清冷落的清晨，睹月思人，月缺人不圆，心中的离愁更添了几分。

师：感触很深，分析得很恰当。词人借助这一层又一层的意象，就是为了表达自己那种依依不舍之情，相思难眠之苦。

师：帐饮时已然无绪，更何况酒醒之后呢？此时"执手相看泪眼"的场景才刚刚离去，"杨柳岸，晓风残月"的冰冷却又缠绕心扉。这里的杨柳、晓风、残月都是最能触动离愁的事物，词人却集中了一系列极易触动离愁的意象，创造了一个凄清冷落的怀人境界。梦醒时分，便是苦旅之始；杨柳依依在，佳人却在水一方，词人所选景物无不触动离愁，真是"寻寻觅觅，冷冷清清，凄凄惨惨戚戚！""一切景语皆情语"，读后倍感黯然神伤。

师：同学们，让我们以思念惆怅的心情来再次朗读这些词句。

（生齐读）

师：酒醒后，离愁别恨更浓，一切怅然若失，从此以后，扁舟一叶，孤独一人，天涯飘零，"此去经年，应是良辰好景虚设。便纵有千种风情，更与何人说？"

（PPT展示：画面六"此去经年，应是良辰好景虚设。便纵有千种风情，更与何人说？"）

师：这是词人想象今后漫长的岁月当中将要度过的生活情景，有哪位同学能够调动自己的生活经历体验一下词人的情感世界？

生：此去一别，年复一年，何时才能再会？今后，春花秋月、风花雪月，再美的景色对作者来说一如过眼云烟，勾不起半点兴致，因为人生的乐趣莫过于得一知己，如今"人面不知何处去，桃花依旧笑春风"，再想想今后漫漫人生路，自己将在无尽的思念中度过，在寂寞寡欢中度过，人生真是一段苦旅啊！

师：嗯，不错，有画面感，有情感。你能将词人这种别后不能再聚的苦楚读出来吗？

（生深情朗诵）

师：声音低沉，比较贴切，但情感的投入不够。

（师范读）

师：谁能具体说说"此去"两句的深意？

生："此去"两句是词人推想别后长久的寂寞，此后的岁月只能是虚度美好年华。

我们可以想象曾经两人相聚的时候，每逢良辰美景都会一同携手游玩，甚至秉烛夜谈，可是如今的分别将是年复一年，不知归期。所以现在即使有良辰好景，也不能引起作者的兴致，只会勾起对恋人的愈加思念，徒增作者的烦恼。因为在词人心里，倘若没有了情投意合的知音，再美的时光与景色都没有意义。可见此时作者的心情已孤独沮丧至极。

师：好，你已慢慢地走近了词人，情感体验也更深入了些。那么，"便纵有"两句呢？若能跟词人产生共鸣，哪位同学愿意分享一下？

生："便纵有"两句，从上两句的遭遇深入下去，"同是沦落人，君心似我心"。伊人是可以抚慰、安顿他那颗因漂泊天涯而焦虑的心灵的，从伊人那里柳永可以寻得理解与慰藉，但是今后的悠长岁月里，词人不再看到与之缠绵的恋人，正所谓"一日不见，如隔三秋"，更何况是"此去经年"呢？因此，纵然有千万般柔情蜜意，也只能郁结于心，又能向谁去诉说呢？至此，词人由"今宵"写到"经年"，由"千里烟波"写到"千种风情"，由"无语凝噎"写到"更与何人说"，感情愈转愈深。

师：有理有情，分析得很到位。

师：同学们，让我们用词人当时那种孤独寂寞，对生活百无聊赖甚至绝望的心情一起朗诵最后四句。

（生齐读）

师：好，读得很忧伤深情，把握得不错。

师：我们知道，《雨霖铃》是柳永的代表作之一，是作者离开汴京时与恋人的话别之作。可以看出，作者当时在仕途上失意，不得不离京远行。

这种郁闷的心情与失去爱情慰藉的痛苦交织在一起，便谱成了这首词的主旋律。六幅画面层层递进，感情层层深入。从起首的离别之境，到分别时的难舍之情；从苦痛的心理描写，到想象分别后的孤寂；从今宵到经年；从都门、长亭到晓风残月，可谓处处写景、景景含情，情随景生、景随情移，情景交融，感人至深，深刻表现了词人与恋人真挚的感情和刻骨铭心的离别以及由此带来的漂泊四海、前途渺茫的精神苦闷。可以说词中的爱情令"相爱之人"同鸣同泣，离情令"离人"哀婉同悲，"仕情"令"仕人"感同身受。这种得到不同人群的广泛共鸣的真挚情感，正是《雨霖铃》感动后人的灵魂所在。

师：通过描述画面走近词人，同学们身临其境，感同身受，下面我们带着自己各自的感受一起来朗诵全词。

（生齐读）

师：通过想象、分析、体验，此次同学们读得声情并茂！听说班上有位朗诵能力很强的同学，我们让她试试。

（生深情朗诵）

师：有节奏，更有深情，语调也有起伏，确实了不得！

师：王国维在《人间词话》中说"词以境界为最上"。天各一方的思念，天涯羁旅的孤寂，怀才不遇的痛苦，这些真切的情感充溢于柳永的词中，词人以景抒情，以情衬景，写活了景物，也鲜活了画卷。所以我认为这首词之词境堪称绝妙。下面我们一起来看看名家对柳词的评价。

（PPT展示名家的评价。）

师：华兹华斯说："所有优秀的诗歌，都是强有力的情感的自发流露。"正是因为柳永的词以其真挚敏感的心灵和一腔真情，为古往今来的读者营造了一个个温馨凄美的情感世界，感染了一代又一代的读者，加上他的语言自然流畅，雅俗兼备，这些特点使得柳词上至达官贵人，下至平民百姓都能理解和欣赏。

师：最后让我们再听听名家朗诵。我想说，我们这堂课只是一个起点，我希望同学们今后在赏析一首词的同时，一定要走心入境，尽量站在作者的立场，或是调动自己的些许经历，去真正走进作者的情感世界，你才能做到身临其境、感同身受。

板书设计：

清秋节里长亭别　泪眼无语千古绝

雨霖铃　柳永

感情基调：凄凉哀婉

离别前——清寒凄切、默然落寞

离别时——缠绵哽咽、飘零茫然

离别后——相思难眠、孤寂难耐

## 三、扫码观看逻辑课堂建构案例系列资料

扫码观看《雨霖铃·寒蝉　　扫码观看《雨霖铃·寒蝉　　扫码观看《雨霖铃·寒
凄切》课堂实录　　　　　　凄切》教学课件　　　　　蝉凄切》素材资料

扫码观看《雨霖铃·寒蝉　　扫码观看《雨霖铃·寒蝉
凄切》朗读素材　　　　　　凄切》学案设计

念亡妻梦里千行泪　悲际遇无处话凄凉

——《江城子·乙卯正月二十日夜记梦》教学设计

王伟芳

## 一、逻辑课堂建构说明

课堂从"不一样的苏轼"导入，带领学生先后体悟词人对亡妻"思念

而不得见的悲痛"，以及词人寄予其中的"自身际遇的悲凉感慨"，最后以"一样的苏轼"作结。整节课思路清晰，逻辑顺畅，教师对于文本的解读细致而深刻，课堂问题链的设计清晰合理，学生的学习过程由浅入深。现就本节课的课堂逻辑建构做以下说明。

**1. 课堂起点——文本解读**

苏轼的这首《江城子·乙卯正月二十日夜记梦》被誉为"千古第一悼亡词"，历来以其深情而著称，打动过无数读者，但如果仅仅将文本的解读停留在"思念而不得见的悲痛"这个层面显然是将本词简单化了。苏轼作为文学史上一个独特的存在，他给我们留下了很多传颂千古的名篇："明月几时有，把酒问青天""大江东去，浪淘尽，千古风流人物""归去，也无风雨也无晴"……似乎这一句句诗词堆积起来给了我们很多个"不一样的苏轼"，豪放的，旷达的，多情的……但细究起来，我们依然能够隐隐约约感觉到，这很多个苏轼的背后，始终有一个"一样的苏轼"——以儒家思想为生命底色的苏轼。他渴望建功立业，渴望实现自我的人生价值，因为理想不得实现，他才会失落、孤独、郁愤，他也会用庄情释理，以佛学释怀，让我们时而看到乐观豁达的苏轼，时而看到忧伤低沉的苏轼，但他作为儒家读书人的生命底色却一直都没有变过。

当他经历了妻子病死，老父病逝，政治争斗，为御史诬陷而被贬为杭州通判、移知密州等一系列人生的变故之后，已去世十年的亡妻偶然出现在他梦里时，梦里美丽的妻子正对镜梳妆，爱人四目相对，却"相顾无言，惟有泪千行"，这是怎样的一种深沉的感慨与悲凉。细读这首词，我们会被词人"不思量，自难忘"的深情打动，但我们也会发现，苏轼要抒写的，除了对亡妻的思念，恐怕更深的还是对自己这十年来"自身际遇的悲凉感慨"。恰是因为他将自身际遇的感慨与对亡妻的思念之情融合到了一起，所以整首词读起来在感人、深情之余多了些凄凉与深沉，词的厚度才得以增加。

**2. 课堂终点——目标定位**

教师解读到的东西是否要全部在课堂上呈现？这也是我们一直思考的一个问题。可以肯定地说，课堂上的呈现一定要有所取舍，教师要依据学生实际情况以及课堂的追求做一个取舍。经过权衡与思考，本节课的课堂目标定位如下：

（1）了解悼亡词的基本知识及本词"千古第一悼亡词"的价值，丰富学生的"苏轼印象"。

（2）通过多种方法的赏析体悟，感悟苏轼对亡妻痛彻心扉的思念之情。

（3）通过关键字词的解读与赏析，发掘词人隐含其中的对自身际遇的悲凉感慨。

### 3. 逻辑建构——路径选择

纵观我们现在的语文课堂，很多教师为了方便，直接将课堂板块化，板块与板块之间界限清楚，这样的课堂乍一看思路清晰，课堂内容一目了然，可细看便会发现，这样的课堂板块与板块之间关联度不高，逻辑上基本呈现一种并列式的关系，有时候板块之间的先后顺序互换一下对课堂没有任何的影响。实际上这样的课堂不太符合语文学科核心素养中"思维发展与提升"的要求。而逻辑课堂，旨在追求一种在逻辑上由浅入深、由易到难、由无到有的层进式课堂，我们在课堂上的问题设计以"问题链"的形式呈现，讲求环环相扣，层层递进。

故本堂课的执教者以"不一样的苏轼"导入——根据事理调整本词顺序，由梦境到现实，体悟词人"思念而不得见的悲痛"——通过对比原词与调整后的词，挖掘词人寄予其中的"自身际遇的悲凉感慨"——以"尘满面、鬓如霜"的老者形象为突破口，分析得出"一样的苏轼"。

本节课主要问题链设计如下：

| 教师引领 | 学生预设 | 设计意图 |
|---|---|---|
| 如果你做了一个让你很有感触的梦，现在要写篇文章来记梦，你会怎么写 | 先写梦中的情景，再写梦醒后的所思所想 | 创设思维起点：此问题意在引导学生按照常理的记梦顺序来重新调整本词，由梦境到现实，现实的所思所想皆由梦境而起，为后面体悟词人的情感做好铺垫 |
| 苏轼梦里出现的亡妻是个什么样的人？为何让词人十年仍念念不忘 | 生活上的伴侣，文学上的知音，事业上的贤内助 | 提供思维链接：此环节的设计是为了帮助学生更好地理解词人对于亡妻的思念之情，对其情感的真实性、合理性有所了解，为后面学生自由体悟搭建好情感支架 |
| 请同学们细细品读一下，说说整首词当中，最打动你的是哪一句，并说说理由 | "夜来幽梦忽还乡，小轩窗，正梳妆。相顾无言，惟有泪千行。""十年生死两茫茫，不思量，自难忘。""纵使相逢应不识，尘满面，鬓如霜。""料得年年肠断处，明月夜，短松冈。" | 挖掘思维深度：此环节为自由体悟环节，学生通过小组合作、交流、展示，将自己对本词的理解讲述出来，教师适当补充相关资料，让学生的体悟更深入、到位，基本完成对"思念而不得见"的悲痛的体悟 |

| 教师引领 | 学生预设 | 设计意图 |
|---|---|---|
| "纵使相逢应不识，尘满面，鬓如霜。"这句，从妻子去世至今也就十年而已，苏轼还不到四十岁，怎么就"尘满面，鬓如霜"了呢 | 因为思念妻子，因为自身历经沧桑 | 建立思维深度：此问题为过渡问题，意在引导学生从"思念而不得见的悲痛"体悟中走出来，去挖掘本词更深层次的内涵 |
| 苏轼这十年都经历了什么 | 至亲去世、贬官…… | 提供思维链接：此环节的补充为学生理解词人悲凉的自身际遇感慨奠定了感情基础 |
| 对比调整后的词和原词有什么突出的不同？问题1："十年生死两茫茫"这句放在开头，除了生死永隔的绝望，你还能读到些什么？问题2："千里孤坟，无处话凄凉"紧承其后，词人赋予了"凄凉"什么样的内涵 | 问题1：有失去妻子的伤痛，又有时间流逝的感伤，更有生活沧桑的感慨。问题2：十年而不得相见的凄凉；自身十年坎坷遭遇的凄凉 | 提高思维品质：此环节通过对比阅读，引导学生挖掘词人始终萦绕在心间的"自身际遇的悲凉感慨"。因为梦到了亡妻，这种感慨更加悲凉，因为始终都有这种感慨，所以梦里与亡妻相见就更加悲痛。这两种情感的交织让本词更加深沉、厚重 |
| 联系《江城子·密州出猎》《念奴娇·赤壁怀古》等词作，说说该如何理解苏轼在词中塑造的老者形象 | 人未老，心已衰。对"老之将至"的焦虑 | 形成思维逻辑：此环节以"老者"的形象为突破口，联系文学史上如杜甫、陆游等诗人口中的"老者"，来理解词人对于"老之将至"的焦虑背后其实是词人建功立业、实现理想的紧迫感。因为理想无法实现，所以眼看时光流逝，生命老去时，便多了许多焦虑与无奈。这背后其实就是苏轼生命中的"儒家底色" |

## 二、逻辑课堂建构教学设计

【教学目标】

（1）了解本词"千古第一悼亡词"的价值，感悟词人对于亡妻痛彻心扉的思念之情。

（2）通过重组词与原词的对比阅读，发掘词人隐含其中的自身际遇的悲凉感慨。

（3）以"尘满面，鬓如霜"为突破口，探究词中的"老者形象"，解读苏轼的生命底色。

【教学过程】

**1. 导入**

师：同学们，说起苏轼，我们可能会想到高唱着"大江东去，浪淘尽，千古风流人物"的那个大气磅礴的苏轼；会想到吟诵着"归去，也无风雨也无晴"的那个旷达、乐观的苏轼；会想到举杯问月"明月几时有，把酒问青天"的那个浪漫、飘逸的苏轼。但今天，老师想跟大家一起通过这首《江城子》的学习，来认识一个不一样的苏轼。（板书：不一样的苏轼）

**2. 体悟苏轼对于亡妻痛彻心扉的思念之情**

（1）原词重组

师：这首词的标题叫作"江城子·乙卯正月二十日夜记梦"，同学们，如果你做了一个让你很有感触的梦，现在要写篇文章来记梦，你会怎么写？

生：写先梦境，然后写梦醒后的感触和想法。

师：大多数人的思路应该都是这样：先来描述梦境，然后再写梦醒之后的感受和想法，这是比较吻合常规事理的一种写法。比如说我们熟悉的巴金的《再忆萧珊》，就是这样写的，同学们来齐读一下它的开头。

生（齐读）：昨夜梦见萧珊，她拉住我的手，说："你怎么成了这个样子？"我安慰她："我不要紧。"她哭起来，我心里难过，就醒了。

师：接下来巴金老人就写了他梦醒后的所思所想，回忆了与萧珊过往的点滴。如果按照这个事理逻辑来的话，今天我们要学习的《江城子》应该是这样的，让我们齐读一遍。

生（齐读）：夜来幽梦忽还乡，小轩窗，正梳妆。相顾无言，惟有泪千行。十年生死两茫茫，不思量，自难忘。纵使相逢应不识，尘满面，鬓如霜。千里孤坟，无处话凄凉。料得年年肠断处，明月夜，短松冈。

师：有个地方同学们读得不是很准确，这里"不思量"的"量"应该怎么读？

生：量（二声）。

师："量"读作二声的时候一般解释为什么意思？

生：测量，量长短。

师：很好，但在这里显然不是这个意思，此处应该是想念、记挂的意思，所以要读作"思量"，轻声。标题叫作记梦，我们一起先来看看苏轼梦到了什么。

生：夜来幽梦忽还乡，小轩窗，正梳妆。相顾无言，惟有泪千行。

生：苏轼梦回故乡，看到自己的妻子。

生：亡妻。

师：很好，准确来讲是亡妻。

生：梦里看到自己的亡妻正在对镜梳妆打扮，两个人你看看我，我看看你，一句话都没说，只是泪流满面。

（2）补充：背景资料——王弗其人

师：梦里对镜梳妆的正是词人的结发妻子王弗，她十六岁嫁给了苏轼。年轻貌美、知书达理的她对公婆恭谨，对丈夫温柔体贴，与苏轼可谓才子佳人，琴瑟和鸣。在苏轼的《亡妻王氏墓志铭》中，有这样一些记载，我们一起来读一读。

生：王弗其人，"其始，未尝自言其知书也。见轼读书，则终日不去，亦不知其能通也"。"其后，轼有所忘，君辄能记之。问其他书，则皆略知之，由是始知其敏而静也"。"子去亲远，不可以不慎"（做人做事要处处小心），"恐不能久，其与人锐，其去人必速"（交友要慎重）。

师：于苏轼而言，王弗既是生活上的伴侣，又是文学上的知音、事业上的贤内助。可就是这样一个亦妻亦友的知己，结婚十一年后，却不幸于公元1065年5月病故。十年后的1075年，也就是标题中所写的乙卯年正月，苏轼梦回故乡，再见亡妻，写下了这篇《江城子·乙卯正月二十日夜记梦》。了解了写作背景后，让我们一起再来读一遍全词。

（生齐读）

师：按照整首词的基调来看，大家刚刚的语速还是偏快了一点，稍微慢一点会更好。

（生再次齐读）

师：相比上次，语速慢了些，也有些感情，当然要真正达到声情并茂的效果，我们必须要透过诗词来体悟情感。

（3）体悟情感——思念而不得见的伤痛

师：深情造就经典。苏轼的这首《江城子》被誉为千古第一悼亡词，打动了无数读者。接下来就请同学们细细地品读一下，说说整首词当中最打动你的是哪一句？

生：我喜欢这句"十年生死两茫茫，不思量，自难忘"。亡妻去世十年，词人与亡妻已经很久不能再见了。词人对于亡妻的思量是无法测量的，而现在，十年过去了，时间应该可以让人忘记伤痛了，但是词人还是没有忘记他的亡妻，由此可以看出苏轼这个人非常深情。

师：有个小问题纠正一下，"不思量"你刚刚的解释是思念无法测量，不准确。这里的"不思量"指的是不用想，不用刻意去想。应该读轻声。

  生：我喜欢"夜来幽梦忽还乡，小轩窗，正梳妆。相顾无言，惟有泪千行"。词人梦里回到故乡，看到妻子正在对镜梳妆，这句很有画面感；后面这句"相顾无言"，也写出了他们梦里相逢后复杂的情感。

  生：我喜欢下片的"纵使相逢应不识，尘满面，鬓如霜"这句。两人生死两茫茫十年了，就算是相逢，也都不认识了，因为苏轼现在已经老了，"尘满面，鬓如霜"了。这里词人表达了与亡妻不得相见的无奈，而且他在此处还做了相逢的假设，"纵使相逢"，但这个假设又是不成立的，从中可以看出词人的痛苦。而且他现在恐怕也不想让妻子看出他"尘满面"的老态，里面还有词人对于时光飞逝的无奈。

  师：非常好，刚刚这位同学提到了"纵使相逢"，实际上他们有没有再见的可能？

  生：没有。

  师：十年生死两茫茫，隔绝他们的是生死，不是普通意义上的离别。《楚辞·九歌》有云："悲莫悲兮生别离。"江淹在《别赋》中也说："黯然销魂者，唯别而已矣。"即使是让人肝肠寸断的生别离，它终归也还有重逢的希望。但苏轼与妻子的是生死之隔，永不能相见。退一步讲，即使再见，"我"也已经不是十年前那个神采奕奕的苏轼了。

  生：最打动我的是梦境里的这句"夜来幽梦忽还乡，小轩窗，正梳妆"。王弗没有去世之前，这应该是他们夫妻生活中每天都要经历的极小的一个细节，但从十年前王弗去世后，这个细节就再也不可能出现在词人的生活里了。读起来就让人惋惜、无奈。

  师："小轩窗，正梳妆"这样一个生活小场景，如果妻子还活着的话，应该每天都会出现在他们的生活里。但是妻子已经去世十年了，这样一个平凡的场景，这样一个美的场景，这么美的人，再也不会出现在"我"的生命里了。

  生：我喜欢最后一句"料得年年肠断处，明月夜，短松冈"。苏轼此时距离妻子的埋葬之地很远，想要吊唁妻子的时候只能在心里想一想，想这个地方的样子：每一个有着明月之夜的晚上，月光就这样静静地洒在妻子的坟上，这样的一个场景，很美，又很忧伤。

  师：词人以一个凄美的画面作结，"明月夜，短松冈"，明亮的月光就洒在长满了松柏的妻子的坟茔上，这个松柏是谁种的？同学们知道吗？

  生：苏轼吧？（猜测）

师：是的，是苏轼亲手种的。当年妻子去世后，苏轼送妻子的灵柩回故乡祖坟，亲手在山上种下了三千株松柏。十年过去了，想来此时的松柏恐怕已经"亭亭如盖"了。同学们再来看看这句中的"年年"作何解？

生：每一年，每一年都是这样的肝肠寸断。

师：是的，过去的十年如此，现在如此，未来也应如此。每一个美好的明月之夜，苏轼的心都在这长满松柏的坟茔前，因思念亡妻而肝肠寸断、悲痛不已。

生：最让我感动的是"千里孤坟，无处话凄凉"这句。苏轼与亡妻的距离何止千里呢？生死相隔无法超越，生活上的伴侣和知音永远地离开了，词人生活上的一切苦楚也就无处诉说，只能自己一个人默默承受。

师：无处诉说，无以诉说，不管"我"经历了什么，再也没有人知道了，或者说，这个知己再也不会知道了。

**3. 体悟苏轼寄予词中的自身际遇的悲凉感慨**

师：十年生死之隔，梦里偶然再见，词人对亡妻痛彻心扉的思念，以及思念而不得见的悲痛实实在在打动了我们每一个人。但在刚刚的赏析中，通过同学们的只言片语，我们也隐隐约约有一种感觉，就是苏轼想要传递的似乎不仅仅是"思念而不得见"的悲痛，对吗？

生：对。

师：大家有没有这样的疑惑，比如说这句"纵使相逢应不识，尘满面，鬓如霜"，也就十年而已，苏轼还不到四十岁，怎么就说自己"尘满面，鬓如霜"了呢？

生：从妻子去世到写作这首词，苏轼应该经历了很多事情，官场应该不怎么得意，所以他才会说自己老了，"尘满面，鬓如霜"。

师：这是你的猜测还是你对这段历史有所了解？

生：我的猜测而已。

师：说起苏轼，我们似乎觉得他不是被贬官，就是在被贬官的路上。我们一起来看看苏轼这十年里都经历了些什么。

师：我们来齐读一下这些文字。

生（齐读）：苏轼这十年。1065年5月，王弗病逝；1066年4月，老父病逝，送老父、妻子灵柩回眉山；1066—1068年，守丧；1069年返京遇上王安石变法，被迫卷进革新派与守旧派斗争的旋涡中，身不由己；1072年，为御史诬陷，通判杭州；1074年，杭州通判任期满，移知密州，"岁比不登（连年歉收），盗贼满野，狱讼充斥；而斋厨索然，日食杞菊"，这是苏轼在

《超然台记》中记载的初至密州的景象。

师：妻子病死，老父病逝，卷入争斗，为御史诬陷而被贬为通判杭州，移知密州……这十年里，词人连续失去至亲，官场上屡遭排挤，人生理想无法实现。了解了这些，不到四十岁的他风尘满面，两鬓斑白也就不难理解了。这样的人生经历让词人在写作这首词的时候，不自觉地加入了一些其他的情感，而这些情感，我们刚刚似乎并未读到。什么原因呢？其实苏轼自己写作的《江城子》跟我们按照事理顺序整理出来的《江城子》并不一样，接下来我们一起来看看苏轼版的《江城子》。（播放朗读音频）

师：很明显，词人并没有从梦境写起，他先写现实，再写梦境，后又回到现实，你能从苏轼这样的安排中发现些什么？

师：老师这里有两个问题同学们可以思考一下。"十年生死两茫茫"这句放在开头，除了生死永隔的绝望，你还能读到些什么？"千里孤坟，无处话凄凉"紧承其后，词人赋予了"凄凉"什么样的内涵？

生：我觉得苏轼写下这句"十年生死两茫茫"的时候，他的内心应该是很痛苦的，这痛苦一部分来自失去妻子的伤痛，还有一部分来自自身遭遇的苦楚，他伤痛、无奈，甚至觉得前途渺茫。

生：我觉得这个"茫茫"应该是茫然无知的意思，妻子死了，人死以后的事情，活着的人当然一无所知，而妻子对于他这十年的经历，他的思念、他的悲痛、他人生理想无法实现的愤懑也是一无所知，如果妻子还活着，作为他的知音、贤内助，虽然改变不了什么东西，但或许能在词人最痛苦的时候给予他安慰和理解。

生：我觉得这"十年生死两茫茫"里还隐含了他对于时光流逝的无限感慨。妻子已经去世十年了，而苏轼自己却一事无成，并没有在官场上有所作为，可以说他辜负了妻子生前的期盼，辜负了他父亲的期盼。

生：开篇第一句就写"十年生死两茫茫"，给全词奠定了悲痛的情感基调，尤其是这个"茫茫"，拖长音读的时候感觉里面隐含了太多的东西，有思念，有无奈，有悲痛，有绝望……

师：同学们都是苏轼的知音。连续失去至亲的伤痛、官场上屡遭排挤、人生理想无法实现的郁愤，在苏轼的内心纠结、汇聚，让词人忍不住一上来就要感慨"十年生死两茫茫"。这感慨里，既有失去妻子的伤痛，又有时间流逝的感伤，更有生活沧桑的感慨。无怪乎很多人在读到这首词第一句的时候，就感触颇深，潸然泪下。让我们带着这种理解，再来齐读一下这一句。

生（齐读）：十年生死两茫茫，不思量，自难忘。

师："千里孤坟，无处话凄凉"紧承其后，大家觉得，词人要说的"凄凉"里都包含了哪些内容？

生：对亡妻的思念，自身际遇的凄凉。

师：总结得很到位。自身际遇的悲凉感慨也暗含其中。其实不仅这两句中隐含着诗人对自身际遇的悲凉的感慨，细读每一句，你都会发现词人复杂的情感暗含其中。思念之情因为自身际遇的悲凉时时萦绕心头，而自身际遇的悲凉也因对亡妻的思念而愈发深刻，所以词人到了词的结尾处说"料得年年肠断处"，面对你的坟茔年年肝肠寸断，这一切既是因为思念你，也是因为自己际遇的坎坷、理想无法实现的郁愤。

师：纵观整首词，词人用语平实，却字字出自肺腑，自然而又深刻。词人从"十年生死两茫茫"的现实写起，给整首词奠定了悲凉的情感基调。再由现实来到梦境，因为现实的凄凉，所以梦里即使相逢，也只能相顾无言。从梦醒回到现实，凄凉又加深了一层。对比两个版本，我们会发现，苏轼的这个版本更厚重，内涵更丰富。透过这个版本，我们看到了一个忧伤、深情的苏轼。这样的苏轼，与我们印象中的豪迈、乐观的苏轼截然不同。让我们带着新的理解，再来齐读整首词。

**4. 探究：理解苏轼词中的老者形象，解读"一样的苏轼"**

师：读到这里，我们似乎已经读懂了苏轼这首《江城子》。但老师觉得有一个小点我们还可以继续深入下去，刚刚我们提到了"尘满面，鬓如霜"这句，联系之前我们学过的苏轼的诗词，你们是怎么理解苏轼塑造的这种老者形象的。

（生齐读）

师：《密州出猎》里的苏轼自称"老夫"，《赤壁怀古》中他也说自己"早生华发"，我们应该如何理解他塑造的这个"老者"的形象呢？

生：苏轼并没有做错什么，只是被迫卷入了党派的争斗中，身不由己，一直被贬，他应该有一种深深的无奈、失望、痛苦，有种郁郁不得志的感觉，但是他应该还是很想有所作为，想建功立业。但跟少年的意气风发又不一样，所以他总觉得自己"老"了。

师：依然想要建功立业，这点我很赞同。

生：结合苏轼的生平经历以及这三首词，我感觉苏轼在经历了亲人的离世、官场的失意之后他的心态发生了改变，再加上苏轼比较喜欢自嘲，所以他总称自己为"老夫"。但根据历史记载，苏轼不管被贬到哪里，其实他都是很有一番作为的，他自己在评价自己一生的功业时也说过黄州、惠州、儋州。

师："问汝平生功业，黄州惠州儋州"。确实如此，苏轼不仅有报国之志，事实证明他确实也有报国之才。

生：《密州出猎》中，尽管苏轼已经头发白了，老了，但他还是依然想要建功立业，还想着"何日遣冯唐"，还想着为国家做贡献。但到了《赤壁怀古》里，他"早生华发"，感觉似乎已经无所谓了，豁达了。

师：无所谓与豁达是一个概念吗？这里他真豁达了吗？

生：感觉好像没有。

师：他想到了少年英雄周瑜，这首词里的周瑜有什么特点？咱们之前学过，你可不可以试着总结一下。

生：年轻、儒雅，有甜蜜的爱情，淡定地指挥了赤壁之战且取得了胜利。

师：也就是说这里的周瑜事业、爱情双丰收，那此时的苏轼呢？

生：被贬黄州，官场失意，四十多岁了，功业无成。

师：总结得非常好！

师：我们细细推敲就会发现，每一个衰老的苏轼的背后都隐藏着他壮志难酬的感慨、人生理想无法实现的郁愤。类似的形象我们在杜甫、陆游、辛弃疾等词人的作品中都可以看到。词人们一心想要在官场上施展自己的抱负，一方面是要报效国家，大济苍生；另一方面则是要实现自己的人生理想，活出自我的价值。所以眼看岁月流逝，自己的抱负无法施展，词人们内心的紧迫感就愈发强烈，他们感慨的并非岁月流逝带来的容颜衰老，而是眼看生命老去却无所作为的无奈与焦虑。

师：读苏轼的词，我们会读到豪迈、旷达、浪漫，也会读到深情，忧伤。"儒释道"三种思想在苏轼的生命里纵横交错，透过他的作品为我们呈现了一个多面的苏轼。但在这多面苏轼的背后，我们也会看到一个始终如一的苏轼，这应该可以称为苏轼的生命底色——儒家士人的积极入世思想。他渴望建功立业，渴望实现自我的人生价值，当他的渴望被现实阻挠时，他也会失落、孤独、郁愤，这个时候，他才需要庄情释理，需要佛学释怀。释怀成功，作品中呈现出来的就是乐观豁达的苏轼；未能释怀，作品中就会呈现出忧伤、低沉的苏轼。

所以读苏轼，你似乎永远都看到一份在乐观与悲观之间纠结，入世与出世之间拉扯的矛盾情结。但也恰恰因为此，我们才觉得这样的苏轼格外地真实可爱。

**5. 作业布置**

十年生死之隔，梦里短暂相逢，"相顾无言，惟有泪千行"，似乎很可惜，如果可以言说，请你替苏轼对亡妻诉一诉他的"凄凉"。

**6. 课堂小结**

师：今天这节课我们通过这首《江城子》发现了一个多情、忧伤的苏轼，联系我们学过的苏轼的其他作品，我们也发现了一个以儒家士人的积极入世思想作为生命底色的苏轼。希望这节课能为我们以后解读苏轼，理解苏轼复杂的思想提供一把钥匙。

**板书设计：**

江城子·乙卯正月二十日夜记梦

思念而不得见的悲痛

自身际遇的悲凉感慨

不一样的苏轼：豪迈、旷达……
深情、忧伤

一样的苏轼：生命底色——儒

## 三、扫码观看逻辑课堂建构案例系列资料

扫码观看《江城子·乙卯正月二十日夜记梦》课堂实录

扫码观看《江城子·乙卯正月二十日夜记梦》教学课件

扫码观看《江城子·乙卯正月二十日夜记梦》朗读素材

扫码观看《江城子·乙卯正月二十日夜记梦》学案设计

# 难解的哀戚愁怨　难逾的生命超越

## ——《声声慢·凄凄惨惨戚戚》教学设计

任思颖

## 一、逻辑课堂建构说明

课堂从词作叙述者的视角出发，带领学生去品味女主人公心中挥之不去的哀戚愁怨，与学生共同探究词作背后词人对生命价值的追寻。整堂课细

腻、深情，在座教师认为这节课内容实在、过程精美。全体师生感慨，原来对愁情的品悟可以这么美，这么动人。本节课的教学设计体现了五个定位，带领师生走近李清照，品悟词人内心的五重愁情。

**1. 课堂起点——文本解读**

李清照，中国古代文学史上一颗璀璨的明珠，她经历过优渥的少女生活、丰润有味的夫妇生活，她也经历过四十六岁时的世事变迁，国破家亡。她的词作正如她的经历一般，丰富、曲折、意味犹然，既包含童年的憧憬、少女的情怀，又涉及初恋的生活、夫妻的日常，还有那奔波的孤苦、孀居的凄凉、颓丧的晚景。这些都化作一首首佳词佳作，让历代文人玩味叹赏。

《声声慢》一词，作为李清照留世名篇，可以说是"声声叹息，声声慢；字字珠玑，字字愁"。读此词，许多人通过串串叠字读出了凄惨，通过种种意向读出了凄愁，通过滴答雨声读出了凄冷。细细品咂，我们还可以在前人读词的基础上读出些许意蕴。本节课尝试从词作《声声慢》出发，去品味词人心中挥之不去的哀戚愁怨，去探究词作背后词人对生命价值的追寻。

**2. 课堂终点——目标定位**

千古以来，描写"愁"的佳句数不胜数，作为女词人这一独特存在，李清照词作中的"愁"更加值得品咂揣摩。但仅仅品析愁情还不够，课堂的终点应该是走近李清照，去探析她内心深处对生命意识的感知以及女性价值追求而不得的愁的底蕴。

**3. 逻辑建构——路径选择**

本节课，学生的已知就是关于"愁"的诗句，因此教学路径的起点可以从古今关于"愁"的诗句说起，路径中途则是去感受品悟作者的愁，而路径的终点就是女词人为什么这么愁。

关于方法，本节课尝试用具体分析与综合归纳相结合的方法，既调动学生对文本已有的体悟，又借用课外资料帮助学生去理解女词人的一生经历，尝试归纳导致她愁的原因。例如，在品味愁的环节，多齐读、自读，多赏读，在读的基础上去感知不同层次的愁，去分析表达愁的不同意象。在归纳的环节，运用课外资料，横向对比与其他词人愁的不同之处，纵向对比一生前后的不同愁情，最后归纳分析是时代、是命运导致词人的愁情。

课堂的建构就是在路径明确、方法清晰的基础上进行合乎师生认知的教学设计。课堂建构只有真正的顺应文本的逻辑，了解学生的认知逻辑，一节课才会如行云流水，对听者与讲者来说，都是一次醋畅淋漓的体验。

所以这堂课在学生们已知许多关于"愁"的诗句基础上，引导学生思考李清照的《声声慢》中表现的"愁"又有何不一样，通过引领学生去品悟愁，在此基础上去感知不同层次的愁。然后情不自禁发问，为什么会这么愁，进而将学生引入一个更深层次的思索，知人论世，通过词人所处时代背景的介绍以及与以往词作的对比，学生自然过渡到更深层的探究——女性内心深处对生命意识的感知，以及女性价值追求而不得的愁的底蕴。

本节课问题链设计如下：

| 教师引领 | 学生预设 | 设计意图 |
|---|---|---|
| "这次第，怎一个愁字了得？"那"愁"到底有多少次第 | 五重次第的愁，每一层次的愁都不一样，后一层次都比前一层次更深、更浓 | 创设思维起点：问题不是简单的提问"什么愁"，而是"哪几重层次的愁"，引导学生在进入文本解读意象感知愁情的时候，能够更为明确地去感悟词人愁情的层次，对文本的理解不是平面的，思维呈现出了层次感，对"愁"的理解留下初步印象 |
| "淡酒、大雁、黄花、梧桐、细雨"这些意象若是放到其他地方，感觉都是非常美好的事物，为何在词人眼中却满是愁情呢 | "寻寻觅觅，冷冷清清，凄凄惨惨戚戚"，营造了一种挥之不去的浓愁境界；"乍暖还寒时候，最难将息"，天气的忽寒忽暖、变化无常搅得人更是不知所措，万般无奈之下，只能借淡酒、大雁、黄花去消解；可"满地黄花堆积"不免让人觉得韶华易逝；"梧桐更兼细雨"的点点滴滴更是将生命苦短变成了生命苦长；最后"怎一个愁字了得！"，句尾的叹号，更是对这种情感的加强、加深 | 提升思维品质：在引导学生赏析意象的时候不是简单枯燥的意象的堆砌，而是通过矛盾与冲突去激发学生的思维，因而这些意象的把握会更加深刻到位，学生的思维也不仅仅是低阶的具象思维，而是高阶的抽象思维。而且呼应前面一个问题，让学生的逻辑思维链更加严密 |
| 愁是李清照晚年生活的核心，是晚年生活的缩影。为什么李清照的晚期词作会表现出如此浓重的愁情呢 | 表面上看是生活经历引起的愁绪，更深层次的是对生命流失的感叹，对个人命运的愁苦，对家国衰弱的伤感。李清照的愁是个人经历的孤苦无依，对生命、对命运更深刻的感悟与思考 | 挖掘思维深度：问题导向"为什么"而不是"是什么"，这是高阶思维的形态，学生的思维开始走向纵深，更为深入地去探究李清照其人其词 |

| 教师引领 | 学生预设 | 设计意图 |
|---|---|---|
| 对比南渡前的李清照，同样是写了"花"与"酒"的两首前期词作，为何大有不同呢？仅仅是生活经历的变迁吗 | 少女李清照天真烂漫、率性自然，少妇李清照孤独寂寞、思夫心切，老年李清照茕茕独立、晚景凄凉。但都有一些共同之处，对自然和生命有非常敏锐的感知力。也正是如此，她才不是顺应而是抗争，抗争时代，抗争命运，可最终结果不尽如人意 | 建立思维链接：本环节增添诗词进行对比阅读鉴赏，构成文本前后两大部分的逻辑关联。通过这一脚手架的搭建，学生可以很好地从对老年李清照的理解过渡到对李清照整个人生的审视，也为后面更深一层次理解李清照做好准备 |
| 你觉得李清照骨子里有哪些不同于常人之处 | 李清照的悲美在于不被认可的孤立无援，对女性价值追寻的理想与现实的矛盾谱写了她内心难以言说的愁的底蕴 | 形成思维逻辑：引导学生通过知人论世，了解李清照前后期的词作以及南宋的社会背景以后，学生才算真正体会并深刻理解李清照的愁既有来自自身的境遇，也有来自外界的不包容。至此，通过一首词读一个人，学生对李清照其人其词可以算有深刻的理解，对愁的审美感悟也更上了一层台阶 |

## 二、逻辑课堂建构教学设计

【教学目标】

（1）品味关键词句细腻而又典雅的文学表现力。

（2）品读不同意象，体悟愁情。

（3）探究作者愁情的根源。

【教学过程】

**1. 导入关于"愁情"的诗句**

师：愁情永远都是诗歌最重要的主题，"问君能有几多愁，恰似一江春水向东流""日暮乡关何处是，烟波江上使人愁""自在飞花轻似梦，无边丝雨细如愁"……诗人或言愁有千斛万斛，或言愁如江如海。我们今天看看《声声慢》中，李清照是如何言愁的。请大家齐读《声声慢》，找出本词直接表明悲苦愁情的句子。

（生齐读）

师：本词直接表明悲苦愁情的句子是哪一句？

生："这次第，怎一个愁字了得！"

师：请同学们说一说你的理解。

生：作者内心有很多愁绪，但却在此处戛然而止，只是嗔怪一个"愁"无法表达内心的感受。表面上"欲说还休"，实际上已经把内心的愁绪倾泻无疑，表达得淋漓尽致。

生："怎"，反问语气，强烈说明一个"愁"字无法表达内心情感的分量。"一个"，说明愁有很多很多，绝非"一个"愁能概括。

**2. 品味愁情——听读赏析多重"次第"**

师："次第"什么意思？

生：光景、状况。所以这句话的意思就是——这些光景，用一个"愁"字怎么能概括得尽呢？

师：这些光景是什么样的光景呢？请大家认真听朗诵，选择最能触动你的画面赏析分享。注意抓住意象和其他最富表现力的词语。

师：词作中提到了哪些意象？

生：淡酒、大雁、黄花、梧桐、细雨。

师：这些景物在你看来美不美好？

生：美好。

师：但是在李清照的眼里又是什么样的呢？

师：抓住意象和其他最富表现力的词语。

学生活动一：赏析画面，品味愁情。

师：请同学来说一说你读到的画面。

生："三杯两盏淡酒，怎敌他，晚来风急！"刚觉得暖和却又冷起来的时节，是最难调养身体的，所以只想借酒来获取一丝温暖，缓解一下忧愁。

师："酒"一直是古代文人骚客诗文中常见的意象，在清照的词中也并不陌生。但这一次酒不太一样，是"淡酒"，为什么要用"淡"来形容酒？

生：李清照用了"淡"来形容酒，意味着在这样浓的情感面前，酒显得那样寡淡无味。一个"淡"字也与前面那没有来由、飘忽朦胧的情感相契合。而且由后面的"晚来风急"也可以猜测李清照可能觉得酒淡是想要御寒，因为正是深秋季节，而酒可以暖身。

师：那"淡"说明御寒效果如何？

生：外面冷冷清清的环境，词人想要寻求温暖也不得，一个"淡"字可见连外界带给身体的寒冷都抵御不了，这"淡"酒能够带给身体的"暖"是多么的微薄有限。

161

师："敌"字有何妙处？

生：刻画出了内心的抵挡与反抗，她在尽量摆脱这外界的清冷与内心的寒凉。

师：一个"淡"酒道出了李清照内心之愁，那下面的"雁"又引起她什么思考呢？

生："雁过也，正伤心，却是旧时相识"，这里的画面给我的感觉是抬头望天看到了奔向远方的大雁，因为大雁有传递书信的功能，这大雁又传递谁的思念？谁的思念又跨越千山万水？这突然飞过的大雁，勾起了曾经的回忆，勾起了对丈夫的思念，回忆起那些曾经与"我"鸿雁传书的日子。李清照也许在想：大雁啊，多想再让你帮我传递思念啊，只是那个人已经不在了。另外我觉得还有一层意思：大雁啊，你飞向南方，还可以飞回北方，可是我却因为逃离战乱南渡，结果却无法回到故乡。

师：非常好，该同学将大雁飞过的意象描绘得非常详细。这突然飞过的大雁勾起了曾经的回忆，勾起了对丈夫的思念，回忆起那些曾经与"我"鸿雁传书的日子，虽然还是那个大雁，但却物是人非。另外勾起了对故乡的回忆，想到自己南渡远离家乡，家国破碎，饱含思乡之情，颠沛流离之苦。

生："满地黄花堆积，憔悴损，如今有谁堪摘！"是让我最受感染的一幅画面。黄花萧瑟，满目凄凉。菊花终究抵不住西风的狂扫，本是美丽娇弱的它，如今只剩下枝头无力、破碎的残菊以及秋风中飘荡着的花瓣，满目萧索！这与"无可奈何花落去"那种无可奈何的情感表达是同一个意思，在这里，词人肯定也在感慨满地黄花凋零殆尽，令人神伤。

师：如何理解"憔悴损"？

生：意思是憔悴得很，憔悴极了。园中菊花凋零满地，残败不堪。

师："有谁堪摘"如何理解？

生：曾有诗云"有花堪折直须折"。这里"有谁堪摘"是她的一种心境写照。此时的她四顾无依，南逃，深爱的丈夫也去世，一个人孤苦伶仃。在这些影响下，她觉得自己就如这花一样，所以有谁堪摘也是说自己。

师："有谁堪摘"不仅指摘花，也联想到了自己。由黄花想到了年华，所以怜花亦是怜人，亦是怜己。曾经绚烂的韶华渐渐逝去，状态的变化都指向了时光的变化。词人此处愁的是感慨时光的变化太快。

生：不仅由花想到了自己，还由花想到了那个与"我"把酒言欢赏菊的丈夫以及曾经共度的美好时光。过去的喜反倒映衬出现今的悲，更添一重悲愁啊。

师：时光变化太快让人愁。那下面她又在愁什么呢？

生：我觉得"守着窗儿，独自怎生得黑！"更为悲愁。

师：说说为什么。

生："守"可见她百无聊赖，无事可做。内心郁结的愁绪没有其他方式可以排遣，也没有其他人可以倾诉。对于这一切，只是消极地忍受，只是盼望着这样的日子快点过去，于是就这样守着窗儿在这里慢慢熬，熬到天色暗下去，熬到天黑。而"黑"不仅仅是当时夜色的颜色，也是女主人公生活的颜色，更是女词人内心的底色。

师：这位同学抓住了两个关键字，一个是"守"，突出百无聊赖；一个是"黑"，突出内心的低沉，简直没有希望可言。前面说时光变化太快让人愁，而这里又说时间怎么这么慢啊！除了此处说慢，还有哪里有同样的表达？

生："梧桐更兼细雨，到黄昏，点点滴滴。"

师：哪里最能体现？

生："点点滴滴"四个字。黄昏时分，下起了绵绵细雨，雨水积累在梧桐叶上，一点一滴落下去，滴答滴答的声音，不强烈却持续、漫长，正对应着慢慢跳动着的脉搏，慢慢转动的秒针。此时此刻，四周寂静，这"点点滴滴"的声响，更一一敲击着词人寂寞的心灵。

生："梧桐"道出冷清孤寂的意境。"梧桐"本是空心的，李清照借梧桐的意象表现自己内心的空寂，细雨绵绵更显出凄凉之苦。黄昏本是一天最凄苦的时候，秋天的黄昏更增添萧条。到黄昏，雨不停下，就像词人所经历的悲伤痛苦一样，循序渐进。整个画面，梧桐叶落，细雨黄昏中一个度日如年，只有酒来伴随的残年余岁女子，时间在点点滴滴中显得很漫长。

师：黄昏时分，这绵绵细雨就如那内心的愁思一般，延绵不绝、不休不止，滴滴答答地打在梧桐叶上，虽然不强烈却持续、漫长，"生命苦短变成了生命苦长"。正如此，这"点点滴滴"的声响，岂止敲打着树叶，更一一敲击着女主人公寂寞的心灵。时光太快让人愁，时间过得太慢，同样让人害怕。内心的孤寂反应在对时间快慢的体认上，只是最后都化为排遣不了的浓愁。

师：这几幅画面是否可以调换顺序？

生：不可以。因为我感觉她的愁情是层层递进的。"淡酒"一句是调息不得想借酒消愁，结果反而更加愁闷。"大雁"一句激起了时间太快之感，所以失落感产生的原因明确了，不再迷迷蒙蒙。"黄花"一句再度强调时间之快，而且由花及人，由外物的感知转为对自己年华消逝的伤感。"守着"

一句，情感再次递进，对老天放弃抵抗，更多地显示出无可奈何之感。"点点滴滴"将全词推向高潮，本已选择认命，可依旧不让人好过，雨滴在一点一滴地提醒自己：时间过得多慢啊，生命多么漫长啊！

师：景本无错，只是词人的愁浓愁重，所以眼见之景都是如此之态。本来美好的事物，在李清照的眼里也是满目萧条。她不是为酒而愁，为雁而愁，而是一层层景物的叠加组合，让自己愁上加愁。

学生活动二：配乐自主朗诵，将自己浸濡到李清照的愁情愁境中。

**3. 情由何来：为何会有如此深、如此浓的愁呢？（论世）**

师：愁是李清照晚年生活的核心，是晚年生活的缩影。为什么晚期词作会表现出如此浓重的愁情呢？

师：经过大家的讨论、梳理、总结，你觉得她为什么而愁？

生：金人大举南侵，北宋王朝灭亡，李清照也不得已南逃，此时她感受到的是国破家亡的愁苦。

师：在当时的时代环境中，最大的不幸是一个王朝的陨落。金人的铁蹄、宋廷的孱弱，共同造成了山河破碎的惨况，上到王孙公卿，下到黎民百姓，所有人都被这突如其来的兵乱打得措手不及，李清照内心愁苦可想而知。而且对于汉民族来说，国土家园是被金人践踏，不仅面临亡国之哀，还有灭族的危险。

生：还有年华逝去的悲痛。古代女子注重自己的容貌，因为光阴的流逝而人老珠黄，让她不免忧愁。

生：辗转许多地方，所以有对故乡的思念，饱受颠沛流离之苦。

师：覆巢之下，焉有完卵？举家迁徙，颠沛流离，王维说"独在异乡为异客"，耳边再也听不到熟悉的乡音，惶惶不可终日，不知道什么时候又要别离，无处安身立命，愁苦又添一重。

生：她的愁大部分来自丈夫的去世。

生：她在感叹一种昔盛今衰。早年家庭生活优越丰润，婚后生活也很美满。但是后期经历如此巨变，想到曾经生活的幸福光景，而现在孤苦无依，有对比才有伤害。

生：再嫁非人的经历，让她的境况更为孤苦。之前生活虽然难，但是还没放弃，没想到所嫁竟是非人，不得不离婚，唯一的希望都破灭。

生：丢失文物之痛。她与丈夫有共同的爱好——金石文物，这文物是他们爱情的结晶，在颠沛流离中可以不要衣物也要拼死保存这批文物。战乱让她不得不将最为珍视的文物交给官府，交给国家。可是最后这批文物都消失殆尽！精神寄托没有了，爱情结晶不复存在，这该是多大的打击啊！

师：如果说前期"一种相思，两处闲愁"的寂寞相思愁是怀着期盼与等待的美丽的愁，那此时此刻的愁应该是绝望的、压抑的、难以诉说的愁。所以，这愁不仅仅是表面的生活经历而引起的愁绪，更深层次的是对生命流失的感叹，对个人命运的愁苦，对家国衰弱的伤感，这些都引发了词人对生命、对命运更深刻的体认与思考。

师：有过欢聚快乐的年少时光，才明白生离死别的苦痛；饱经战乱的颠沛流离，才知安定平常日子的珍贵；体会了人生的无常，才能更为敏锐地去捕捉生命的可贵。后期经历的这些苦痛，使她对生命有了更深刻的体悟。

愁源小结1：个人经历的孤苦无依，对生命、对命运更深刻的感悟与思考。

学生活动三：再体悟愁。播放背景音乐，学生自主沉浸其中朗读。请一位学生配乐朗诵。

**4. 探究愁源：李清照的悲美人生（知人）**

师：南渡后的经历对李清照的其人其文都产生巨大的影响与改变，南渡前的李清照是什么样呢？我们一起来看看同样是写了"花"与"酒"的两首前期词作。

生：《如梦令》的意象主要是藕花、酒、鸥鹭，因为是早期的作品，所以情感就比较欢快，沉醉于美酒，是一个活泼、欢快、不受拘束的李清照。

生：《醉花阴》是与丈夫结婚后，丈夫不在身边抒发离别之情。此时应该是百无聊赖的状态。

师：那这时候是什么样的李清照？

生：多愁善感。（PPT展示）

### 三首词做比对

| 篇目 | 意象（花、酒） | 情感 | 形象 |
|---|---|---|---|
| 《如梦令》 | 藕花深处、沉醉 | 对大自然、对生活的热爱 | 豪放不羁、率性自然的少女 |
| 《醉花阴》 | 人比黄花瘦、把酒 | 寂寞闲愁：相思愁，怀着期盼与等待 | 对酒独酌、思夫心切的闺中少妇 |
| 《声声慢》 | 黄花憔悴损、淡酒 | 国破家亡的浓重悲愁：实实在在、没有尽头的孤独与绝望 | 茕茕独立、晚景凄凉的寡妇 |

师：《醉花阴》和《声声慢》都在描绘愁，你能体会愁情的不一样吗？

生：《醉花阴》是寂寞闲愁、相思愁，怀着期盼与等待的美丽的愁。《声声慢》是国破家亡的浓重悲愁，是绝望的、压抑的、难以诉说的愁。

师：其实除去世事经历以外，李清照作为女性，其思想意识的超前与社会的格格不入也是她一生隐忧的底蕴。

师：《如梦令》中我们看到闺中少女的肆意，《醉花阴》里大胆坦率心声，描述独守空房的生活状态和内心感受，足以见得封建礼教的束缚在李清照身上完全没有，只看到这位女子对自然和生命非常敏锐的感知力。她的作品能从女性自我的心灵视界对爱情进行精微体察，她有意识地尝试用独特的女性视角去观察审视，以女性的语言去宣泄表达。可结果如何？

师：从这段话你们可以看出什么？

生：既称赞她的才华，又说她晚节流荡无归。

师：一般的文学批评会谈及德行吗？

生：不会。

师：但是这些评论家却总是在肯定其才华的同时不忘否定其德行，这是对女性的偏见，对女词人的不认可！这些人满怀敌意，不放过生平中任何小事来质疑她的文学成就。你们觉得李清照自己明白吗？

生：所以李清照的努力没有得到相应的回报，没有达到她的期望。

师：何为悲剧？明知不可为而为之。李清照终其一生都在努力追求自己的独特价值与理想。身在男人建构的文学传统中，她一直努力着、追求着，一直希望作为女性自身的价值能够得到肯定，却终究算不得成功，在这个世界里饱受争议、处处碰壁，不被理解，不得超越与突破！这就是《声声慢》，不，这就是李清照最悲之处，亦为最美之处。

愁源小结2：李清照的悲美在于不得认可的孤立无援，对女性价值追寻的理想与现实的矛盾谱写了她内心难以言说的愁的底蕴。

## 5. 小结

就像缪塞所说："最美丽的诗歌是最绝望的诗歌，有些不朽的篇章是纯粹的眼泪。"李清照借她的诗和眼泪，像世人展示了她生命和灵魂中全部的美。接下来，我们再一起齐读《声声慢》，去感受几千年前那位女子内心的低吟！

学生活动四：全班吟诵。（最后一句重复三次）

板书设计：

声声慢

李清照

淡酒　　细雨

急风　　愁　　梧桐

雁　　黄花

生命意识　　价值追求

## 三、扫码观看逻辑课堂建构案例系列资料

| 扫码观看《声声慢·凄凄惨惨戚戚》课堂实录 | 扫码观看《声声慢·凄凄惨惨戚戚》教学课件 | 扫码观看《声声慢·凄凄惨惨戚戚》素材资料 | 扫码观看《声声慢·凄凄惨惨戚戚》学案设计 |

# 绸缪婉转孑然立　孤高幽独凛然存

## ——《青玉案·元夕》教学设计

黄志英

## 一、逻辑课堂建构说明

课堂依照品读"一个节日""一个节日里的人""一个节日里的人生活的时代"，带领学生"以意逆志""知人论世""提炼升华"，将这个经典的精神风骨展现出来。整节课大气、丰满、精致。在座教师感叹道：这节课给教师们提供了一种范例。做语文教师原来也可以是幸福的，上语文课原来也可以是幸福的。本节课的教学设计体现了五个定位，带领师生在诗词呈现的佳节元夕中，品留了一脉精神风骨。

**1. 课堂起点——文本解读**

中国文学史上有些人物符号是不可回避的，因为他们在中国文学史上不只是杰出的，更是独特的，比如辛弃疾，他真正独特的是豪放词风背后的精神风骨，是南宋一批爱国诗人的代表。南宋这一时代的特点是，南渡之后异族崛起，主和派得势，文化自崖山之后断裂。从这个意义上讲，辛弃疾的词其背后坚守理想的精神就极有价值。

**2. 课堂终点——目标定位**

只描写节日是不能成为经典的，这首词千古流传，评价最高的是最后三句，节日背后的家国情怀，悲壮情感。

**3. 逻辑建构——路径选择**

路径：那人为何只在阑珊处，那人也好，词人也罢，核心是跟节日的热闹不相融合，背后的原因和文人的精神风骨是什么？

方法：让学生用分析法形成思维，达到预定路径。以解决"写节日与后三句有什么关系"这一环节为例：写节日是为了写"安乐"，而这种安乐为什么是"我"融不进去的？因为这是一种沉迷于小朝廷的，眼前的，忘记了国土沦丧、民族磨难的"偏安"。后三句表面看似写得来全不费功夫的惊喜，实际上是写背后一种无法融入苟安的孤独。这是南宋时代当政者的醉生梦死的偏安与作者满腔热血复国理想的不相融。

建构：从这是一个怎样的节日入手，千古传诵难道是因为节日之热闹浪漫？—"寻那人"的核心价值—"那人"与辛弃疾的共同处境—"却"中难融的孤独—时代背景（偏安的实质是责任的忘却）、文化精神（融不进的实质是责任使命收复）—价值呈现（亡国灭族可怕，民族脊梁可贵）。

伴随着这节课一路走下来，感慨万分。做语文教师不易，唯有潜沉文本，才能营造幸福的课堂，在课堂上带给学生幸福的感受。在今后的课堂设计上，笔者将自觉应用五大定位，琢磨出更好的课堂效果。相信这样的课，将会带给笔者更幸福的课堂感受。

本节课问题链设计如下：

| 教师引领 | 学生预设 | 设计意图 |
|---|---|---|
| 《青玉案》中前面写节日的热闹浪漫，与后三句"蓦然回首，那人却在，灯火阑珊处"，有什么关系 | 前面写节日的热闹浪漫是为了写"安乐"，后三句是为了表现出这种"安乐"是"我"融不进去的 | 创设思维起点：问题直接指向"怎么样"的关系探究，而不是"是什么"，引导学生进入文本品析，激发学生迅速进入思维的高阶形态，为后面对"寻"这个诗眼深刻含义的理解打下基础 |

| 教师引领 | 学生预设 | 设计意图 |
|---|---|---|
| 寻千百度，在阑珊处的"那人"，对于辛弃疾而言，意味着什么 | 不单是意中的情人，更是他整个生命的理想的象征，是他一生的精神追求 | 挖掘思维深度：引导学生进一步感受"那人"的象征意义，为后面对"内心挣扎"的解读张本 |
| 梳理学过的辛弃疾词作中与"众里寻他千百度"中的"寻"，"那人却在，灯火阑珊处"中的"却"一脉相承的句子，你体验到词人内心怎样的挣扎 | 辛弃疾一心想要收复失地，为实现这个理想，他千百次的"寻"，体现出他的"执着"，"却"字呈现出寻而未果、壮志难酬的"压抑" | 提升思维品质：引导学生全面把握辛弃疾的内心挣扎，感受辛弃疾的这些品质都是在"一心想要收复中原"这一人生追求之下呈现的，因而，这些品质会显得更加深刻。同时，改变学生的思维，由低阶的归纳思维转变为高阶的演绎思维 |
| 千百次地寻找的"那人"出现在眼前的时候，辛弃疾应该是怎样的愉悦兴奋啊！可是，他为什么没有表现出和众人狂欢的安乐 | 辛弃疾"若有所失"。辛弃疾收复中原的理想追求在现实中受挫。这种安乐是作者融不进去的，因为这是一种沉迷于小朝廷的、眼前的，忘记了国土沦丧、民族磨难的"偏安"。后三句表面看似写得来全不费功夫的惊喜，实际上是写背后一种无法融入苟安的孤独 | 建立思维链接：这个环节构成文本前后两大部分的逻辑关联，也是体会作者理想追求难以实现而精神备受压抑的关键转折点。深入辛弃疾的心灵世界，探究辛弃疾"若有所失"的深层原因，为后面理解"精神风骨"的可贵做好准备 |
| 结合南宋背景，你感受到词作背后体现出了一批南宋志士怎样的精神风骨 | 词作背后是南宋时代当政者醉生梦死、忘却责任的偏安与以作者为代表的有志之士满腔热血复国理想的责任使命的不相融。正是这种不相融合愈发显现出亡国灭族的可怕，民族脊梁的可贵 | 形成思维逻辑：引导学生通过这个过程的梳理，理解以辛弃疾为代表的爱国志士民族精神的可贵，基本完成对"众里寻他千百度，蓦然回首，那人却在，灯火阑珊处"这一千古名句的理解 |

## 二、逻辑课堂建构教学设计

### 【教学目标】

（1）从这首词中，品读到元夕的美好与浪漫。掌握"以意逆志"解读诗歌的方法。

（2）深度品读本词的内在意蕴，从生平和词作中，品读出辛弃疾的压抑与反抗，南宋的繁华与苍凉。掌握"知人论世"解读诗歌的方法。

（3）从作者对本词意向的选择中，品读"美人"这一特定意向的特定审美意义。从对代表南宋的符号中品读对本词中"金钗美女"意向的使用。

（4）品读经典，提炼升华其精神风骨。

**【教学过程】**

**1. 导入**

问题：辛弃疾在文学史上的地位如何？

师：对辛弃疾，我们并不陌生。在中国文学史上，人称"词中之龙"的豪放派词人辛弃疾，与婉约派词人李清照并称"济南二安"。"二安"分别是号易安居士的李清照，以及字幼安的辛弃疾，此称号是清代神韵派大师王士禛的评价："婉约以易安为宗，豪放为幼安称首，皆吾济南人，难乎为继矣。"他认为此二人代表着婉约派和豪放派的最高成就。

辛弃疾虽是公认的豪放派词人的代表，不过，那些把婉约派视为正宗的词论家对辛弃疾之所以不敢不佩服，是因为他的许多词作表述的虽然是英雄气概，但却能做到缠绵悱恻，甚至比婉约派的词读起来更令人荡气回肠。也正因为如此，写上元灯节的词不计其数，唯独这首《青玉案》给人留下了深刻的印象。

**2. 品读**

师：那么这首词到底有何独特的艺术魅力？在词的背后，又隐含着作者怎样的思绪和情感？让我们来一一品读。

（1）品读一个节日——"元夕"

思考：从这首词中，读出了一个怎样的节日？

①品读上片：加入意境想象品读，说说上片描绘了一个怎样的节日？

师：意境，就是文艺作品中景物的独特的组合所营造的富有诗意的境界。我们读文学作品的时候，一定要联系自己的生活体验，调动自己的想象，去推测作者的本意。

师：现在大家齐读上片，根据自己对元宵节的体验和想象，说说从词的上片你感受到了元宵节怎样的美？

生：用比喻和夸张的手法，花、星、雨，将人文景观用自然景观描写出来，写出了五彩缤纷的色。

师：静止不动的物品断然不会营造出元夕的氛围，当这一切都"动"起来，就写"活"了元夕。

师："放"，既写出了彩灯被点亮的动态，犹如鲜花开放，也点出了东风化物的功效，让人想起了"忽如一夜春风来，千树万树'百花'开"。"吹"，上承"东风"，下接"落"字。有吹才有落，有吹落才能写得出"星如雨"。"动""转""舞"写出了悠扬悦耳的声，流离旋转的光，翻腾跳跃的形，这一切杂会交织，欢乐似无极限，令人眼花缭乱、目眩神迷。

生：体现出元宵节那种热闹狂欢的节日气氛，元宵节也可以当作中国的狂欢节。

总结：狂欢节—元夕—热闹

② 品读下片：可是南宋时的元夕，毕竟也不同于如今的元宵节，才会有下片的故事发生。

师：齐读下片，加入文化联想品读，说说下片描绘了一个怎样的节日？

生：找情人的节日。从"众里寻他"可以看出。

师：元夕之夜虽人山人海，但这句话却表现了在主人公眼里来游赏的有两种人。

生："众"——众人，"他"——"那人"。

师："众人"是什么样的人？

生："蛾儿雪柳黄金缕，笑语盈盈暗香去"，还有上片的"宝马雕车香满路"这些描写"众人"的词句。"蛾儿雪柳黄金缕"连用三种金钗来表现仕女们装扮之艳丽，"宝马雕车"连用两样出行工具来表现仕女们生活之奢华，"香满路""暗香去"连用两处"香"字来表现仕女们数量之众多、脂粉之浓烈。

师：在这些仕女当中，作者似乎心有所属，对某个女子特别有感觉，笑语幽香飘然而过，然而她们并非作者的意中人，作者要寻找的是怎样的人呢？

生："众里寻他千百度，蓦然回首，那人却在灯火阑珊处。"就在近乎绝望的蓦然回首之间，眼前突然一亮，"那人"不就是自己要找的人吗？

师：在封建社会传统当中，未婚的年轻女孩是轻易不允许出外自由活动的，仕女们出游，是往日难得一见的胜景。可是过元夕节却是一个例外，未婚的男女借赏花灯，可以悄悄地物色意中人，私密的约会。欧阳修在《生查子·元夕》中就写过："去年元夜时，花市灯如昼。月上柳梢头，人约黄昏后。"多情男女在元夕造就了无数浪漫的良缘美眷。

生：体现出元宵节那种多情浪漫的节日气质，元宵节也可以当作中国的情人节。

171

总结：情人节—元夕—浪漫

（2）品读一个节日里的人——"辛弃疾"

难道这仅仅是一个情人相约的浪漫故事吗？具体到诗词的鉴赏，文化内涵的联想是很广泛的，联系辛弃疾的生平和词作，对辛弃疾写作这首词的情景做更深的品读。

师：从生平和词作中，读出了一个怎样的辛弃疾？来看看英雄的故事，读读文豪的词句。

师讲故事，当讲到"此时他写下了……"时生读出相应的词句。

师：他在何时何情何境下写出的《青玉案》？

生读《青玉案》的写作背景和词句。

①品读"寻"字。

师：《青玉案·元夕》最精炼传神，能传达词人情感的词眼是哪个字？

生：是"寻"，这是一幅元夕求索图。

师：他在寻找什么，从本词和学案第二部分加方框的文豪的词作中加以说明。

生：从本词看，寻找"那人"。"众人"的热闹俗艳反衬独立在灯火阑珊处，孤高淡泊、不同流俗的美人。实际上"那人"就是辛弃疾，是他一种理想人格的托寓。

自屈原开创香草美人的意向，"众女嫉余之蛾眉兮，谣诼谓余以善淫"，"美人"也就成了对理想的一种追求。苏轼在《前赤壁赋》也有"渺渺兮予怀，望美人兮天一方"，"美人"实际又是作者托寓来抒发自己壮志难酬的悲愤和对国家命运的关切之情。"美人"也是自我人格理想的追求，一如他矢志不渝，不肯与投降派同流合污，寻找抗金复国、建功立业的出路。

师：从学案表格中的名句找一找哪些词句也能用来发现他寻找的对象呢？

生："吴钩""了却君王天下事""赢得生前身后名""凭谁问"。

师：辛弃疾一生都在追寻着一个理想：收复中原，建功立业。

②品读"却"字。

师："那人却在灯火阑珊处"。从这个"却"字来看作者找到那人时，情感是怎样的？

生：激情欣喜，尽管前途茫茫，但这并不能阻挡他对理想的渴望，他其实很想有那么一天，在灯火阑珊处终于找到那人，终于实现自己的理想。

哀怨悲愤，在强敌压境，国势日衰，朝廷偷安，朝臣逢迎之际，辛弃疾力主伐金，却屡受排挤，"阑珊处"就是他政治境遇的象征。

师：从表格名句其他词作中找一找，哪些词句也能用来发现"却"中的情感呢？

生："无人会""白发生""廉颇老矣"。

生：他渴望"众里"都是志同道合的主战派，所以，他在"众里"寻他，但千百次的努力，换回千百次的失落；千百次的呼唤，换回千百次的无奈。"看了吴钩"却英雄无用武之地，只能眼睁睁地看着广大淮河以北地区失陷于金人之手，而又不肯与苟安者同流合污，备受排挤，不得重用。"把栏杆拍遍"这是惨痛的怒吼，然而"无人会"，没人理解他，甚至也没人理会他。他在政治境遇阑珊处苦苦挣扎。完成一举歼灭金兵收复失地这一天下事的英雄气概，落到现实中，却"白发生"。"老矣""生命转眼也已阑珊""还我河山却成虚愿"，这才是最无可慰藉的悲哀。

师：品读一个节日，《元夕》里有美好的、浪漫的佳节；品读一个节日里的人，《元夕》里却有在阑珊处备受压抑的辛弃疾、有千百次追寻抗争着的辛弃疾。

师：这首词没有愤呼怒吼，但词人的满腔悲愤，却从字里行间汹涌而出。从文本的行文方式看，与传统的婉约词并无二致。但从所寄托的内容主题看，关系到国家民族命运，深含阳刚之气，此词兼具婉约、豪放两种风格，婉约其表，豪放其内。晚清词人况周颐在《香海棠馆词话》中说辛稼轩"其秀在骨，其厚在神"。

这样的作品更能让人获得审美的愉悦，得到一种风骨的真髓，这种真髓，其实就是精神的崇高，在一个物质欲望过于放纵的时期，这种以豪放为表征的文化风骨的基调是阳刚，阳刚的高点是悲壮，而悲壮的长歌，更为荡气回肠。

师：让我们全体同学一起站起来，读出这种荡气回肠。我读词牌名和题目，全体同学跟着我定的调子，从上片开始读，遇到红字变大，我们的声音也变大；红字变小，我们的声音也变小。

（师生齐读全词）

（3）品读一个节日里的人所生活的时代——"南宋"

① 优秀的作品、优秀的诗人总是与时代紧密相连的。从作品中，你读出了一个怎样的南宋？

师：从作品中，我们看到南宋时期的文化、经济、科技是怎样的？

生：好一派歌舞升平，好一个繁华盛世。南宋时期，文化、科技、思想上的成就领先世界四五百年。南宋是中国历史上文化鼎盛之期，格调与生活方式极为高雅。

② 从作者身上，你读出了一个怎样的南宋？

师：在辛弃疾眼中真的就是一片繁华吗？从作者的遭遇中，我们看到南宋时期的政治主张是怎样的？

生：这都是虚假的繁荣太平景象。国难当头，朝廷却不思收复中原失地，偏安江南，沉湎于歌舞，以粉饰太平。政治上腐败无能，对外屈膝求和，对内残酷压制辛弃疾等主战派。

师：真是"西湖歌舞几时休，直把杭州作汴州"，他们都忘了吗？那被金人占领的北方的家园，被金人肆虐的北方的亲人又是一幅怎样的景象呢？还记得岳飞的那首《满江红》吗？我们一起再来看看。

（PPT展示：《满江红·登黄鹤楼有感》）

岳飞的这首《满江红·登黄鹤楼有感》，形象地道出了当时的形势，出生于北方山东的辛弃疾，更是目睹了国土沦亡，黎民涂炭，这一切都让辛弃疾无法融入这种偏安享乐的氛围，他蓦然回首，那在灯火阑珊处的，被人遗忘的他的北方、中原、理想，都千百度地在他心中拉开着他与这些偏安者的距离。

③（PPT展示：南宋金钗图）这"南宋"二字中，藏着这首《青玉案》的一个意象，看看是什么？你认为这个意象能否作为南宋的象征？为什么？

师：辛弃疾作为一员武将，所写的这首词却充满了脂粉的香气，原因是什么？

生：是因为南宋的文弱无力，缺乏"力拔山兮气盖世"的壮志豪气，犹如一个病恹恹的红颜女子，整日沉浸在风花雪月脱离现实的幻梦中。

以金钗为象征符号，对应辛弃疾这首词里的"蛾儿雪柳黄金缕"，用这虽华美却容易失落的金钗更能代表南宋，让我们能清晰地看见南宋，犹如一个头戴金钗又失落了金钗的美丽而柔弱的女子，生于盛世之繁华，死于乱世之苍凉。

④ 从辛弃疾所创作的众多词作中，你认为哪首词最能代表南宋的人文与历史特点？

这首婉约与豪放并存的《青玉案》表现了在整个宋代的三百一十九年中，社会经济的繁荣、南宋朝廷的偏安、外族侵略的忧患一直是同存共在的，自南宋王朝肇建之始，主战与主和的分歧，在朝廷内部一天都没有停止过，遥望中原，已经成为南宋臣民的共同心态。

⑤ 欣赏《南宋》片头与片尾，品读作品、作者、时代。

⑥《青玉案·元夕》写的是临安,临安之意乃临时安定之处,愿望中将来还是要迁回北方的,却不料本欲临安之地却成了长久偏安之所。临安也就是现在的浙江杭州。也正缘于此,浙江卫视打造了七集大型历史人文纪录片《南宋》,力图还原那个繁华而苍凉、偏安一隅的南宋。我们一起来看看片头片尾,相信对这首词会更多一层解读。

师:(捡金钗处解说)朝廷以北方疆土的支离破碎,换取南方一隅的短暂和平,使多少志士仁人遥望中原,只望到了一个虚无的梦,还返北方的理想,已经渐次埋进了六陵的荒芜,而无法埋去的,却是偏安一隅的求和之史,宋王朝的一代之忧。

(接片头终了处解说)在南宋偏安江南那段相对稳定的和平期间,临安的人口达到了一百五十多万,超过了北宋的东京汴梁在太平时期的人口,临安的繁华毋庸置疑,在这个城市,人们生活十分富足,也十分丰富多彩。

(接暗香去处解说)然而,繁荣不等于强壮,富庶不等于久安。南宋子民遥望中原的心结,却一天都没有打开过。1207年辛弃疾病终,在他去世后的六十九年,也就是1276年,南宋彻底消失于宋元大战中的最后一场战役——崖海大战。

(接下雪处解说)崖海大战以宋军全军覆没告终。南宋忠臣陆秀夫用白绫把自己和年仅七岁的皇帝绑在一起,怀揣玉玺,从容投海。

(接片尾结束处解说)如果说,南宋政权因一再向异族屈膝而写下的是耻辱之史,那么辛弃疾、岳飞等无数英雄的南宋军民,郁结了一百五十一年遥望中原的怀旧之情,唱出的是遥望中原的高歌。

(4)品读一个经典里的精神风骨

师:我们用知人论世的方法,深入探究了作者的生平和为人,全面了解了他所生活的环境和时代。对本词的内在意蕴有了更多了解,这首词也俨然成了一种精神风骨的代表。

师:从这个经典的品读中,提炼升华出一种怎样的精神风骨?

师:透过对这首词的吟唱,我们可以看到蕴含于词句背后的家国之叹与时局之影。与那些以绮词丽句来吟风弄月的词迥然不同,凡是关注国家命运的作者,都是用他们的生活来践行自己的诗篇,而最终获得人品与文品的统一。不管是文以人传,还是人以文传,辛弃疾和他的"蓦然回首,那人却在灯火阑珊处",已经是妇孺皆知,家晓户诵。每当人们吟诵起那些苦苦求索的名言,就会想起那种建功立业的征战,想起一位中国儒将的壮怀激烈。无论外界怎样变化,他灵魂的脊柱始终没有弯曲过。这样的词人也正是那个时代真正的社会脊梁。

师：我们一起来高声朗读这种风骨。

（师生齐读）绸缪婉转孑然立，孤高幽独凛然存。

当我们蓦然回首，那人还站在历史风云际会处，傲对千年孤独。

板书设计：

**青玉案**

一个节日：元夕

一个节日里的人：辛弃疾

一个节日里的人生活的时代：南宋

**品读经典**

意境想象：以意逆志

文化联想：知人论世

精神风骨：提炼升华

## 三、扫码观看逻辑课堂建构案例系列资料

扫码观看《青玉案·元夕》课堂实录

扫码观看《青玉案·元夕》教学课件

扫码观看《青玉案·元夕》素材资料

扫码观看《青玉案·元夕》学案设计

# 古代散文

## 燃一堆精神的篝火　烘一颗潮湿的明珠
### ——《秋水》教学设计

徐　伟

### 一、逻辑课堂建构说明

课堂依照品读"河伯的一喜一叹""事物的相对性""庄子故意夸大事物的相对性的意义"，带领学生从寓言入手，探讨河伯的变化，从而通过海神若告诉我们一个"大理"。探究"大理"是什么，将这个经典的核心展现出来。整节课流畅，过渡自然，在座教师感叹：这节课给教师们提供了一种勇气。做语文教师原来也可以挑战经典，挑战庄子，上语文课原来也可以如此有高度。本节课的教学设计体现了五个定位，带领师生在庄子的寓言故事中品留一份精神自由的可贵。

**1. 课堂起点——文本解读**

在百家争鸣的春秋战国时期，有的人为了重建社会秩序而合纵连横，有的人为了和平而奔波著述，而庄子更看重人的精神归宿。庄子在《秋水》中告诉人们，从道即自然的角度去看世界，万事万物都没有什么贵贱、是非，万物齐一。为此在裂变的春秋战国时期，他告诉人们应该摆脱束缚，超越生死，超越一切外物，实现真正的逍遥。

**2. 课堂终点——目标定位**

庄子如何从"道"的高度来认识世界，为什么他的思想成为光辉的里程碑。

**3. 逻辑建构——路径选择**

路径：庄子追求的是什么？庄子的自由是什么样的，为什么会有这样的追求？细化到《秋水》中河伯的变化的原因。为什么举出两组对象：夏虫、仲尼。既然都是受束缚的，区分高低贵贱没有意义，那么就应该摆脱束缚，超越一切外物，实现精神的自由。

177

方法：让学生用探究法形成思维，达到预定路径。以解决"河伯变化的实质，从而认识'大理'"。以这一环节为例：写河伯的变化是为了写"自多"，"自多"的原因是受到视界的限制，眼前只有百川，没见到大海的自大。后面写海神若可以"与之语大理"，实际上是写庄子告诉我们回归自然，就是摆脱外物的束缚才能实现真正的精神的自由。

建构：这是一个怎样的寓言故事？千古传诵难道是因为两个神仙的聊天？—"寻相对性"的核心价值—对万物的界定没有意义—真正有意义的是生命和精神的自由—价值呈现：摆脱束缚，实现自由。

本节课问题链设计如下：

| 教师引领 | 学生预设 | 设计意图 |
| --- | --- | --- |
| "今尔出于崖涘，观于大海，乃知尔丑，尔将可与语大理矣。""大理"是什么意思 | 学生很可能从字面上去解读"大理"，"大理"就是大的道理。而庄子的大的道理到底是什么 | 创设思维起点：问题直接指向核心词探究，而不是"是什么"，引导学生进入文本品析，激发学生迅速进入思维的高阶形态，为后面对"大理"这个核心词语的理解打下基础 |
| 这一"喜"一"叹"同学们体会到河伯内心的哪些小秘密 | 这是个挺可爱的寓言人物。他活得很真实，有一定的现实意义。喜在自多，叹在自悟 | 挖掘思维深度：引导学生进一步感受"海神若"的象征意义，为后面对"相对性"的解读张本 |
| 为什么河伯会有这样的变化 | 天下之水，莫大于海；万川归之，不知何时止而不盈；尾闾泄之，不知何时已而不虚；春秋不变，水旱不知；此其过江河之流，不可为量数。看到大海的博大，自愧，大海也不自多，因为它的参照物是天地 | 提升思维品质：引导学生全面把握河伯的认知变化，感受自愧自叹这些品质都是对"目睹大海的阔大无边"这一事实呈现的，因而，这个认识会显得更加深刻。同时，改变学生的思维，由低阶的归纳思维转变为高阶的演绎思维 |
| 为什么写了两组？一组是井蛙、夏虫、曲士，一组是伯夷、仲尼、五帝 | 因为在世俗社会说井蛙、夏虫人们可以接受，但是说到伯夷、仲尼，人们未必接受，所以先求异，再求同。也就是说我们所有的人，包括仲尼、伯夷都局限于自己的视界，因此生命的本质是超越这些束缚 | 建立思维链接：这个环节构成文本前后两大部分的逻辑关联，也是体会作者追求自由的关键是摆脱束缚，所有人都受到各种束缚。深入庄子的心灵世界，探究"无以人灭天，无以故灭命，无以得殉名。谨守而勿失，是谓反其真" |

| 教师引领 | 学生预设 | 设计意图 |
|---|---|---|
| 事物的相对性是如何支撑起庄子的思想的 | 庄子认为没有绝对的大小、贵贱、得失，生死都不用过多的在乎，追求什么都没意义。怎么会这样呢。同学们可能这么看，实质是追问到底什么才是有意义的，结合背景资料得出摆脱束缚、精神自由的结论 | 形成思维逻辑：引导学生通过这个过程的梳理，理解摆脱束缚的重要性，基本完成对"庄子如何从'道'的高度来认识世界"这一问题的理解 |

## 二、逻辑课堂建构教学设计

【教学目标】

（1）庄子如何从"道"的高度来认识世界。

（2）探究庄子在《秋水》中道家思想的理论依据。

【教学过程】

**1. 导入**

师：同学们，我们和庄子都是老熟人了，那么同学们知道庄子是哪一学派的代表人物？

生：道家。

师：庄子为了宣扬他的思想，理论依据是什么呢？今天我们就跟随着庄子的脚步来学习《秋水》，一起来探讨他的认识论。请同学们拿出学案一起读第二自然段。

生（齐读）：北海若曰："井蛙……水乎？"

师：那么，庄子是如何从"道"的高度来认识世界的？探究庄子在《秋水》中道家思想的理论依据又是什么呢？同学们刚才读的这一段中"今尔出于崖涘，观于大海，乃知尔丑，尔将可与语大理矣"，"大理"是什么意思？

生：大道理。

师：这是谁说的？

生：海神若。

师：北海若又是谁，整篇《秋水》都是河伯和海神若的对话，北海若实质上就是谁？

生：庄子，是庄子借北海若在给河伯讲大道理。

师：庄子的大道理到底是什么呢？为什么河伯"观于大海，乃知尔丑"，"海神若将可与之语大理矣"。先前的河伯为什么不可"与之大语？"

生：以为天下之美为尽在己，太骄傲，太狂了。

师：对。我们一起读第一自然段。

师生（读）："秋水时至……大方之家。"

师：北海若看到河伯的认知发生了变化才可以语大理，那么河伯的认知发生了怎样的变化？

生：先前的河伯看到"百川灌河，两涘渚崖之间，不辨牛马"的自己欣然自喜，以为天下之美为尽在己。后来看到了北海，不见水端，望洋相若叹：心理活动由"喜"而"叹"，我觉得他应该是为自己先前的行为感到羞愧了。

师：回答得很细致，请坐！也就是说，河伯在看到百川后，又看到了大海，完成了一个自己认知的转变。认知分为主体和客体，那么请问是什么发生了变化，使他的主体认知随之发生了变化？

生：是客体发生变化，百川、大海。

师：对，也就是认识主体随着客体的变化而变化。从刚才的探究中我们已经发现了河伯在一喜一叹中内心的小秘密，那么在海神若的眼中河伯欣然自喜的原因是什么？他是怎么帮助河伯剖析的？我们用文中的话解答。

生："井蛙不可以语于海者，拘于虚也；夏虫不可以语于冰者，笃于时也；曲士不可以语于道者，束于教也。"

师：准确，好，我请一位同学翻译一下。

生：对井里的蛙不可与它谈论关于海的事情，是由于它的眼界受着狭小居处的局限；对夏天生死的虫子不可与它谈论关于冰雪的事情，是由于它的眼界受着时令的制约；对见识浅陋的人不可与他谈论关于大道理的问题，是由于他的眼界受到所受教育的束缚。

师：那我们看庄子借海神若的口是不是要给我们讲青蛙和夏虫呢？不是，他到底要给我们讲一个什么道理？探究到这里我们再次思考河伯因何欣然自喜？

生：见识太少，见到大海之后他的心态改变了。

师：好，那我们看"井蛙不可以语于海者，拘于虚也"。"拘"和"虚"是什么意思？

生：受限制，虚同"墟"，指住处，生活的地方。

师：井蛙看到的世界有多大，对，只有井口那么大，它以为天就是这么大的，而实质上它是受到了居住环境的限制。那么以此类推，夏天的虫子为什么不能和它们谈冰雪的事情？

生：受到生命长短的限制，时间的限制。《逍遥游》中的"朝菌不知晦朔，蟪蛄不知春秋"和这个是一个意思。

师：联系旧知学新知，很好，什么是"曲士"？我叫你们"曲士"行不行？

生：不行，"曲士"是见识浅陋的人，孤陋寡闻的人。

师：为什么不能和他们讲大的道理，因为不懂。假如你们是幼儿园的小朋友，我能不能给你们讲庄子的认识论，不能，因为不懂。海神若就是用这样一个故事告诉河伯："你的见识太短浅了，但是呢，你内心又完成一个转变，你的认识已经升华了，所以我可以和你谈大的道理了。"同学们，"我"要推出的大道理到底是什么？河伯已经是百川了，大海到底有多大才能带给河伯如此大的震撼和冲击力，请用原文回答。

生："天下之水，莫大于海；万川归之，不知何时止而不盈；尾闾泄之，不知何时已而不虚；春秋不变，水旱不知；此其过江河之流，不可为量数。"

师：请用几个关键词概括出来。

生：万川、春秋不变、水旱不知、不盈、不虚、不可为量数。

师：天下之水，莫大于海，我觉得他有资格骄傲，有资格欣然自喜，他有没有像何伯一样？为什么？

生：没有，海神"若未尝以此自多者"，他说："自以比形于天地，而受气于阴阳，吾在于天地之间，犹小石小木之在大山也。"

师：他和天地比，像小石在大山。那么河伯和谁比？

生：百川。

师：而大海根本不看百川，人家也不看万川，人家看什么？

生：看天地。

师："方存乎见少，又奚以自多"是什么意思，对，本来就知道自己见识少，又怎么会认为自己多，而当初的河伯就是自以为多。这里老师有点晕了，河伯是大还是小，大海是大还是小，谁能告诉我一个准确的答案。

生：其实他们都没有真正的大或者小，他们只是相对的大或者小。只有和另外一种事物比较的时候才能凸显出他们的大或者小。没有绝对的大和小，都是相对的。

师：你刚才说了一个词"相对"太好了，银河系大，还有河外星系，还有宇宙。毫末足够小，还有没有更小的？对，还有化学中的原子、分子。庄子想告诉我们事物是具有相对性的。

事物的相对性是影响人们的认知的，我们没有办法去准确的界定他是大

181

还是小。四海，那么大，庄子看来也就像大泽中的一个穴。说了这么多，庄子最关注的是不是青蛙、大海、中国、四海？他最关注的是什么呢？

生：道，大道理。

师：庄子就是想告诉我们事物是具有相对性的。继续看。"号物之数谓之万，人处一焉；人卒九州，谷食之所生，舟车之所通，人处一焉。"为什么庄子要讲两次"人处一焉"？

生：为了强调人不是最尊贵的物种。人只是万物中的一类，因为庄子说称事物的数量叫作"万"，人类只是占其中的一类；人类遍布天下，谷物所生长的地方，车船所通达的地方都有人，人只是占其中的一类，人虽然这么多，到处都是，但和万物相比也就是马身上的一根毫毛罢了。

师：我能否这样理解，人和物在自然界中是一样的。可是我们人类不是说自己是高级动物吗？庄子认为是否存在这样的地位之分？

生：不存在，贵贱、高低、大小，都是人站在自己的立场上分的。

师：分析的太好了。庄子最终把落脚点放到人的身上，用相对性去解读大和小、多和少。庄子是不是像孔子一样关注社会秩序的重建？

生：不是，他关注人，关注人的内心世界。

师：对，那么人身上都有哪些问题？

生：自私，贪婪，自大，追名逐利。

师：人把自己定义为高级动物，只能说明人是这么想的。有人说，因为人有自己的思想，自己的文字，动物也是这么想的吗？当然不是，人类大肆捕杀其他物种来满足自己的私欲。庄子会如何看待？

生：否定这种做法，因为庄子告诉人们从道即自然的角度去看世界，万事万物都没有什么贵贱、是非，贵贱、是非不过是各类事物在自己种类内部的一种"人为"的约定而已。

师：很好，那也就是万物齐一，涉及了齐物论。我们来看一个补充材料，可以帮助我们更好地理解这个问题。

（PPT展示：海神若：以道观之，物无贵贱；以物观之，自贵而相贱；以俗观之，贵贱不在己。）

师：大家齐读，谁来翻译一下？

生：海神回答：用自然的常理来看，万物本没有贵贱的区别；从万物自身来看，各自为贵而又以他物为贱；拿世俗的观点来看，贵贱不在于事物自身。这段讲的是万物平等。"道"可以解读为自然。

师：思考得太有深度了，我送你掌声。我们生活中有太多的相对，贫富、大小、贵贱、高低。我们继续看补充材料。人活着就离不开得和失，生和死。庄子又是怎样看待的呢？是不是得到了就高兴，失去了就悲伤？

（PPT展示材料一：得而不喜，失而不忧，知分之无常也；明乎坦塗，故生而不说，死而不祸，知终始之不可故也。材料二：夫物，量无穷，时无止，分无常，终始无故。）

生：不一定，不是有一句话叫"塞翁失马，焉知非福"吗，得到就高兴，失去就悲伤是没有依据的，人都是受到认知的局限，时间、空间、见识。我们有办法去预知未来会发生什么吗？所以就没有必要去高兴或者悲伤。

师：我明白了，就像我们不知道海什么时候会啸，地什么时候会震。庄子告诉我们得而不喜，失而不忧的意义就是让我们摆脱束缚。自古至今得失能看透的人多，那么生死呢，比如说我就想长命百岁，多好啊。同学们怎么看？

生：生死只是我们在自然中的一种物态的存在，我们不知道未来会发生什么，死后归到自然我们会变成什么，其实都是一种客观的存在，没有必要为肉身是否存在而过度忧伤。

师：我们学过庄子的一个小故事，他妻子死了，他鼓盆而歌恰恰说明了他的生死观。"量无穷，时无止，分无常，终始无故。"什么意思呢？

生：万物的量是不可穷尽的，时间的推移是没有止境的，得与失的禀分没有不变的常规，事物的终结和起始也没有定因。所以具有大智的人观察事物从不局限于一隅。

师：我明白你的意思了，放在无限延伸的历史长河中，人从尘土中来，到尘土中去，这是自然规律，不需要人为，又何必悲伤或高兴。

师：认知有主体和客体，正因为客体在不断变化，主体的认知也随之发生变化。事物是具有相对性的，它也会影响人们的认知，大小生死、荣辱得失都没有办法也没有必要去界定，刚才又讲了量无穷，时无止，在时空的无限层面解读了生死得失。

我们讲的井蛙、夏虫、曲士，它们受到时间的限制、空间的限制和受教育的限制，而这些都是有限的，有限和无限又是相对的，以有限的时间和生命去追逐无限的事物，会有什么结果？

生：什么都没有，浮云，没意义……

师：庄子说了，"吾生也有涯，而知也无涯，殆矣！"什么叫殆？危险啊，这样的追求是没有意义的。

**2. 探究庄子相对论对宣传道家思想的意义**

师：讲到这里，我们发现我们迷路了。庄子到底要告诉我们什么

"道"？庄子认为没有绝对的大小、贵贱、得失，生死都不用过多的在乎，追求什么都没意义。怎么会这样呢？同学们怎么看？请结合老师发的学案的资料，小组讨论一下。

生：我们小组认为，庄子生活在春秋战国时期，战争充斥天地，哀鸿遍野。庄子对所处的社会现实彻底绝望，对当时的统治者不再抱任何的幻想，庄子的全部关心点是在于人类个体命运的生存状态，他要探讨的，所要强调的都只在于作为个体的人，在当时物欲、名欲横流的世道里，如何摆脱异化，回归自然，以达到全真保性、不为外物所累的绝对自由的境界。既然世界无法认知，既然追求没有意义，人们就应该突破功、名、利、禄、权、势、尊、位等身外之物的束缚，回归自然，使自己的精神和灵魂悠闲自在，无挂无碍地遨游于无物、无我的无穷世界。

师：说得好。对于人而言，外在的富贵荣辱都是没意义的，内在的精神自由才是最重要的。我们在研究文本时不能脱离独有的时代。庄子的逍遥和大道就是在特殊的时代产生的，不求重整社会秩序，只求个体生命无功、无名、无己、无挂、无碍，悠闲自在。

课后思考：请评价老子的话蕴含着怎样的哲理？《吕氏春秋》里记载着一则楚王失弓的故事，讲的是楚王去云梦泽打猎，不小心把自己心爱的弓丢了，侍从们要循原路寻找，楚王说，算了吧，不必去找了，楚人失之，楚人得之，到不了别处的。侍从们都很佩服楚王的豁达与胸怀。孔子听闻此事后说，这句话如果去掉"楚"字就好了，不妨说"人失之，人得之"。老子听说了孔子的评论后，也发表了自己的看法。他说再去掉"人"字会更好。那样就是"失之，得之"，这样才符合天道。

**板书设计：**

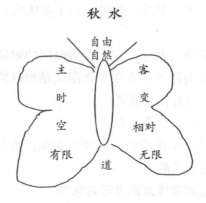

秋 水

自由自然
主时空有限　　客变相对无限
道

### 三、扫码观看逻辑课堂建构案例系列资料

扫码观看《秋水》
课堂实录

扫码观看《秋水》
教学课件

扫码观看《秋水》
素材资料

扫码观看《秋水》
教学设计

扫码观看《秋水》
学案设计

# 翱翔天地无所待　逍遥游里任逍遥

## ——《逍遥游》教学设计

王　静

## 一、逻辑课堂建构说明

课堂依照"辩小大""悟自由"的思路，带领学生比较分析大鹏鸟等艺术形象，明确不同生命在追求境界上的差异，领会庄子的"逍遥无待"的境界和追求生命自由思想的深刻内涵，将这个经典的精神风骨展现出来。整节课深入浅出、循序渐进。在座教师感叹道：这节课给教师们提供了一种新的视角。本节课的教学设计体现了五个定位，带领师生在各种生命所追求的境界中，品味庄子的自由哲学思想。

### 1. 课堂起点——文本解读

在中国历史上，春秋战国时期是思想和文化最为辉煌灿烂、群星闪烁的时代。这一时期出现了诸子百家相互争鸣的空前盛况，庄子就是这个时代独

特的存在。他是继老子之后，道家学派的代表人物，创立了华夏重要的哲学学派庄学。庄子认为衡量生命意义的标准是内在的，而不是外在的，只有达到无所待的境界才能说是逍遥，才是生命的最高境界，这是庄子所追求的"无待"精神自由的意义所在。在这个时期，社会发生了急剧的变化，历史由分裂走向统一。针对社会的急剧变化，各学派热烈争辩，著书立说，阐述各自的思想和政治主张。从这个意义上讲，庄子坚守自由的精神就极有价值。

**2. 课堂终点——目标定位**

只从艺术形象分析，是不能判断其是不是经典的。这篇散文作为《庄子·内篇》的首篇，千古流传，集中体现了庄子的思想和文风，表现了庄子追求绝对自由的人生哲学观。

**3. 逻辑建构——路径选择**

路径："小""大"指什么？对于"小大之辩"，庄子的态度到底如何？"小大之辩"和"生命自由"的关系是什么？

方法：先给出认知的铺垫，在认知的基础上尝试去理解，然后让学生用分析法形成思维，达到预定路径。如以解决"对于'小大之辩，庄子的态度到底如何'"这一环节为例：先对大鹏鸟、蜩和学鸠等艺术形象进行比较分析，所有生命都存在共同的局限性，都认为自己已经很自由了，明确不同生命在追求境界上的差异，它们所处的境界和层次，决定了它们的视野和所能达到的高度。有了这个认知的铺垫，学生就能理解"小"的生命和"大"的生命的区别，再通过讨论分析得出庄子对"小大之辩"的态度。

建构：从大鹏鸟给我们营造的至高至远的境界入手，思考大鹏鸟的生命追求—对比分析体形小，视野狭隘，境界低的蜩、学鸠和斥鴳"却"嘲笑大鹏鸟的原因—体悟庄子对于它们嘲笑大鹏鸟的态度—引出"小大之辩"—讨论庄子对于"小大之辩"的态度（时代背景补充），体悟生命不断超越自我，突破局限的意义—从看似很自由却没有进入庄子逍遥游境界的"三类人"入手，分析如何才能达到真正的逍遥境界，实现精神的绝对自由。

伴随着这节课一路走下来，感慨颇多。要上好一节课，唯有细读文本，才能引导学生遨游于文化的殿堂，给予学生文化的洗礼，思想的浸润。在今后的课堂设计上，笔者将自觉应用五大定位，琢磨出更好的课堂效果。相信这样的课，会带给师生更多的收获。

本节课问题链设计如下：

| 教师引领 | 学生预设 | 设计意图 |
|---|---|---|
| 《逍遥游》中第一、二自然段实际上主要讲了一个关于大鹏鸟的神话寓言故事，庄子笔下的大鹏鸟有什么特点 | 大鹏之大，升空之高，迁徙之远，自由翱翔于广阔的天空，追求至高至远的境界非常人能够想象和感受。虽然大鹏鸟有所待，但庄子对这样的大鹏鸟是赞美、向往的 | 创设思维起点：问题从文中最重要的艺术形象大鹏鸟入手，引导学生进入文本品析，为后对蜩、学鸠和斥鴳的形象分析打下基础，从而成为整节课学生思维的起点 |
| 庄子开篇为我们营造了一种广大的境界，后面还列举了蜩、学鸠和斥鴳，它们有什么特点，它们为什么要"笑"大鹏鸟 | 它们体形小，飞得不高，视野狭隘，境界低。它们不理解大鹏鸟的行为，它们所能达到的高度和境界决定了它们的视野狭隘，境界低，智慧低 | 挖掘思维深度：引导学生对比分析，探究蜩和学鸠"笑"大鹏鸟的原因，了解生命的差异性和局限性，有效激发学生迅速进入思维的高阶形态，为后面讨论"小大之辩"打下基础 |
| 庄子对于蜩、学鸠和斥鴳嘲笑大鹏鸟是什么态度？请从全文寻找依据进行分析 | 庄子以行路备粮的比喻反驳它们的嘲笑，备粮各有不同是因为行程远近不一样。体形小、视野小的它们受自身生命的束缚，无法追求大鹏鸟的境界。庄子认为"小知不及大知" | 提升思维品质：引导学生全面分析庄子对于"小""大"的态度，深入文本，明白它们生命差异的客观存在，虽然它们都受到自身生命和外部世界的局限，但大鹏努力追求更大境界，忘却物我界限，是得到庄子的肯定的，这一点从前文的分析中也可以得到验证 |
| 对于"小大之辩"庄子的态度到底如何，历来有争议，主要有以下三种：①蜩、学鸠等和大鹏鸟的"自由"是一样的，都能达到逍遥境界；②无论蜩、学鸠还是大鹏鸟，都"有所待"，都不自由；③扬"大"贬"小"，大鹏鸟代表的才是逍遥的最高境界。你怎么看？请说出你的理由 | 所有生命都存在局限性，它们所处的境界和层次，决定了它们的视野和所能达到的高度，它们都认为自己很自由了。但生命是不断由低阶走向高阶，由低的境界走向高的境界，走到终极就是无极。所以，追求更高境界、更大智慧的大鹏鸟和庄子所追求的"逍遥游"境界是一致的 | 建立思维链接：这个环节构成文本前后两大部分的逻辑关联，弄清了这个问题，就能为后文探讨庄子追求精神绝对自由的逍遥境界提供思维基础 |

| 教师引领 | 学生预设 | 设计意图 |
|---|---|---|
| 明晰"小大"之后，庄子写到了三类人，这三类人看似很逍遥，很自由，但为什么没有进入庄子"逍遥游"的境界呢？在庄子眼中，怎样才能达到真正的逍遥境界，实现真正的自由 | 这三类人，为官当政者执于内又执于外；宋荣子虽然不执于外，但执于内；列子对内外世界都无所求，但仍然依赖于外在时空，庄子认为他们都没有达到逍遥境界。"乘天地之正，御六气之辩"才是真正的逍遥境界，"无己、无功、无名"的"至人、神人、圣人"才能实现精神的绝对自由 | 形成思维逻辑：引导学生通过这个过程的梳理，理解庄子提出的"忘却物我，无所依凭，游于无穷"的逍遥境界。生命应该跳出应有的局限，放弃功名利禄，不让外物扰乱自己，达到物我两忘、天人合一的自由境界 |

## 二、逻辑课堂建构教学设计

**【教学目标】**

（1）对大鹏、蜩和学鸠等艺术形象进行比较分析，明确不同生命在追求境界上的差异，理解"小大之辩"。

（2）辨析"三类人"达到的境界，使学生正确领会庄子的"逍遥无待"境界和追求生命自由思想的深刻内涵。

**【教学过程】**

**1. 导入**

师：法国哲学家卢梭说："人生而自由，却无往不在枷锁之中。"这里所说的"自由"是相对的，要受到一定的限制和约束。今天我们要学习的也是一篇谈论"自由"的文章——庄子的《逍遥游》，看看庄子所说的"自由"与我们理解的"自由"有什么不同。带着这样的思考，让我们走进文本，领会课文深厚的文化内涵。

学生齐读《逍遥游》全文。

**2. 文本研读**

（1）解题

师：我们先来看下题目"逍遥游"，有什么含义呢？

生：优游自得、逍遥快活、无拘无束、自由自在。

师：从课文注释上看，"逍遥"，指"优游自得的样子"。"逍遥游"指没有任何束缚，自由自在地活动。

（2）辩"小大"

①大鹏鸟形象分析。

师：在整个人类文化中，鸟儿能"飞"，一直都是"自由"的象征。庄子在《逍遥游》里面提到了很多鸟儿。文章的一、二段，实际上主要讲了一个关于大鹏鸟的神话寓言故事。庄子笔下的大鹏鸟有什么特点？请同学们在课文中找一找。

生："体形大，鹏之背，不知其几千里，怒而飞，其翼若垂天之云。飞得高，能飞上九万里的高空。"

师：大鹏鸟靠着什么飞上九万里的高空呢？

生：大风。

师：你们从文中哪里看出来的呢？

生："抟扶摇而上者九万里，去以六月息者也。"

师：文中还有哪些语句间接体现大鹏鸟飞得高呢？

生："天之苍苍，其正色耶？其远而无所至极耶？其视下也，亦若是则已矣。"

师：你能为大家解释下这句话吗？

生：我们看天空的颜色是深蓝的，但这是天空真正的颜色吗？还是天空高远而看不到尽头呢？大鹏鸟从天空往下看，就像人在地面看天空一样。这样的类比说明大鹏鸟飞得非常高。

师：你解释得非常到位。大鹏鸟升空之高，在广大无穷的世界里遨游绝非常人所能感受。我们再继续看文本，大鹏鸟飞上九万里高空后，还做了什么呢？它有什么不一样的追求吗？

生：向南飞。

师：大鹏鸟怎样才能向南飞呢？我们看到课文中的两个"而后乃今"，怎么理解？

生：在九万里的高空，然后才能乘风；背负青天，没有什么阻碍它，然后才能向南飞。

师：很明显，大鹏鸟的特点是体形大、飞得高、追求高、境界高、视野开阔。

②蜩和学鸠、斥鴳形象分析。

师：庄子描绘了展翅高飞九万里的大鹏鸟后，为我们营造了一种广大的境界，后面还列举了蜩、学鸠和斥鴳。蜩和学鸠能飞多高？

生："抢榆枋而止。"

189

师：斥鴳呢？

生："我腾跃而上，不过数仞而下，翱翔蓬蒿之间，此亦飞之至也。"

师：很明显，它们都有自己的活动空间，有自己的"自由"。和大鹏鸟相比，它们有什么特点呢？

生：体形小，飞得不高。

师：是呀，它们体形小、飞得低、追求低、境界低、视野狭隘。

师：和大鹏鸟展翅高飞几万里的高空相比，蜩和学鸠飞得相当低了，可是蜩和学鸠却嘲笑大鹏鸟。它们为什么要"笑"大鹏鸟呢？

生：从它们嘲笑大鹏鸟的话中可以知道，它们对大鹏鸟背负青天，乘着旋风飞上几万里高空南飞的行为不理解。

师：那这是由蜩和学鸠的什么决定的呢？

生：见识。

师：是呀，蜩和学鸠能飞的高度有限，就决定了它们的视野和见识比较狭隘，所能达到的境界低，所以无法理解大鹏鸟的行为。庄子对于它们嘲笑大鹏鸟是什么态度呢？原文怎么说的呢？

生："之二虫又何知！"

师：还有吗？

生："小知不及大知。"

师：庄子为了证明自己的观点，用了比喻说理。我们一起来读下这部分内容。

生："适莽苍者，三餐而反，腹犹果然；适百里者，宿舂粮；适千里者，三月聚粮。"

师：谁来帮助我们理解下这句话？

生：去不同的地方准备的粮食不一样，去得越远，需要准备的粮食越多。

师：庄子不直接阐明自己的观点，用行路备粮的比喻来反驳蜩和学鸠，这个比喻与蜩和学鸠笑大鹏鸟有什么联系呢？

生：所走越远，需要准备的粮食更多。同样的，大鹏鸟体形大，凭借的风力也更大；蜩和学鸠所凭借的风比起大鹏鸟就小多了，所以达到的高度也有限。

师：是啊，它们体形不一样，因而凭借的风力也不一样，就像行路更远需要准备更多的粮食一样。正所谓"读万卷书，行万里路"，走得越远，视野越开阔，见识越多，境界也更高。同样的，蜩和学鸠受自身生命条件的束缚，飞得低，视野狭隘，所以达不到大鹏鸟的境界，也完全不懂大鹏鸟的博大胸怀和远大志向，所以它们嘲笑大鹏鸟。它们和大鹏鸟境界的差异，就是生命的局限。

③分析"小知不及大知，小年不及大年"。

师：蜩和学鸠，以及大鹏鸟，是庄子寓言笔下的一小一大，并且庄子明确表明"小知不及大知"。我们接着文本往后看，庄子还指出"小年不及大年"，他认为寿命短的比不上寿命长的。我们先来看看寿命短的，朝菌和蟪蛄有什么特点？

生：朝菌，朝生，见日则死，不知道一个月的时间变化。蟪蛄，春生夏死，或者夏生秋死，所以不知道一年的变化。

师：说得非常准确。我们再来看看寿命长的。庄子提到了哪些呢？我们一起来读一下这部分内容。

生："楚之南有冥灵者，以五百岁为春，五百岁为秋；上古有大椿者，以八千岁为春，八千岁为秋。"

师：还有吗？

生："彭祖乃今以久特闻。"

师：彭祖以长寿著名，但是一般人却和他相比，不也是很可悲吗？从庄子的叹息中，我们可以明显感受到庄子对于"小年"和"大年"的什么样的态度？

生：小年不及大年。

师：在庄子眼中，是什么决定了"小年不及大年，小知不及大知"呢？结合文中"小"和"大"各自的生命状态思考，如蜩和学鸠能飞上九万里高空吗？

生：蜩和学鸠达不到大鹏鸟的高度，寿命短的不可能变成寿命长的，这是生命本身存在的局限性，这就是"小"和"大"的区别。

④庄子在对比分析中突出"小"和"大"的不同，他所谓的"小大之辩"中"小"和"大"究竟指的是什么？

生：两种不同生命追求所能达到的高度和境界。"大"是大智慧、大境界；"小"是小智慧、小境界。庄子通过寓言的形式，用形象的对比透视出生命的不同境界与智慧。

⑤对于"小大之辩"庄子的态度到底如何，历来有争议，主要有以下三种看法：第一，蜩、学鸠等和大鹏鸟的"自由"是一样的，都能达到逍遥境界；第二，无论蜩和学鸠还是大鹏鸟，都"有所待"，都未达到逍遥境界，都不自由；第三，扬"大"贬"小"，大鹏鸟所代表的才是逍遥的最高境

界。对于这几种看法，你怎么看？请说出你的理由。

师：庄子认为"小"自由吗？"大"自由吗？

生：都有所待，都不自由，但是他肯定大鹏形象的积极意义。

生：无论小的还是大的，在它们各自范围里面，它们都是自由的。因为无论"小大"都在顺应天地万物的本性，它们都发挥出了自己的能力。

生：自由是相对的，限制是绝对的，只有更大的胸襟，更广的见识，才能更接近自由。

师：所有生命都存在局限性，它们所处的境界和层次，决定了它们的视野和所能达到的高度，它们都认为自己已经非常自由了，而不知被束缚在自己的世界里，这些都是生命的过程性追求，而生命不断由低阶走向高阶，不断由低的境界走向高的境界，走到终极就是无极。蜩和学鸠等受到自身生命和外部世界的局限，成了小知。大鹏鸟虽然存在对外部世界的凭借和依赖，但是大鹏鸟在努力忘却物我的界限，积极展翅高飞追求更大境界、更大智慧，这是和庄子所追求的"逍遥游"境界是一致的。

所以，大鹏鸟所追求的"逍遥游"大境界是"蜩与学鸠"等境界小、智慧低的常人无法达到、无法理解的。

⑥ "小大之辩"中，很明显庄子是扬"大"贬"小"的，庄子为什么要塑造一个这样的大鹏形象？

师：庄子对大鹏是一种什么样的情感？

生：向往、羡慕、赞美又惋惜（而后乃今一有所待）、慨叹。

师：这就有一个问题，庄子虽然扬"大"贬"小"，一方面如此不避重复地、浓墨重彩地刻画大鹏形象，强调指出"小大之辩"，但另一方面又从原则上否定大鹏，认为它的展翅高飞还要凭借风力，并非真正的逍遥。庄子为什么要塑造一个这样的大鹏形象？请同学们结合庄子所处的时代背景和文本思考。

生：庄子对于大鹏鸟高飞是非常向往的。庄子处于战乱年代，才能无双，却"用世"不得，内心绝望苦闷。我想他希望自己能像大鹏鸟一样展翅翱翔，自由自在。也许大鹏鸟就是庄子的化身。他想逃避纷乱的现实世界，可是又很难，所以他寄身大鹏鸟，想象自己能像大鹏鸟一样遨游于无穷无尽的太空，寻找一片精神家园。

（3）悟自由

① 明晰"小大"之后，庄子紧接着写到三类人，第一类人，他们"知效一官，行比一乡，德合一君，而征一国"；第二类人，像宋荣子一样，

"举世誉之而不加劝，举世非之而不加沮"；第三类人，像列子一样，"御风而行，泠然善也，旬有五日而后反。彼于致福者，未数数然也"。这三类人看似很逍遥，很自由，但为什么没有进入庄子"逍遥游"的境界呢？

师：讲了这么多，庄子在文末还写到三类人，第一类人，他们"知效一官，行比一乡，德合一君，而征一国"，在庄子眼中这类人是什么样的？回到文本看看。

生："其自视也，亦若此矣。"

师："若此"中的"此"指什么呢？

生：斥鴳。这四种人，像斥鴳一样所见甚小。

师：那他们逍遥吗？他们自由吗？

生：他们在才智、品行、道德、能力方面能达到别人的要求，看起来逍遥，但是他们在意别人的评价，所以还是不逍遥，不自由的。

师：讲得非常好。宋荣子呢？他"犹然笑之"，竟然嘲笑这三种人，他逍遥吗？

生：我觉得他不逍遥。他虽然能分清自我和外物的分际，在世间没有追求什么，但是原文中说了，"虽然，犹有未树也"，他修养还不够高，还不能做到真正的逍遥和自由。

师：是呀，他不被外物拘束，但他自我却还不够，所以不够逍遥。那第三类人列子呢？

生：不自由，文中说他"犹有所待者也"，虽然他对内外世界都没什么追求，不被束缚，但他仍要凭借风力出行，离真正的逍遥还有一定的距离。

师：庄子笔下的三类人，为官当政者执于内又执于外；宋荣子虽然不执于外，但执于内；列子对内外世界都无所求，但仍然依赖于外在时空，庄子认为这些人都没有达到逍遥的境界。

②在庄子眼中，怎样才能达到真正逍遥的境界？怎样才是真正的自由呢？

生："若夫乘天地之正，而御六气之辩，以游无穷者，彼且恶乎待哉？"

师：谁来解释下这句话？

生：如果能顺应天地万物之性，驾驭六气的变化，遨游于无穷无尽的时空中，还需要凭借什么呢？

师：最后两句"以游无穷者，彼且恶乎待哉"改为陈述句怎么说？

生：不凭借任何东西，在无穷无尽的境界中遨游。

③怎样才能做到"无待"，达到逍遥的境界，实现精神的绝对自由呢？

师：庄子认为什么样的人能做到"无所待"？

生：至人、神人、圣人。

师：也就是庄子眼中道德修养最高的人。如何才能做到呢？

生：无己、无功、无名。

师：谁来解释下"无己、无功、无名"？

生：道德修养最高的人要忘掉自我，不追求功名利禄，不追求名誉和地位。

师：在庄子眼中，真正的逍遥是物我合一，物我两忘，达到"无己""无功""无名"的自由之境。而且"无己"是前提，人生诸多牵绊和困扰，就是心中有"我"。有"我"就有了功名欲望，就会受到束缚。只有放弃功名利禄，摆脱利害得失的束缚，不让任何外物扰乱自己，于人世间去掉形骸的自己，使心不受外物牵引，精神就能达到物我两忘、天人合一的自由境界，从而实现真正的逍遥游，不被自我所限制，也不被外物所束缚，达到精神的绝对自由。

师：我们再一起读下面这两句话。

生："若夫乘天地之正，而御六气之辩，以游无穷者，彼且恶乎待哉？故曰：至人无己，神人无功，圣人无名。"

师：在《逍遥游》中，庄子以寓言的形式告诉我们：一个人应当看破功名利禄、权势尊位的束缚。只有那些忘却物我，达到"无己""无功""无名"崇高精神境界的人，才能无所凭借而游于无穷，实现真正的"逍遥游"。庄子追求的是一种内在的精神绝对自由，是心灵的逍遥。庄子的超脱精神，无欲无求的境界为我们提供了另类人生的指导。寓言中大鹏鸟的本领我们也许学不来，但大鹏鸟的志向我们可以效仿，虽然不能修炼肉身上九万里高空逍遥游，但我们可以不断攀升原有的境界，使自己的精神最终"无待"而自由。

**板书设计：**

逍遥游

庄　子

辩

大 ←――――→ 小

悟

精神绝对自由

（至人无己　神人无功　圣人无名）

### 三、扫码观看逻辑课堂建构案例系列资料

扫码观看《逍遥　　扫码观看《逍遥　　扫码观看《逍遥　　扫码观看《逍遥
游》课堂实录　　游》教学课件　　游》阅读素材　　游》学案设计

# 改变本性人可为　我为君子善学习

## ——《劝学》教学设计

李宝华

## 一、逻辑课堂建构说明

课堂依照荀子在《劝学》中"学习的意义""学习的作用"和"学习的态度和方法"思路结构，带领学生"品读文言""知人论世"和"思维提升"，将荀子不同于别家劝学的儒家集大成者的风范展现出来。整节课思路缜密，细节抓得好，对学生理解、传承传统文化有帮助。

### 1. 课堂起点——文本解读

《劝学》是先秦时代著名的思想家、文学家、政治家荀子的一篇名作，且是《荀子》的开篇之作。文章选段中荀子连用二十个比喻，反复论证学习的意义、作用，妙语连篇，具有激荡人心的力量，不愧是语言大师。春秋战国时期，五霸七雄迭起，诸子百家活跃于政坛、文坛，不但留下了他们光耀千古的思想理论，也同时留下了他们语言艺术的名篇精粹。

### 2. 课堂终点——目标定位

《劝学》作为《荀子》的开篇之作，意义何在？荀子在文中论述到人的本性可以通过学习来改变，他也论述到了如何去改变，这些论述是建立"性恶论"的理论前提下，迥异于后代传统的劝学之文，例如韩愈的《师说》。带领学生深入品读文本，了解荀子，读懂荀子，提升对传统文化的理解力和欣赏力。

### 3. 逻辑建构——路径选择

路径：荀子为什么劝勉大家去学习？怎样去学习？在知识激增的现代社会，我们对于学习的看法有了很大变化。你认为荀子的观点是否过时？有哪些观点需要补充发展？

方法：让学生细读文言，理智分析，达到预定路径。以理解"君子"这一文言词语为例："君子"是社会地位高、道德品行好的人，文中开篇引用君子的话，强调"学不可以已"，引导学生品读，明白这种引用有助于增强文章说服力，同时强调学习是为了什么，再结合文章的论点句子"君子日参省乎己，则知明而行无过矣""君子生非异也，善假于物也"，理解荀子劝勉人学习的出发点不是简单的"以学求能"，而是改变本性，提高自我，成为圣人。

建构：破题，即题目"劝学"二字的理解—"君子"概念的厘定—文章论点句的品读和理解—荀子劝学的论证方式，扣住二十个比喻论证，得出人的本性可以改变、提升这个关键性的结论—时代背景（荀子所处的时代）、文化精神（诸侯异政，百家异说的时代下，荀子的责任和历史使命）—价值呈现，荀子学习观的价值评判。

上这节课前后感融很多。作为语文教师，自身的国学功底要深厚，否则，面对诸子百家的思想，在提升学生核心素养的能力上会显得很吃力。唯有不断深潜文本，提升自我修养，打造清晰的逻辑课堂，才能引领学生领略汉文化的精髓。

本节课问题链设计如下：

| 教师引领 | 学生预设 | 设计意图 |
| --- | --- | --- |
| 《劝学》中"君子"是指什么人？结合《爱莲说》中"莲，花之君子者也"以及其他名篇中"君子"的论述，引导学生理解本文中的"君子"概念，尤其是各段的论点句，为学生对整篇文章的理解奠定基础 | 结合课下注释，学生回答："这里指有学问、有修养的人。" | 创设思维起点：直接抓关键词和观点，引导学生进入文本品析，激发学生迅速进入思维的高阶形态，为后面对荀子为什么劝勉大家学习的问题形成思维前提 |
| 承接"君子强调学习不可以停止"的话后，荀子劝学却没有直接讲学习，讲的是什么？跟学习有什么关系 | 逐个分析青与蓝、冰与水、直木与轮、木材与直木、金与砺等五个比喻论证，证明人的学习也可以改变人性 | 挖掘思维深度：引导学生从设喻中理解荀子的论证方法，从而举一反三，分析全文的多个设喻，以期理解荀子"化性起伪"的思想 |

| 教师引领 | 学生预设 | 设计意图 |
|---|---|---|
| 梳理全文，荀子认为如何才能成为君子 | 结合原文梳理：博学、参省、善假于物、积累、坚持、专一 | 提升思维品质：引导学生全面把握《劝学》全文，宏观把握、理解荀子劝勉学习的内容、对象、方法、态度和意义 |
| 荀子为什么劝勉大家去学习 | （1）学习可以改变本性，且变得更好，可以成为君子。<br>（2）学习可以弥补不足。以学求能 | 建立思维链接：结合荀子担任稷下学宫祭酒的身份地位，以及荀子所处的时代，知人论世，以意逆志，理解《劝学》作为《荀子》开篇之作乃是为"人性恶"等观点张本 |
| 在知识激增的现代社会，我们对于学习的看法有了很大变化。你认为荀子的观点是否过时？有哪些观点需要补充发展 | （1）过时了：荀子在本文中勉励人们学习，认为后天的学习能改变先天所具有的"人性恶"的本质，从而具备"圣心"，成为君子。这是按封建上层阶级的道德标准来要求的，具有一定的阶级局限性。<br>（2）不过时：荀子在文中提到的学习的意义和作用、学习的方法和态度，在今天都值得继承和借鉴。不过时代发展了，他的观点需要补充和发展，如"终身学习""创造性学习""合作学习"等 | 形成思维逻辑：引导学生通过梳理荀子的观点，理解荀子的学习观，并对传统文化精神进行价值评判，进行自我反思，培养道德自信，提升思想素养 |

## 二、逻辑课堂建构教学设计

【教学目标】

（1）分析文章的论证结构和论证方法，把握荀子"劝学"的中心观点。赏析全文，概括总结，深入探究，明确学习的意义、学习的作用、学习的态度和方法。

（2）学习了解荀子等古人对"学习"的理解情况，进行自我反思，培养道德自信，提升思想素养。

【教学过程】

**1. 破题导入**

问题：荀子《劝学》的题目是什么意思？

明确：劝勉、鼓励大家学习。

**2. 扣住"君子"一词，理解荀子关于人的本性可变的思想**

师："君子"这个词，在你脑海里面会浮现怎样的一个人物形象呢？

生：有学问，有修养。

师：课下的注释是大家说的，而且我们还可以用一些词汇来修饰君子。比如？

生：品德高尚。

生：为人正直。

师：总结一下，总体上是说（君子是）社会地位比较高，品德操行非常好的人，才被称为君子。

师：荀子首先劝勉大家学习，不是在开篇的时候说"我"怎么讲，而是借用谁的话呢？

生：君子的话。

师：君子是一种温润如玉的谦谦模样，社会地位高，品德操行好。那么他说的话不仅有说服力，而且怎么样？而且君子的观点跟作者的相同，"学不可以已"，这句话的意思是？

生：学习不可以停止。

师：老师想追问一个问题，人生来就是君子吗？

师：还不太确定？大家想一想。刘禹锡在《爱莲说》中说，"莲，花之君子者也"。大家刚才给君子总结出很多的特点，但是人天生就有这么多的特点吗？或者说天生就有这样的禀赋吗？

生：没有。

师：这一次回答得非常响亮，人不是天生就是君子，只有通过怎样的方式才能成为君子？

生：学习。

师：大家异口同声地说是通过学习。我们再回到荀子的立场上。在荀子看来，人生来是什么样子的？大家知道吗。相对于孟子而言。老师听到一位同学小声说是性恶论。这是对的。在荀子的《性恶篇》当中，他是这样来说人性的，大家齐读一遍白板上的文字。

生（齐读）：……目好色，耳好声，口好味，心好利，骨体肤理好愉佚，是皆生于人之情性者也……

师：相对于孟子而言，荀子认为人生来本性是恶的，所以在这个基础之上，人要学习才能够像君子那样达到一定的社会地位，像君子那样有高尚的品德。我们总结一下君子的定义和形象特点。请大家齐读庄子《天下篇》中君子的解说。

生（齐读）：以天为宗，以德为本，以道为门，兆于变化，谓之圣人，以仁为恩，以义为理，以礼为行，以乐为和，熏然慈仁，谓之君子。

师：君子好不好？大家是不是心向往之。怎么样才能成为君子呢？大家从选文当中寻找荀子的观点句，看他是怎么说的。

生：君子生非异也，善假于物也。（师纠正通假字"生"的读音）这句话的意思是，君子的本性和一般人并没有什么不同，只是善于假借于外物罢了。

师：从这句话的意思我们可以看出来要成为君子方法和途径就是——

生：善于借助外物。

师：关于这个"物"，哲学理念"物"是物质的意思。本文中的"物"具体指的是哪些东西呢？哪些是可以利用的？

生：可以值得去学习的东西。

师：包括人吗？

生：包括。

生：身边的事物。

师：身边的人和事。

生：行为或者身边的那些……

师：前面的同学所说的是不是偏重于学习的内容？而借助于外物中的这个"物"，可以让人学习得更好，那借助的外物能不能有一些具体的东西？

生：书籍。

师：书应该是最好的工具了。曾有人说，"书中自有黄金屋，书中自有颜如玉"。书是一个载体。这是荀子所说的，要成为君子，即"善假于物"，就是要借助于外在的工具。除此之外，文中还有哪些句子表达了荀子成为君子的方法或者途径的观点？

生：不积跬步……无以成江海。

师：荀子的观点是"积累"。那么这一句的这个观点是你总结出来、提炼出来的，还是荀子直接提出来的？

生：荀子告诉我的。

师：就是你提炼出来的，也是荀子告诉我们成为君子的一个方法。积累很重要。这不是荀子大声喊出来的，是我们提炼出来的一个观点，也就是，要成为君子必须要积累。有其他不同的意见吗？

生："锲而舍之，朽木不折。锲而不舍，金石可镂。"荀子的观点是要"坚持"。

师：这也是你提炼出来的观点。

生："君子博学而日参省乎己，则知明而行无过矣。"意思是，君子每天广泛的学习并反省自己，那么就可以做到智慧明达，而且行为上不会有过错。

师：这句话有两个条件，一是博学，广博的学习，二是参省。孔子的《论语》中有没有"参省"？

生：有。"吾日三省吾身，为人谋而不忠乎？与朋友交而不信乎？传不习乎？"

师：博学和参省是两个很重要的条件。"积善成德，而神明自得，圣心备焉。"其中"圣心"指的是圣人之心，是君子所具备的。而"积善成德"的"积善"说明我们要成为君子要积累的东西是什么？

生：善和德。

**3. 文中荀子如何劝学？重点突破设喻（比喻论证）**

师：积累善而成就德行，这才是君子所拥有的风范。从一个侧面反映这一句话，比大家所挑选的那些句子，更能体现荀子的观点。也就是说只有积累了善行，成就了自己的品德操行，也就成了君子。除了这些观点句，从第二自然段开始，很奇怪，荀子并没有直接地说学习，他说的是什么呢？我们一起先来读一读第二自然段。

（生齐读）

师：按照惯常的思维，如果劝勉大家，一定会讲学习了会怎么样，或者怎样学习。例如，学案前面颜真卿的《劝学诗》："三更灯火五更鸡，正是男儿读书时。黑发不知勤学早，白首方悔读书迟。"劝勉大家珍惜年少时光，勤奋学习。而荀子首先讲到什么？"青出于蓝而胜于蓝"，是直接在讲学习吗？

生：不是。

师：例如，靛青是从蓼蓝中提取出来的，靛青的颜色更深，也更多地应用于工业生产，足见由"蓝"到"青"，是变好了，还是变坏了？

生：变好了。

师：冰和水，两者是状态不一样；再如"木"和"轮"，"虽有槁暴，不复挺者"，即使再经过暴晒，也不可能回到原来的样子，说明这种状态的改变是持久、永恒的。金属刀具经过磨刀石也能变得更加锋利，荀子拿这些日常熟知的事理来论证人通过学习会变得怎么样？

生：更好。

师：全文共用了二十个比喻论证，说明通过学习，人的本性是可以改变的。我们把它称作"化性"（荀子有"化性起伪"的观点）。荀子认为人生来是好色好利的，通过学习是可以改变这一本性的。他通过青和蓝、冰和水等一系列的比喻论证，来说明人的本性是可以改变的，每个人成为君子都是有希望的。每个人成为君子是可以实现的，但具体怎么实现？我们前半部分总结出来的方法或者途径，是不够完整的。同学们，还有哪些呢？

生：《论语》中的"学而不思则罔，思而不学则殆"，强调学与思要结合。

师：荀子却更强调多学。再说登高而招、登高望远、顺风而呼、借助车马、假借船桨等方式，论证人会改变本性，成为君子。成为君子除了上面总结的，还有其他方法吗？

生："蚓无爪牙之利，筋骨之强……用心躁也。"说明学习要专心。

师：或是专一。所以博学、参省、积累、坚持、专一等都是缺一不可的，又是辩证统一的。不过，老师很好奇，或许大家也有这样的疑惑，荀子为什么劝勉大家去学习？请互相讨论一下，有哪些理由。

生：通过青蓝、冰水等比喻论证，说明学习是改变、化性的途径，可以将人变得更好；文章的第三段，"登高而招""见者远"等设喻，说明学习是可以弥补不足的。

### 4. 荀子为何劝学（知人论世）

师：在此，老师有必要补充一下作者和本文的写作背景。请看学案。首先从荀子做稷下学宫祭酒这个工作来说，是分内之事。另外，战国时期的时代背景对这种思想的提出还是有促进作用的。请齐读"诸侯异政，百家异说……"。

（生齐读）

师：足见，以往的学说不再适应历史的车轮，他是战国末期儒家思想的集大成者，提出学习改变人性的观点，是为其"性恶论"来张本、铺路。

斯人已去千百年，那么荀子这些学习观有没有过时？

生：荀子所说的学习，学习的对象更加广阔。我们通常说的学习，指的是学习文化知识、书本知识，荀子更注重学习善和德，更注重人的德行、品

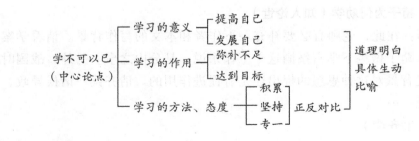

德的学习。这种大的学习观没有过时。

生：不过时。在学习或者听取别人意见的时候，要有所保留，坚持自我主见。

**5. 理解荀子学习观**

理解荀子的学习观，并对传统文化精神进行价值评判和自我反思，培养道德自信，提升思想素养。

师：有没有同学认为荀子的学习观是过时的？对他的学习观有没有补充和发展？结合《劝学》的全文。

生：合作学习。

生：终身学习观……学不可以已。

师：大家对荀子的学习观有了自己的价值判断，这也是对传统文化的吸收和传承。所以，希望通过这次学习，能引导大家去读读《荀子》，了解荀子其人其文，对他的观点进行批判性的继承。历代也有很多名家名人对荀子做出评判，他们是怎么说的呢？这节课，我们就来齐读杨倞、梁启超、李泽厚等人的评语，来感受荀子其人其文的魅力吧。

生（齐读）："真名士之士，王者之师……"

师：希望通过本节课的学习，大家树立起荀子的那种大学习观，不再只是关注数理化等死记硬背的知识，也要更加注重自己德行和品德的砥砺。最后，我们齐背全文，来结束本节课的学习吧。

**板书设计：**

## 三、扫码观看逻辑课堂建构案例系列资料

扫码观看《劝学》　　　扫码观看《劝学》　　　扫码观看《劝学》
课堂实录　　　　　　　教学课件　　　　　　　朗读素材

扫码观看《劝学》　　　扫码观看《劝学》　　　扫码观看《劝学》
素材资料　　　　　　　文本解读　　　　　　　学案设计

# 毅然远离尘俗之地　醉卧唱响灵魂之歌
## ——《归去来兮辞》教学设计

李爱菊

## 一、逻辑课堂建构说明

课堂依照朗读想象、品读、品味语言、走进作者精神世界，体会作者高雅的志趣、坚定的人生信念以及高度自由的精神追求。整节课思路清晰、设计环环相扣。本节课的教学设计围绕三个定位而成。

### 1. 课堂起点——文本解读

陶渊明是文学史上不愿和腐朽的统治集团同流合污，恬淡旷远的襟怀、孤傲高洁的品格的典型代表，也被称为"隐逸之宗"，是历史上少有的身心完全归隐的代表。陶渊明对社会人事的虚伪黑暗有着极清醒的认识，因而选择隐居。当他在漫长的隐居生活中陷入饥寒交迫的困境时，尽管也彷徨过，动摇过，但最终还是没有向现实屈服，宁固穷终生也要坚守清节。陶渊明最

后一次在彭泽做官，仅八十一天就解印回家，而《归去来兮辞》就是在最后一次辞官归隐时写的，因此也被称为告别官场回归田园的宣言。告别官场回归田园需要很大的勇气，此篇文章写出了陶渊明的心理变化、回归后的心情以及精神的内核。

**2. 课堂终点——逻辑定位**

单方面把陶渊明回归田园理解为一种消极的避世，一种悲观的选择或者一种积极的选择都是不全面的。我们不能简单地用"悲观"还是"乐观"理解陶渊明的选择，做官是一种追求，回归田园也是一种追求，两者没有对错之分，儒道是两种不同的生命观，只是选择不同而已。"今是"与"昨非"的选择其实是陶渊明对儒家和道家的两种选择罢了。

**3. 逻辑建构——路径选择**

为了让学生更加深入地了解陶渊明，为了达到预定的路径，本课的逻辑建构为：指导学生品读诗歌，思考归去对陶渊明意味着什么？——人生的重要抉择。陶渊明做出了归隐的选择，面对这样的选择，陶渊明是怎么认识的？着重抓住"今是而昨非"。分析"昨"为什么"非"。陶渊明完全为了生存需要违背本心的选择，是一件很难接受的事情。分析"质性自然"，为什么会有这样一种心理？其实他的生活并不美好，但是他的感觉却是很美好的。面对并不美好的、困窘的生活，陶渊明心里应该是不开心的，焦虑的，但是他选择的是心灵的自由。"今是"让学生体悟"乐"。将文中的"乐"作为证明的东西，这是对学生的思维训练，而不是简单的信息提取。这一点学生体会是很少的。因为现在的学生的"乐"主要是基于物质的、享受的、肉体的，而不是基于灵魂的。这对提高学生思想境界有帮助。那么教师要引导学生了解这种"今是"与"昨非"背后的冲突是什么，也就是冲突的根源。这个根源是儒道之别。要让学生明白一个人身上不会是纯粹的儒或道，而主要的是哪一种，而且，这主要的那一种思想观会因不同的时期而发生改变。陶渊明做官时的主要思想是儒家思想，回归后的主要思想应该是道家思想。从而让学生明白，若单纯认为回归后的陶渊明是一种消极的避世，实际上是单纯地站在儒家的立场上批评道家。我们应该站在客观的立场上，看到陶渊明不同时期的两种不同的生命追求。让学生认识这两种不同的生命观，对日后学生读类似文本有初步的指导。

本节课问题链设计如下：

| 教师引领 | 学生预设 | 设计意图 |
|---|---|---|
| 回归田园对陶渊明意味着什么 | 回归田园是陶渊明人生重要的抉择 | 创设思维起点：问题直接指向"为什么"，引导学生进入思考，激发学生迅速进入思维的低阶形态，为后面的思维连续性做铺垫 |
| 从官场回归田园，甘心去做一个普通的农人，是什么让陶渊明有如此大的勇气去做这样的一个选择？即对这样的抉择，陶渊明是怎么认识的 | 抓住文中关键句"觉今是而昨非"，意思是，陶渊明已经觉悟现在归田园的选择是正确的，以前（做官）的做法是错误的 | 提升思维品质：通过对"今是"和"昨非"的含义的理解，让学生知道陶渊明对自己之前的选择的认识是错误的，进一步引导学生思考，为什么认为之前的选择是错误的？使得学生的思维由低阶向高阶提升 |
| 既然"昨"是"非"的，陶渊明为什么还去做官 | 为了生计——家贫、幼稚盈室、瓶无储粟、尝从人事，皆口腹自役。为了生计陶渊明不得不踏入仕途 | 挖掘思维深度：引导学生进一步思考，既然觉得以前的选择是错误的，为什么还要选择做官呢？从而让学生明白作者也曾在做官和归隐的选择上犹豫、徘徊过，让学生明白陶渊明这样的大文学家也和普通人一样面临着生计的问题，这也为陶渊明追求高度的精神自由张本 |
| 是什么原因又让他有了坚定的归隐想法 | （1）社会的原因：大臣们偏安政局、朝廷门阀政治严重、皇帝大权旁落等，致使陶渊明无法实现自己的理想。<br>（2）性格原因：品格高洁、质性自然 | 建立思维链接：这个环节构成文本前后两大部分的逻辑关联，陶渊明回归田园后以松、菊、飞鸟、书、酒为伴，每天闲庭信步，生活确实很悠闲、恬淡，甚至连躬耕劳作在他笔下也是快乐的。就是因为陶渊明天性酷爱自由，在田园中找到了本真，这样我们就明白了陶渊明所说的"今是"的内涵——精神的高度自由，也理解了是什么驱动作者归隐田园，从而认识到陶渊明是遵从内心，品格高洁的人 |
| 陶渊明写这种"今是"与"昨非"选择的根源是什么 | "今是"与"昨非"的选择其实是儒家和道家的选择 | 形成思维逻辑：引导学生通过这个过程的分析，让学生理解陶渊明这种归隐的选择不是消极的避世，而是儒家和道家两种不同时期的选择。通过分析，让学生认识到儒家和道家两种不同的生命观，将学生的思想上升到另一个高度 |

## 二、逻辑课堂建构教学设计

【教学目标】

（1）梳理全文内容，积累文言知识。

（2）在朗读中启发学生的想象和联想，体会作者归隐后的心情。

（3）应加强对语言的品位和鉴赏，体会作者高洁的理想志趣和坚定的人生追求。

【教学过程】

**1. 导入**

师：同学们，人生在世，谁能挣脱名利的羁绊？谁又能拒绝高官厚禄的诱惑？但在中国文学史上就有这样一个人，他有官不做，乐居田园，用自己的心灵书写了一曲曲动人的绝唱，他就是中国著名的隐逸诗人之宗，谁？

生：陶渊明！

师：陶渊明可谓是大家的旧相识了。下面我们一起回顾一下学过他的哪些作品。

生：《桃花源记》《五柳先生传》《饮酒》《归园田居》。

师：今天，让我们再学习一篇他用心灵写成的，被称为告别官场回归田园的宣言——《归去来兮辞》，去感受陶渊明独特的人生情怀！

**2. 体会诗人回归前的抉择**

师：我们先来看一下题目。有没有同学帮我们解释一下题目"归去来兮辞"的意思。

生："来"是一个助词，没有实际意义；"兮"是一个虚词，没有实际意义；"辞"是一种文体。"归去来兮辞"是"归去"的意思。

师：陶渊明归去哪里？

生：回归田园。

师：很好，先让我们听名家朗读，去体味一下陶渊明的田园生活。

师：回归田园对陶渊明意味着什么？

（PPT展示问题）

师：此刻陶渊明从哪里归来的？

生：官场。

师：对，官场。寒窗苦读多年，终于有机会可以去做官了，为什么又回来了？

生：从官场回来，放弃了以前所追求的名利。他遵从自己的内心回到了田园。

师：其实从官场到田园是他……

生：人生的抉择。

师：这种选择相当于努力学习了十多年，好不容易考上了一个收入稳定、也有些体面的公务员，现在却要辞职不做了，而去选择做一个农人，可以想一下内心是怎样的一种波动。

**3. 体悟抉择后的畅然之情**

师：对这样的抉择，陶渊明是怎么认识的？

生："既自以心为形役，奚惆怅而独悲，悟已往之不谏，知来者之可追，实迷途其未远，觉今是而昨非。"

师：好，以前的做官生活，陶渊明认为是？

生："觉今是而昨非。"

师：解释一下"非"的意思？

生：错误。

师：什么是错误的？

生：以前的抉择，做官是错误的。

师："是"什么意思？

生：正确的。

师：如今这种回归田园的选择对陶渊明来说是正确的。那么，既然"昨"的选择是错误的，陶渊明为什么还去做官呢？

生：引言中说道："余家贫，耕植不足以自给，幼稚盈室，瓶无储粟。"家里人也劝他做官，于是他就去做官了。

师：用一个词来概括，就是为了……

生：为了生计。

师：以前为了生计做官，难道现在不需要了吗？为什么选择了回归田园？

生：因为"质性自然"。

师：能解释一下吗？

生：本性热爱自然。

师：陶渊明在他的其他诗歌中有没有类似的表述？

生：《归园田居》中"少无适俗韵，性本爱丘山"。

师：回归后陶渊明的心情应该是非常开心的。在文章中哪些地方可以证明陶渊明田园生活是非常开心的。

生："乃瞻衡宇，载欣载奔，僮仆欢迎，稚子候门。"

师：这主要讲了陶渊明什么时候的开心？

生：归途之时的快乐。

师：陶渊明到家前，看到自己的房子，高兴地跑向家里。据记载，陶渊明写这首诗时已经四十三岁了，一个四十三岁的文人，看到近在咫尺的家像小孩子一样开心，可见内心是多么的欣喜、愉悦、急切。

生："舟遥遥以轻飐，风飘飘而吹衣。问征夫以前路，恨晨光之熹微"，写船的轻快，其实也是写他内心的轻松与愉悦，体现了归家心切。

师：哪个词能更好地表现了他归家的急切？

生："问"和"恨"。

师："恨"是什么意思？

生：遗憾。

师：很好，从陶渊明回家的途中可以看出他内心的欣喜、急切。

生："引壶觞以自酌，眄庭柯以怡颜，倚南窗以寄傲，审容膝之易安……"其中的"怡颜""成趣"等明确说明了他非常开心。

师：这段写的是陶渊明回家后的生活。那么这是一种怎样的生活？

生：自由自在、无忧无虑、悠闲的生活。

师：好，悠闲的生活。请同学们读第二段居家生活部分，体会陶渊明是不是过着悠闲的生活。

（生齐读第二段）

师：读完后，大家赞同吗？

生：赞同。

师：好，大家都赞同陶渊明回家后的生活是比较悠闲的，所以，在读的时候节奏要放慢一点。注意一下"以""之""而"等虚词，在这里什么意思。

生：无实在意思。

师：在这里有什么意义？

生：放在句子里有意义，更能把陶渊明的悠闲生活表现出来。

师：好，我们来验证一下，我们把这几个虚词去掉再来读一遍，感受一下。

（生齐读第二段，感受节奏）

师：去掉后再读，节奏就变得很快，所以，这几个虚词是有作用的，不仅是句式上的变化，而且是作者情感上的变化。

师：再看一下第二段这几句，作者在这里选取了几个典型的意象。"松""菊"有什么用意？

生：松树和菊花具有不屈服、不零落，志向坚定的品格，在这里象征着陶渊明坚强不屈、高洁的品格。

师：很好，作者在这里选用的松、菊、白云等意象，也是在表现出自己的品格——高洁，不愿意与黑暗同流合污。据萧统编纂的《昭明文选》中《陶渊明传》载，一次督邮来彭泽巡视，要他束带迎接，他"不能为五斗米折腰，拳拳事乡里小人邪"，即日去职。那么，陶渊明所处的社会是怎样的呢？我们来看一下社会背景。

陶渊明生活在东晋时代，社会的主要特点是偏安政局与门阀政治。偏安政局，形成了东晋上层阶级苟且偷安的心理，玄风流行，释、道两教并行于世，更使得东晋上层阶级政治上缺乏积极进取的精神。东晋又是门阀政治时代，其基本表现是皇帝大权旁落，权力掌握在若干门阀人物之手，国运日渐衰微，败亡之兆迭现。

师：大臣们偏安政局、朝廷门阀政治严重、皇帝大权旁落等，致使陶渊明无法实现自己的理想，再加上他品格高洁、质性自然，所以选择了归隐田园。

师：在官场上他的心是被压抑的，没有快乐而言，回归后的陶渊明犹如"鹰击长空，鱼翔浅底"般自由自在，用他自己的话说是"鸟倦飞而知还""羁鸟恋旧林、池鱼思故渊"。回归后的生活在他笔下是愉悦美好的，我们想想吃过饭在田园散散步、下下棋，养养花鸟，喝点小酒，吟诵诗歌，确实很美好，这也是我们所向往的生活对不对？但是，除了这些，作为一个农人还要耕种，但在陶渊明笔下，耕种也似乎是一件高兴的事。

师：（引导学生进一步想象）现实中的农人，耕作中要面朝黄土背朝天。白居易的《观刈麦》中就有描述农人耕作的场景，大家还记得吗？

生："足蒸暑土气，背灼炎天光。"

师：是呀！脚下蒸腾着的是大暑天的土壤之气，背脊梁上灼烤着的是如火一般的太阳。就连陶渊明也在他的《归园田居·其三》中写道——

生："晨兴理荒秽，带月荷锄归。"

师：可见，躬耕是一件多么辛苦、劳累之事。再加上作者对农耕之事不擅长，还要"农人告余以春及"。但在陶渊明的笔下，躬耕却是非常快乐的，为什么？

生：可以借用《送东阳马生序》中的"以中有足乐者，不知口体之奉不若人也"，意思是自己心里高兴、充足，不会关注自己吃的、用的不如别人。

师：非常好，能将知识触类旁通，用在这里也非常恰当。只要心中感到满足，即使吃的差一点，穿得简陋一些，也不觉得，因为心中快乐，精神上就快乐了。

师：因为陶渊明天性酷爱自由，在田园中找到了本真，所以他认为如今的选择是正确的。陶渊明在《归园田居·其三》中也有这样的感慨，还记得是哪句吗？

生：是"衣沾不足惜，但使愿无违"。

师：请解释一下。

生：身上衣沾湿了并不可惜，只愿我不违背归隐心意。这里的"心意"就是热爱自然、追求精神自由的"本心"。

师：非常好，这样我们就明白了陶渊明所说的"今是"的内涵——精神的高度自由，也理解了是什么驱动作者归隐田园。

师：其实，归隐后的实际生活远没有陶渊明描写的那样惬意，他曾穷的断酒饿肚子，甚至到老乡家去乞讨，这对一个文人来说是一件多么难堪的事。后期，他的家也被烧毁，身体饱受疾病困扰，即使这样，在归隐的二十二年中，陶渊明也依然坚决谢绝一切的做官规劝和财富的诱惑，始终坚守在田园，坚守着自己的精神家园。因为，他生活贫困，但精神却是自由、富足的。

陶渊明归隐后写了一些山水田园诗，如《归园田居》五首、《饮酒》二十首等。其中《饮酒》的"采菊东篱下，悠然见南山"最能体现出他田园生活的自由、悠闲、快乐。

师：虽然现实不美好，政治黑暗，官场污浊，但在陶渊明看来，只要内心感觉美好，内心深处就是愉悦的，心灵就是富足的。

**4. 挖掘抉择背后的根源**

师：有人说"聊乘化以归尽，乐夫天命复奚疑"这句包含着悲观消极的思想。结合全文，谈谈你的理解。（陶渊明写这种"今是"与"昨非"选择的根源。）

生：这句话的意思是：暂且顺应自然，乐天知命不要再怀疑。看起来是有悲观的含义，但是对陶渊明说并不消极，陶渊明本身愿意回归田园，不愿意做官，不愿意同流合污，归田是他追求的表现，是他的一种选择。

生：我也认为他不是悲观的，更能突出他高洁的品质。

生：有一点点悲观，乐天知命太有点听天由命了，我们今天说听天由命是一个贬义词，是一种消极的人生观。

师：现在有两种声音了，都能说出自己的理由，还有要表达的吗？

生：我认为不是悲观的，因为回归自然是他自己的愿望。

生：有一点点悲，面对黑暗的社会，他没有以一种积极的态度去改变，而是选择顺应天命。

师：你的意思是，在当时，他应该积极进取，力尽所能去改变，而不是选择逃避。好，还有不同观点吗？

生：有悲观的意思在里面，但是更多的是乐观，不想再被官场左右，他明知自己不可能改变当时黑暗的社会，只有选择退隐，这是一种积极的避世。

师：对于这句，有的同学认为悲观，更多的同学认为乐观。说悲观，是针对什么来说的？

生：针对做官来说的。

师：做官、出仕、兼济天下，是古代的儒家思想。陶渊明是东晋末年人，他的曾祖陶侃官至大司马，祖父和父亲都做过太守之类的官职，到陶渊明时家境衰落。生长在官僚家庭且受儒家思想的陶渊明，自少年时起就有雄心壮志，他的《饮酒·十六》中"少年罕人事，游好在六经"的两句是说自己少年时很少和人交游，志趣在研习古代的经籍，以及在《杂诗》中很明确地说"猛志逸四海"。陶渊明二十九岁时开始出仕，先后做过一些官，只是职位都不太高。在文中有没有蛛丝马迹可以找到陶渊明也是想做官的？

生：《归去来兮辞》"序文"中："亲故多劝余为长吏，脱然有怀，求之靡途。"（脱然，轻快的样子）这几句话是说亲戚故友大多劝"我"去做官，"我"心里也有这样的念头，只是求官缺乏门路。可见那时曾是希望通过做官，有机会实现大济苍生的愿望。

师：这时是受儒家入仕的思想。后来因为他不愿意"违背本心""违己交病"，于是他毅然选择辞官。这种"乐天知命"的思想应该属于……

生：道家思想。

师：对，道家思想的顺应自然，清静无为。生活简朴、甘其食、美其服、乐其俗，文章中哪里还体现了这种思想？

（教师引导学生齐读第三段）

师：有没有发现这种乐天知命的思想？

生："寓形宇内复几时，何不委心任去留。"意思是"我"在世上还有多少日子呢，为什么不顺应自然呢？也是体现道家的思想。

师：找得非常准确，解释得也很恰当。你对道家思想体悟很准确。

生："富贵非吾愿，帝乡不可期。"富贵不是他所追求的，得道成仙也不是他所想的，也体现了清静无为的道家思想。

师：回归田园过着简朴的生活，哪怕粗茶淡饭、粗布衣服，也依然感觉是"甘"，是"美"，是"乐"的。

师：陶渊明前期做官主要受儒家积极入世的思想的影响，当他进入官场后，自己高洁的品质以及质性自然的本性让他在官场感到"心为形役"，虽然暂且"为了五斗米而折腰"，但是，内心还是渴望回归本心、回归自然，想要保持自己本来的、脱俗的、天真的性情，所以回归田园。

回归田园的陶渊明受道家思想的影响。道家追求精神的高度自由，也呼应了文中的"何不委心任去留"一句，即"为什么不随心所欲，听凭自然的生死"。陶渊明在做官中找不到生命的价值意义，最后选择道家精神自由的人生追求。此后，士大夫们每当仕途失意，官场失宠时，往往回归陶渊明式的归隐，用道家的无为、顺应自然来寻求精神安慰。

师：有道家思想的文人还有哪些？

生：王羲之、苏轼。

师：苏轼一生接连被贬，当人生处于低谷、仕途坎坷时，就会用道家的无为、顺应天命的思想以达到旷达、乐观，使自己解脱。只不过，像苏轼那样只是思想的暂时解脱，当社会局势稍稍好转，或有做官的机遇时，依然会选择儒家的入世，而没有做到像陶渊明一样毅然辞官，回归田园，做到身心合一的超然境界。

师：那么，陶渊明的人生选择或儒道思想对我们有哪些启示？

生：应该遵从自己的本心，不要过多被外界干扰。

生：如果遇到坎坷，不要悲观、放弃。

师：首先，人生的诱惑有很多，我们要坚持本心，坚守正义，不要过多受外界世俗的干扰。其次，人生中会遇到很多艰难险阻与坎坷，此时，我们不能被它打败，或一味地消极下去，我们可以用道家的思想来使内心变得豁达、旷达，乐观地面对挫折，给自己继续坚持下去的勇气和力量。我们不可能像陶渊明一样完全归隐田园，但是，我们可以用陶渊明的生活勉励自己。

板书设计：

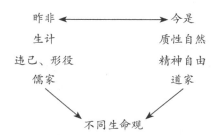

归去来兮辞

陶渊明

昨非 ←——————→ 今是

生计　　　　　　质性自然

违己、形役　　　　精神自由

儒家　　　　　　　道家

不同生命观

## 三、扫码观看逻辑课堂建构案例系列资料

扫码观看《归去来　扫码观看《归去来　扫码观看《归去来　扫码观看《归去来
兮辞》课堂实录　　兮辞》教学课件　　兮辞》素材资料　　兮辞》学案设计

# 一动一静皆是理　一言一语都表情

## ——《种树郭橐驼传》教学设计

### 石文芳

## 一、逻辑课堂建构说明

　　课堂从品读这一篇传记和普通传记的不同开始，围绕"养树术"与"养人术"的异同，引导学生思考为何一个普通的种树人都能懂得的道理，而当时的父母官却不明白，进而发现作者写作这篇文章的真正意图。整节课的设计思路明晰，重点突出，符合学生思维渐进的过程。

### 1. 课堂起点——文本解读

　　柳宗元是中唐时期的一个重要人物，他的文章暴露了那个时期社会的黑暗，比如初中所学的《捕蛇者说》，高中人教版的教材也选取了他的一篇文章《种树郭橐驼传》，然而文章的写作用意却更为隐晦，难道这篇传记只是限于让学生明白种树和养人的异同？如果文章的价值只限于此的话，不足以支撑它成为中国古代文化的经典代表的理由，我们挖掘了文章背后的写作深意，也就真正发现了这篇文章的价值所在了。

**2. 课堂终点——目标定位**

文章只发现"种树术"和"养人术"的异同，显然不能挖掘出作为一篇经典文本的价值，而作者的写作用意是讽刺中唐时期社会上为官者高高在上，不调查民情，而是胡乱指挥，妄自尊大。

**3. 逻辑建构——路径选择**

路径：课堂从这一篇传记的特殊性入手，引出寓理于事的文体特点，进而分析理和事，接着发现一个普通种树人都懂得的道理而为官者却不知，探究原因，发现文章的价值所在。

方法：从文本出发，形成问题链，由浅入深逐渐引导学生，以解决作者写作用意的问题。以"他植者"为何种树不如"郭橐驼"为例，从表面看是因为"他植者"的做法和"郭橐驼"不一样，而更进一层是因为"他植者"的观念和"郭橐驼"不一样，再深入挖掘是因为"他植者"不懂得尊重树的本性，到最后得出他们之所以不懂得是因为他们不愿意去了解，去观察。问题逐层推进，形成一个逐渐递进的过程。

建构：文章从传记入手，发现这篇传记寓理于事的特点—发现理和事的联系—探究"他植者"、为官者不能明理的缘由—展示当时的社会现状和作者的政治追求—呈现出这篇文章的价值和意义所在。

本节课问题链设计如下：

| 教师引领 | 学生预设 | 设计意图 |
|---|---|---|
| 《种树郭橐驼传》和传统的传记有什么不同的地方 | 传统传记在写人记事，而本篇传记的特点则是寓理于事 | 创设思维起点：发现本篇传记的不同之处，从而为后面分析事理做铺垫 |
| 《种树郭橐驼传》中前面在讲述种树和养人之间的关系，然而"他植者"为何不能种好树 | "他植者"不了解树的本性，他们不去了解，所以根本无法认识到自己的问题 | 挖掘思维深度：问题指向"为什么"的原因探究，激发学生思考出现这种现象的根本缘由，进而从表面深入文章，为后面探究写作目的做好铺垫 |

| 教师引领 | 学生预设 | 设计意图 |
|---|---|---|
| 为官者为何不能做好官 | 他们自认为是高高在上的父母官，妄自尊大，虽然想有一番作为，但却不去做深入的调查研究，凭借着一腔热情和一厢情愿盲目做事，导致事与愿违 | 提升思维品质：引导学生明确为官者的认识，发现他们这种行为背后的根本原因 |
| 作者为何选择这样一个普通的，没有姓名的人物说出这样的道理，作者为"郭橐驼"立传的用意何在 | "郭橐驼"是一个丑陋的、平凡的、残疾的、没有名姓的社会底层人物，为这样一个人物做传，从表面上来说，反映出他对事情思考的深入，认识的全面，这样的人物作为传记的主人公，更具有生活的真实性，形象更加鲜活。从事理上说，一个普通人都知道的道理但是为官者却并不懂得 | 建立思维链接：这个环节主要是建立文本前后的联系，一方面是传记说理，另一方面是作者的写作用意，两个相互联系起来就会引起学生思维的碰撞，从而有新的发现 |
| 综合当时唐朝的社会现状和柳宗元的政治观点，进一步深入理解作者写作这篇传记的目的，从而发现这篇传记流传千古的原因 | 当时的唐朝已经处于日渐式微的中唐，一大批文人志士想要励精图治，有一番作为，但是积习难改，积弊难除，以柳宗元等人为主导的"永贞革新"失败了，柳宗元对社会，对官场有了新的认识，在被贬柳州的时候写了这篇文章 | 形成思维逻辑：引导学生通过过程的梳理，明白文章的写作目的和作者的写作用意，从而体会作者在这篇传记中所隐含的嘲讽和对社会现状的深刻认识 |

## 二、逻辑课堂建构教学设计

【教学目标】

（1）品读文字，掌握文言实词和虚词的相关含义。

（2）深度理解文章，从文体的特殊性中发现文章的价值所在，进而挖掘作者的写作用意。

（3）品读文章，提升学生的思维深度。

【教学过程】

**1. 导入**

问题：这篇传记和之前所学的传统传记有什么不同之处？

师：我们已经学过很多的传记，也了解了很多历史人物，比如，有讲述西楚霸王雄霸天下的《项羽本纪》，有记录汉高祖刘邦善于用人的《高祖本纪》，还有显示留侯张良杰出谋略的《留侯世家》等。这些传记有何特点？

生：一般都是写人记事，他们虽然身份不同，但或以政绩、品德名垂青史，或以奇才异能惊世骇俗，令后世敬仰、追慕。

师：今天我们又来学习一篇传记《种树郭橐驼传》，看一下这篇传记和之前所学传记有什么不同之处。

**2. 品读**

问题：仔细阅读文章，看看在这篇传记中作者是如何讲述道理的，又讲述了什么道理？

（1）了解文章的事件和内容

① 阅读文本，了解文章内容，文章讲述了什么，用自己的语言复述文章内容。

师：这是一篇传记，如果按照传统的传记内容的话，应该是写了什么人，讲述了什么事，但这篇传记和传统传记显然不同，现在请大家用自己的语言复述文章内容。

生：文中讲述了一个身形像骆驼，名叫郭橐驼的种树人很擅长种树，受到长安大户人家和卖果为生的人的欢迎，他栽种的树木都长得旺盛，别人虽然效仿，但都比不上他。问他原因，他说能够顺应树木的生长规律。树木的生长规律是根要培土均匀，并且要旧土，捣土要结实，已经这样做了，就不要再动它。别的种树人则不能顺从这样的自然规律。有人问，把这个道理移植到为官上可以吗？郭橐驼说："我不知道，但我看见乡里的长官喜欢不断地发布政令，导致百姓连吃饭的时间都没有了，更不用说安生养性、休养生息了。"询问的人说："这不是很好吗，我问种树的方法得到了治民的方法。"

生：他植者的细节。

生：为官者的细节。

② 这一篇传记和之前所学传记有何不同？

生：《项羽本纪》《高祖本纪》都是写人记事的，要么记载彪炳千古的伟大功绩，要么反映人物高洁傲岸的杰出品质。而这一篇传记，记人记事是其中一个部分，后半部分在说理。郭橐驼只是一个故事，文章更重要的是想要告诉我们一个道理。

（2）文章讲述的道理

师：同样是传记，但《种树郭橐驼传》却通过一个人来讲述一个道理，那么这篇传记讲述了什么道理呢？

生：如何养人的道理。

① 种树的道理分析

师：种树术如何？养人术如何？以组为单位，自由诵读第三段和第四段，分析讨论作者是如何论述种树术与养人术的？

（生自由诵读）

生：关于种树术，从结构方面看，是总分总的结构。

师：哪几个字最能体现这种结构？

生："能""凡""故"。

师：具体看一下"能"怎么样？"凡"什么？"故"怎么样？

生："能顺木之天，以致其性焉尔""凡植木之性，其本欲舒，其培欲平，其土欲故，其筑欲密""故吾不害其长而已，非有能硕茂之也；不抑耗其实而已，非有能早而蕃之也"。

师：集体来诵读一下这一部分内容，注意停顿、语气的舒缓和自信以及悠然自得的心情。注意把总分总的结构体现出来，并且体现出郭橐驼这种顺木之本的尊重自然的心情。

（生齐读）

② 他植者的做法

师：接下来的内容是从哪个角度论述的？

生：反面，他植者的角度。"根拳而土易，其培之也，若不过焉则不及。苟有能反是者，则又爱之太恩，忧之太勤，且视而暮抚，已去而复顾，甚者爪其肤以验其生枯，摇其本以观其疏密，而木之性日以离矣。"

师：这一段中最能体现作者情感的一个字是？

生："而"，叹惋，失望，对树木的怜惜。

师：齐读这一段内容，读出作者对他植者的失望之情。

（生齐读）

③养人术的内容

师：养人术作者如何论述的？

生：用了反例来进行论述。

师：哪个字最能体现长人者的特点？

生："好"。

师："好"什么，请具体解释。

生："且暮吏来而呼曰：'官命促尔耕，勖尔植，督尔获，早缫而绪，早织而缕，字而幼孩，遂而鸡豚。'鸣鼓而聚之，击木而召之。"

师：结果，"吾小人辍飧饔以劳吏者，且不得暇，又何以蕃吾生而安吾

217

性耶？故病且怠。"。

（3）他植者和长人者为何这样做

生：他植者不了解木的本性，不能尊重树木生长的自然规律，按照自己的意愿行事。虽曰爱之，其实害之；虽曰忧之，其实仇之。

生：为官者不去、不愿意去了解百姓的需要，高傲自大，唯我独尊。

师：我们来看一个例子，看看唐中期以后这些为官者的习气。

（PPT展示：韩滉为官）

师：韩滉在记载中是一个比较有作为、有能力的官员，但就是这样一个官员，依然有如此的行径。为何会出现这种状况？我们需要了解一下唐朝社会。

师：一些不学无术之人通过其他不正当途径中举，从而使真正有才能的人无法施展手脚。入仕者"以容和为贵富之路"，不知以"仁义博施"为本，"经之旨弃而不求，圣人之心外而不讲。干办者为良吏，适时者为通贤，仁义教育之风，于是乎扫地而尽矣"。

师：柳宗元和以继圣人之道者自居的唐中期思想家们希望能救儒道于危难之际，也为挽救当时国家衰败的局面尽自己一臂之力。正是出于这样急切的现实需求，所以唐中期的思想家基本上都自觉地将个人的道德修养与儒家积极入世的事功精神紧密结合，积极探寻，努力实现"修、齐、治、平"的修养方法，但对以民为本的思想认识不到位。

（4）儒家倡导的民本思想

师：我们所了解的孟子的民本思想有什么？

生：孟子的"老吾老以及人之老，幼吾幼以及人之幼"。

生："不违农时，谷不可胜食也；数罟不入洿池，鱼鳖不可胜食也；斧斤以时入山林，材木不可胜用也。"

生："民为贵，社稷次之，君为轻。"

生："惟仁者宜在高位，不仁者在高位，是播其恶于众也。"

生："天子不仁，不保四海；诸侯不仁，不保社稷；卿大夫不仁，不保宗庙；士庶不仁，不保四体。"

（5）文章的写作用意

师：柳宗元写作这一传记的意义何在？

生：告诫当时的官员，要深入了解百姓的需求。

生：引导当时的为官者如何做官。

师：他为何选择郭橐驼来叙述？

生：郭橐驼是社会最底层的民众，他无名，无来历，但是却懂得这些道理。

而作为饱读诗书的为官者却完全不知。用郭橐驼加强了文章的讽刺效果。

**3. 总结**

师：经过一节课的学习，我们了解了一种说理的传记，并且通过分析，我们知道了柳宗元写作这篇传记的最终目的，发现了这样一篇特殊传记的历史价值，希望同学们能在以后的学习中对文章做尽量深刻的思考。

**板书设计：**

种树郭橐驼传

——柳宗元

$$仁\begin{cases}种树术\\养人术\end{cases}$$

## 三、扫码观看逻辑课堂建构案例系列资料

扫码观看《种树郭橐驼传》课堂实录　　扫码观看《种树郭橐驼传》教学课件　　扫码观看《种树郭橐驼传》教学设计

# 悲唱帝王非天命　以史为鉴重人事

## ——《伶官传序》教学设计

黄　颖

## 一、课堂逻辑建构说明

课堂围绕"盛衰之理为天命"抑或是"盛衰之理乃人事"的问题讨论展开，对全文唯一的一个论据"庄宗得失天下"进行分析，在得出"人事"结论之余，体现单元"散而不乱，气脉中贯"特征，同时总结文本的人文价值和史学价值。整节课重点突出，启发学生从挖掘文本中大量的"动词使用"和"正反对比词语"入手，角度新颖，板书鲜明，课件充实，让全体听课师

生感慨，原来看似枯燥而散乱的文言文可以如此引人入胜，让人反思不已。本节课的教学设计体现了五个定位，带领学生走进欧阳修，品悟散文议论文中的风神情味。

**1. 课堂起点——文本解读**

欧阳修，北宋政治家、文学家，且在政治上负有盛名。关心国计民生、倡导革新的他崇尚儒家的尚实致用思想，积极入世。欧阳修反对屈辱苟安，力主加强战备，改革时政。文本的写作背景是北宋王朝建立之初，民族矛盾日益尖锐。宋王朝不但不力求振作，反而忍受耻辱，每年都要靠纳币输绢以求苟安。面对国家和民族面临的危机，欧阳修用一篇《伶官传序》阐述了"天命"和"人事"的关系，国家的盛衰，不在天命，而在人事。而这种观点在当时被提出来，是具有革命性意义的，以此告诫执政者要吸取历史教训，居安思危，不应满足表面的虚荣，以期引起统治者的警惕。

**2. 课堂终点——目标定位**

千百年来，以史为鉴的文章数不胜数，我们学过的也着实不少，但欧阳修借助庄宗得失天下阐述"天命"与"人事"间的关系，对统治者的讽戒意义具有革命性，并从根源上对君主专制提出质疑。本节课在于引导学生不单单要发现文本的史学价值，更要理解其人文价值。

**3. 逻辑建构——路径选择**

作者为何要借庄宗得失天下来写这篇文章，他想表达的是什么？让学生用分析法形成思维，从而到达预定的路径。以"第二段着重描述兴国兴邦的价值在哪里"为例，既然我们已知道庄宗得失天下是全文论据，作者为何还要着重描写庄宗兴国兴邦的这段历史？因为在当时的社会，人们总会把君王握权天下的主要原因归为顺应天命，天命使然。而今作者着重描写这段历史，重在引导当时的人们开始思考：帝王之命真乃天定吗？这个思考具有划时代的革命性意义，表面上在肯定庄宗得天下的所有努力，实质上也指出庄宗最终获取天下重在"人事"。

从作者想表达什么起（观点，论据）—历经十五年灭敌国，三年衰已国，这是为什么？—着重描述兴国兴邦的价值在哪里—为什么作者在一百多年后的宋代重提这件史实？—时代背景（北宋王朝为求苟安，日益腐化）—从文化精神（告诫统治者以史为鉴，帝王并非天命，实乃人事）到价值呈现，引导人们思考"天命"与"人事"的关系，得出"人事"重于"天命"的结论。

庄宗得失天下也好，北宋王朝君主苟且偷安也罢，其核心终究在于"忧劳可以兴国，逸豫可以亡身"。而造成这种种局面的不是人们坚信已久的

"天命""君权天授",而是可以事在人为的"人事"。

学生在预读文本中，如何认识到"天命"与"人事"关系，如何理解欧阳修提出的这个具有革命性意义的问题，我们可以通过顺应文本的逻辑，让学生了解文本价值。所以，伴随着这节课一路走下来，我尝试着对文本进行五大定位，从五个不同的思维构建层面去引导学生感悟文本的风神情味。我相信这样的潜心钻研文本，构建课堂，师生定会有所得，有所获。

本节课问题链设计如下：

| 教师引领 | 学生预设 | 设计意图 |
|---|---|---|
| 第三自然段看似可以分为三个自然段，一到"可谓壮哉"，二到"何其衰也"，三到"自然之理也"，但为何又把它划分为一整个自然段呢 | 将"可谓壮哉""何其衰也""自然之理也"放在一起可成为支撑论点的一个重要论据，从该论据中可看出正反对比论证，并得出自然之理 | 创设思维起点：问题直接指向"为什么"，而不是"是什么"，引导学生探索文本内在联系，激发学生进入思维构建形态，为后文挖掘文本价值打下基础 |
| 如何达到"壮"，如何进入"衰" | 十五年艰辛付出与信念支撑，从而战胜敌国，达到"壮哉"；而三年的昏庸奢靡之风将亲手构建的帝国转盛入衰 | 提升思维品质：引导学生快速思考庄宗"从无到有"，再到"从有到无"的传奇一生到底因何而起 |
| 结尾段并不是像我们今天写议论文一样的首尾呼应，它不呼应"人事"，而呼应"逸豫可以亡身"。如果按照今天的议论文解读，这篇文章是有问题的，为什么会这样呢 | 作者不仅仅是为了表达"忧劳可以兴国，逸豫可以亡身"，庄宗得失天下的论据可以作为以史为鉴的重点例子，但作者引导我们注意："帝王非天命，实乃人事哉！" | 挖掘思维深度：挖掘文本的史学价值不难，学生通过庄宗得失天下的论据便可得出，但必须以此为基点，引导学生进行深度思维构建："天命"与"人事"到底有何关系呢？当时的百姓一直都被"君命天授"的思想蒙蔽吗 |
| 第二段着重描述兴国兴邦的价值在哪里 | 它的价值在于对中心论点的进一步阐释，以往我们可能总会总结失败的原因，失败的根源是"人事"和"天命"，而把成功的原因归结于"天命"，发展兴国兴邦归结为"天命"，而第二段着重描述兴国兴邦也可以归结为"人事" | 建立思维链接：这个环节构成文本前后逻辑的关联，引导当时的人们关注"人事"的重要性，这个"人事"的观点提出具有革命性意义，从而引导学生意识到，这不仅仅是一篇以史为鉴的文章 |

| 教师引领 | 学生预设 | 设计意图 |
|---|---|---|
| 作者在一百多年后的宋代，着墨重提这件史实，是为什么呢 | 实际上就是《资治通鉴》给当时统治者带来的意义和价值，写史实是为了指导现实，而欧阳修讲述现实也正是想告诫所有的统治者：不要以为"天命所受"就可以为所欲为，这也就是文本的史学价值 | 形成思维逻辑：引导学生通过这个过程的梳理，理解作者文章表达的真正意图，一篇看似零散，却主旨不乱，气脉中贯的文言散文 |

## 二、逻辑课堂建构教学设计

【教学目标】

（1）疏通理解文意，明确文章的写作目的，理解作者表达的主题思想。

（2）掌握围绕中心层层深入地进行论证的写作方法。

（3）理解文章中"人事"的真正内涵。

（4）深入了解本文的文化价值。

【教学过程】

**1. 导入**

师：生存还是毁灭，这是一个永恒的话题，选择无处不在，以至于到最后，我们成为什么样的人，可能不在于我们的能力，而在于我们的选择。今天，请同学们跟随老师的脚步学习欧阳修先生笔下的一位因人事选择而影响一生的人物传记——《伶官传序》。

**2. 整体感知**

师范读文章，生齐读文章。

师：文章是怎样引出论点、论据的？

生：由语气词"呜呼"直接抒情表达，引出论点、论据。

**3. 文本探究**

（1）学习第一段

中心论点：盛衰之理，虽曰天命，岂非人事哉！

比较：盛衰之理，并非天命，实乃人事也。

盛衰之理，虽曰天命，然亦乃人事也。

（2）学习第二段

问题：这一段是围绕"矢"写了两件事，分别是"晋王赐矢""庄宗受矢"。文章是如何展开论述的?

①分析"尔其无忘乃父之志"。

②引导学生找出相关动词(受、藏、请、盛、负、纳),明确庄宗待矢庄重,为完成父命,尽心尽力。

(3)学习第三段

问题:第三段写了庄宗的成功之盛和失败之衰,并分析了他成败的原因。文段是如何分析盛衰之举的呢?如何写庄宗成功之盛的?(请找出相关动词)哪一句话最能表现?"可谓壮哉!"(资料引入:①壮哉庄宗,四年灭燕,十一年亡梁,建立后唐朝政;②导入《伶官传》文段选读,阅读理解建立王朝后宠幸伶人。)

①这一段又是如何写庄宗失败之衰的?连续短句的运用,让我们感到庄宗的气势陡转直下。哪一句话最能表现?"何其衰也!"(资料引入:仅仅三年将自己辛苦打下的江山拱手让人,让人惋惜!何其衰也。)

二者的鲜明对比。在情感上,沉重地表达了作者"叹惋"之情。提醒学生注意:回到文首"呜呼",奠定"叹惋"的感情基调。

②明确作者所分析庄宗成败的原因是——人事。

"忧劳可以兴国,逸豫可以亡身。"这是对中心论点具体的阐释。

思考:"原庄宗之所以得天下,与其所以失之者,可以知之矣"中的"之"我们已理解其是人事所为,还有哪些我们学过的文章也可以"知之矣"?

小结:本文在论证结构上有一条严谨的思维线索,作者按照"提出论点—例证分析—得出结论"的方式进行议论,中心突出,结构严谨。

(4)学习第四段

①师:齐读第四段,强盛时,全天下的豪杰都不能与之抗争;衰败时,仅数十伶人围困就能使他身死国灭。难道真的只是"伶人"误国吗?

生:不是,伶人只是一个小小的方面,关键还是人事!

②重点理解句子"夫祸患常积于忽微,而智勇多困于所溺"。

此句意为:细微之事足以产生祸患,溺爱之事亦能影响智慧与勇气。

何谓"人事"?"人事",指的是内在人性演绎出的历史事迹。人性无所谓善恶,在此也不讨论庄宗善恶,只是借助此文了解在事物变化发展过程中,唯有保持初心,不忘始终,唯有坚定积极健康的做人原则,不被外物所蒙蔽牵绊,方能善始善终。

(5)思考讨论

庄宗"盛"是人事,"衰"也是人事,然而作者在一百多年后的宋代,着墨重提这件史实，用意何在？

（明确史料背景）

**4. 小结**

欧阳修用一篇《伶官传序》阐述了"天命"和"人事"的关系，这篇文章显然是给帝王看的，它不仅有着史学的价值，更有着一个思辨的思维。古往今来，几千年的封建帝制都在传递着一个思想——"天授人权"，而欧阳修的这篇文章不正是对这种思想的反驳吗？国家的盛衰，不在天命，而在人事！这种观点在当时被提出来，具有很大的意义。同时，我们也看到了欧阳修儒家学派的价值取向。儒家讲入仕为官，追求的是修身、治国、平天下。"为天地立心，为生民立命，为往圣继绝学，为万世开太平。"欧阳修精心编写《新五代史》，不仅仅是记载这五代十国的史实，更是表达了自己一份基于家国天下以实现自我生命价值的心声。

**5. 课堂作业**

（1）熟读全文，背诵名句。

（2）国家盛衰兴亡，尚且与人事有关，"忧劳可以兴国，逸豫可以亡身"。那么集体、个人的命运更应该与人事紧密相连。忧劳可以使集体不断壮大，使个人事业蒸蒸日上；逸豫则同样可以亡身。请同学们在现实生活中举例说明。

**板书设计：**

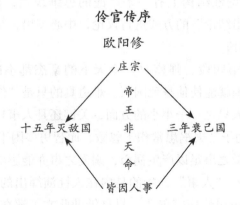

## 三、扫码观看逻辑课堂建构案例系列资料

扫码观看《伶官传序》课堂实录　　扫码观看《伶官传序》教学课件　　扫码观看《伶官传序》文本解读　　扫码观看《伶官传序》学案设计

# 抨击时弊倡师道　儒者情怀永不老

## ——《师说》教学设计

侯艳霞

## 一、逻辑课堂建构说明

课堂从文章第四段"嘉李蟠"的直接写作目的切入，然后由李蟠众多优点中"不拘于时"的优点自然转入第二段，让学生了解当时时俗——耻学于师的具体思想误区是怎样的；接着从一、三段找到了作者针对时人思想误区提出的正确做法与正面劝导，从而全面深入地带领学生体会作者倡师道、复儒道、救颓唐的苦心。

### 1. 课堂起点——文本解读

本文作者怀着经世济国的家国责任感，写作此文的目的是痛批时弊，振兴儒道。正面起笔，反面驳斥；事例的论证，道理的总结；动机真诚质朴，文章流转畅达、起伏自如，彰显了"韩文如潮"的特色。

### 2. 课堂终点——目标定位

在品读文本饱含深情、畅达说理的同时，感受韩愈道济天下的责任感、不惧流俗的勇气和锐意进取的创新精神。

### 3. 逻辑建构——路径选择

路径："文起八代之衰，而道济天下之溺；忠犯人主之怒，而勇夺三军之帅。"素来不轻易称许别人的苏轼，却如此盛赞韩愈。这么高的评价，是溢美之词还是实至名归呢？

方法：通过重点词句的辨析、文本内容的研讨、背景资料的引入，让学生在分析讨论中发现韩愈说理背后的良苦用心。通过朗读让学生感受文章论证之铿锵，说理之流畅，情感之真挚。

建构：以苏轼对韩愈的评价导入，激发学生通过《师说》进行检验的内在学习需求。接着从第一点"文起八代之衰"入手，引导学生针对八代浮靡衰颓、无病呻吟的文风感受《师说》因事而作、有的放矢的现实针对性。接着自然转入文本交代直接写作目的第四段的学习。

通过第四段，学生可以明确感受到作者写作的最直接用意是"嘉李蟠"。教师进一步引导学生分析李蟠身上的诸多优点中，作者最想突出的是不拘于时人耻学于师的时俗。对于"学于余"这一点，文章用意绝不只是"嘉李蟠"，而是要借李蟠"学于余"这一点在耻学于师的时俗中树立一个难得的正面典型，从而抨击耻学于师的时弊，倡导人们积极从师学道。

然后进入抨击时弊的第二段，通过学生的朗读演绎和分析评价，明确第二段具体抨击的丑态及其内在联系。

文章不只有反面抨击，还有正面倡导，通过一、三段的学习探讨，理解韩愈倡导的"师道"的具体内涵，再结合背景资料，挖掘出韩愈写《师说》的目的是渐次深入的"嘉李蟠""抨时弊""倡师道""复儒道""救颓唐"。

教师再引导学生回顾课堂，解读文本的逻辑（由浅入深），分析文本原有的逻辑，有效提升学生的思维品质。

最后引导学生关注整篇《师说》，语言铿锵，句式灵活，情感真挚，观点新颖，韩愈是把它作为古文运动的范本来打造的，是作为痛批时弊的匕首来锻造的，是作为振兴儒道的号角来吹响的，而这一切又都来自他经世济国的家国责任感。他把振兴儒道作为自己的天赋使命，生存意义，自觉承担起"道济天下之溺"的责任，为此，他不惜"忠犯人主之怒"，而这一切自然需要"夺三军之帅"的巨大勇气。至此，导入中设计的苏轼对韩愈的评价也已一一印证。

本节课问题链设计如下：

| 教师引领 | 学生预设 | 设计意图 |
|---|---|---|
| "文起八代之衰，而道济天下之溺；忠犯人主之怒，而勇夺三军之帅。"素来不轻易称许别人的苏轼，却如此盛赞韩愈，这么高的评价，是溢美之词还是实至名归呢？就让我们通过韩愈的散文代表作《师说》来略窥一二吧 | 很多同学会觉得那只是文人的泛泛夸誉罢了，没想到却字字句句皆有所指 | 创设思维起点：问题直接指向对韩愈的总体评价，而不是具体的某一篇文章，让学生站在"人"的角度，从思想的高度观照文本，激发学生通过《师说》进行检验的内在学习需求 |
| 本文最直接的写作动机是什么？更深层的呢 | 嘉奖鼓励不拘于时，从师学习的李蟠—抨击耻学于师的时俗—倡导从师学习的风尚 | 挖掘思维深度：引导学生一步步挖掘作者内在的、深层的写作目的 |
| 韩愈认为要传什么道、授什么业、解什么惑呢？传道、授业、解惑三者之间的关系是怎样的 | 传儒家"道"统，授以"六艺经传"为代表的儒家经典之"业"，解儒家经典不明之处的"惑"。韩愈在这里把传道放在教师教学三个目的的首位便是肯定了儒家之道在传教中的重要性 | 提升思维品质：引导学生通过结合时代背景，结合作者思想，对文章进行特定时空背景下的还原，更客观、生动、合理地走进作者内心，走进文本 |
| 本文第四段交代了直接的写作目的"嘉李蟠"，第二段交代了当时耻学于师的具体思想误区；一、三段针对时人思想误区提出正确做法。从作者倡师道、复儒道、救颓唐的苦心出发，思考文本四段内容顺序安排上的逻辑 | 先托古立意正面阐述从师的必要性和择师标准；接着指出时人不从师的思想误区，然后从正面举出孔子的典型事例，重申择师标准，在无贵贱长少的基础上增加了无贤不肖，只需"术业有专攻"即可为师。最后以一个当代的正面实例交代写作直接动机 | 建立思维链接：这个环节将课堂学习解读逻辑和文本自身表达逻辑进行了梳理对照，使学生既有自己完整的思维链，又看到了文本的整体性 |
| 时人对韩愈的抨击持何态度？面对"皆群怪聚骂，指目牵引，而增与为言辞。愈以是得狂名"的世俗评价，韩愈又将持何种态度 | 在《与孟简尚书书》中，他真诚地誓愿要"使其道（指儒道）由愈而粗传，虽灭死，万万无恨" | 形成思维逻辑：引导学生通过这个过程的梳理，理解韩愈道济天下的责任感、不惧流俗的勇气和锐意进取的创新精神。导入中设计的苏轼对韩愈的评价也一一印证 |

## 二、逻辑课堂建构教学设计

【教学目标】

（1）通过层层深入挖掘作者的写作意图，感受文本强烈的现实针对性和言辞之精准，构思之严密。

（2）在品读文本饱含深情、畅达说理的同时，感受韩愈道济天下的责任感、不惧流俗的勇气和锐意进取的创新精神。

【教学过程】

**1. 导入**

师："文起八代之衰，而道济天下之溺；忠犯人主之怒，而勇夺三军之帅。"素来不轻易称许别人的苏轼，却如此盛赞韩愈，这样的评价不可谓不高，他说韩愈的文章使从东汉、魏、晋、宋、齐、梁、陈、隋代已经衰败了八代的浮靡空洞、无病呻吟的文风重又振作起来，他提倡的儒家道统有助于拯救天下人心的沉溺，他的忠谏敢于触犯皇帝使之大怒，而他的勇气简直胜过了三军的统帅。这么高的评价，是溢美之词还是实至名归呢？就让我们通过韩愈的散文代表作《师说》来略窥一二吧。

**2. 直接写作目的探究**

师：文起八代之衰，八代的文风是浮靡空洞、无病呻吟的，那与此相对，韩愈的文章就应该是——不浮靡空洞，不无病呻吟的，也就是质朴充实、有的放矢，有它实实在在的人与事，有它的现实针对性。那我们看文章。本文最直接的写作动机是什么呢？是"古之学者必有师"吗？这句话早十年写、晚十年写似乎都可以吧，并不是写作本文最直接的触发点，本文最直接的写作动机是"嘉李蟠"。他创作这篇文章最直接的动机是要嘉奖鼓励向"我"从师学习的李蟠。

问题：李蟠身上有很多优点，你认为最可贵的是哪一点？请认真思考，结合文章内容和时代背景，准确回答。

师：先看看李蟠有什么优点，再根据自己的标准评判一下最可贵的是哪一点？

生："不拘于时，学于余。"

师：其"学于余"是不拘于什么时俗？

生："学于余"是不受时人"耻学于师"，不尊师，攀高官为师，嘲笑从师者的风气影响。

师：其余的优点，根据写作背景补充可知，当时的时俗还有其他方面。

生："好古文"，年轻好学，年轻人极易受时俗影响，然而李蟠却能不好时文好古文，"六艺经传皆通习之"，勤奋博学，不受科举"明经"考查篇目影响，其实都是"不拘于时"的表现。

生："不拘于时"——思想独立，勇气可嘉。

生："学于余"——谦虚好学。

师："近朱者赤，近墨者黑"，风气对人的影响是非常之大的，能"不拘于时"的李蟠如出淤泥而不染的青莲，不止韩愈要嘉其能行古道，我们也想为这位青年才俊送上一百个赞！

师：可以把顺序调为"李氏子蟠，年十七，好古文，六艺经传皆通习之，学于余。余嘉其不拘于时，能行古道，作师说以贻之"吗？

师：如果本文的写作目的就是要赞李蟠的话，这样一改，"不拘于时"总结的范围更清晰更广泛了，李蟠的优点更集中更突出了，"时"的内涵有时文浮靡之时、功利科举之时、时人"耻学于师（不尊师，攀高官为师，嘲笑从师者）"之时。

生：如果文章目的就是赞美鼓励李蟠，那这么改没问题，但结合前文可知，文章是要借李蟠"学于余"这一点在耻学于师的时俗中树立一个难得的正面典型，从而抨击耻学于师的时弊，倡导人们积极从师学道。所以还是原文顺序更能显示作者要集中火力抨击的时俗是什么。

**3. 深层写作目的探究**

（1）抨时弊

① 引导语及问题：那就让我们看看作者在本文中集中火力要抨击的"耻学于师"的时俗到底是怎样的吧。

（生齐读第二段）

师：你对哪组对比深有感触，觉得不演绎一番、不评点一番不过瘾呢？你能有感情地读出几句来并稍做阐释吗？

生：众人——先天已不足，后天还不拼，真是令人哀且怒呀！"其皆出于此乎"。

生：于其身——只见小不见大，可笑可悲。"惑矣""吾未见其明也"。

生：士大夫之族——自视甚高，但在从师学习上却连自己不齿的人都不如，"其可怪也欤"。

师：感谢韩愈的描摹，感谢这几位同学的演绎和评点，能让我们对千年前的耻学于师的时俗深有感触。让我们再来齐读这一段，体会作者以三个紧紧相连的感叹句真切地传达对师道不传的痛心，体会讽喻式的三组对比，刻画出世人不从师的丑态，先是比较客气的疑问，再是斩钉截铁的否定，最后是毫不留情的嘲讽。"文起八代之衰"，单单从句式的曲折变化、感情的色彩浓烈上，也可感受一二啊。

②问题：这三组对比的顺序可否调换呢？它们各自指向怎样的思想误区？

师：不可调换。语气是层层加强的，意义也是逐层推进的。圣人和众人的对比，凸显了学习的意义，学则圣益圣，不学则愚益愚，这一点是很容易取得共识的。接着进一步指出圣明与愚笨的区别不仅仅在于句读的知否，更在于能否解惑，能否传道，这是在第一点基础上的进一步细致剖析，是对时人不从师心理的精准把握。这一点要取得共识并不太容易，毕竟句读知否是看得见的区别，而解惑和传道则是隐性的。最后谈到的士人群聚笑师更是当时社会根深蒂固的思想误区。盛唐气象影响之下，唐人的自我意识很强，他们张扬个性，耻于从师，若有人从师，他们就会觉得"位卑则足羞，官盛则近谀"，而且也难怪他们误解，因为当时很大一部分人是为了能有人推荐自己，给自己制造舆论而去巴结权贵，拜权贵为师的。所以，他们能取笑从师，而且能自认为理直气壮地阐述自己耻笑从师的理由。由此可见，他们是根本意识不到自己的错误的。所以讲完这点以后，作者要浩叹："呜呼！师道之不复可知矣！"

（2）倡师道，复儒道

引导语：本段一唱三叹，饱含激情，层层深入，精准细致地分析了时人的思想误区，而要矫正这些错误就要说明正确做法，进行正面引导。文章第二段是从反面进行驳斥的，而第一、三段是从正面阐释的。

①问题：齐读《师说》一、三段，理出正确的做法是怎样的。能直接用原句的就用课文原句，不能的就自己总结造句。

生：择师标准是"是故无贵无贱，无长无少，道之所存，师之所存也""是故弟子不必不如师，师不必贤于弟子，闻道有先后，术业有专攻，如是而已"。

师：这一标准在今天的我们看来都是比较先进的，更不用说当时受士族门第和科举利害影响下的人们，这样的观点对当时的人来说是空谷足音，是石破天惊，是振聋发聩，是醍醐灌顶，是拨乱反正，是直击本质……理解了这样的标准，就会发现士人笑师的逻辑是站不住脚的。年相若不一定道相似，位卑官盛根本就和道没有关系。让我们铿锵有力地读出正确的择师标准来，让士人笑师的时俗在正确的观念下土崩瓦解。

②启发语：错误的思想做法那么多，正确的引导就一条，那不好吧。择师标准似乎是重点回应"位卑则足羞"的错误思想的，对于根本就不打算从师的人来说，给出标准没意义吧，你首先得让他们觉得有必要从师。所以，正确做法第一条，应该是——没有现成能用的句子，改编一下：今之学者必有师或必从师。既然是改编句子，干脆动作大点，改成"今之学者必尊师或必敬师"行吗？

生：不可以。本文的论述核心是从不从师，而不是对老师尊敬不尊敬。能主动从师学习的人大都会尊师敬师吧，不主动从师学习的人也谈不上对老师尊敬不尊敬。

师：而且，尊师敬师的观点其实并不新鲜，《荀子·解蔽篇》有"故学者以圣王为师"，《致士篇》中有"师术有四，而博习不与焉。严师而惮，可以为师；耆艾而信，可以为师；诵说而不陵不犯，可以为师；知微而论，可以为师。"韩愈文中倡导的师生关系是"无贵无贱，无长无少，弟子不必不如师，师不必贤于弟子，闻道有先后，术业有专攻"的，是平等的，良性互动的，韩愈关于师及师生关系的认识确实是创新的、进步的。这些思想把师的神秘性、权威性、封建性大大地减轻了；把师和弟子的关系合理化了，平等化了。用"尊敬"不利于韩愈所倡导的师生平等的择师观。一字之易又关涉思想主旨了，要精准把握韩愈的思想。

③总结：今之学者必有师，否则解不了惑了，会愚益愚呀。择师标准也明确了，无贵贱长少贤否，行，赶紧给我家孩子找个好老师——你看，从师的必要性也知道了，择师标准也明确了，问题是还有人只给童子择师，不给自己择师，他们觉得童子要从师学习是因为童子不知句读，而自己因为已经知句读了，就不从师学习了，虽然自己还有未解之惑也不从师。我们发现他们只看到了授业的重要性，没有意识到传道、解惑的重要性。而在韩愈看来，授业是小，解惑是大呀。

师：为什么韩愈会无比坚定地认为传道、解惑的重要性要远远大于授业呢？韩愈说的传道、授业、解惑，到底是要传什么道，授什么业，解什么惑呢？

师：韩愈以儒道传承者自任，《原道》中，他这样写："尧以是（指儒道）传之舜，舜以是传之禹，禹以是传之汤，汤以是传之文、武、周公，文、武、周公传之孔子，孔子传之孟轲；轲之死，不得其传焉。"

根据注释和作者的思想背景，可知文中的"道"是儒家道统；"授业""解惑"，都与此有关，"业"即"道之文"，指以"六艺经传"为代表的儒家经典；而"解惑"也是为了"明道"。作者以儒道传承者自任，如此急切呼号要从师学习，就是想要恢复儒道。

儒家之道是贯通天人的精神信仰，是普行人世的公共法则，是修养人身的美善德行，是遏恶扬善的正道义理和顺时应事的权变思维，也就是恒常真理与权宜变化相辅相成的信仰体系、价值准则和思维方式。这是儒家文化的集中体现，也是优化行为方式的根本。因此道的传承决定着儒家价值延伸的持久性和社会秩序、人文精神指向的明确性。韩愈在这里把传道放在教师教学三个目的的首位便是肯定了儒家之道在传教中的重要性；教师进行教学的主要目的之一在于授业，将儒家的一些经典比如四书五经等传授给学生，其实从一定层面来看，这也是对传道的一个方式补充。作为儒家，向学生传授儒家思想和文化知识必须从最基本层面着手，要循循善诱，要由简易至繁复，由基础儒家典籍直到登堂入室。学生跟着先生的讲解说教，在学习儒家经典的同时，也会逐步接纳儒家思想，从而用儒家思想作为言行标尺。所以，韩愈会无比坚定地认为传道、解惑的重要性要远远大于授业。的确，在历史变迁中，作为中华优秀传统文化的儒家之道，得之极难，失之极易。韩愈以儒道承继者自任，认为唐人应该重拾儒家坠绪，重建儒家精神大厦，其精神追求非常高。而且他有着"舍我其谁"的主动担当意识，"责任意识"一词都不足以表达他的这份精神，可以说是一种使命意识，强烈的使命意识。

（3）救颓唐

师：大家是不是对韩愈有点失望啊。我们一般认为传道是传授道理，进行精神道德品质教育；授业是传授知识，是各种科学知识；解惑是解开学习、人生的各种疑惑，觉得韩愈提倡从师简直是能让我们遇见更好的老师，没想到韩愈所提倡的道就只是儒家道统。那韩愈是否是一个思想古板守旧的迂腐夫子呢？其实，他提倡儒道的着眼点正在于"适于时，救其弊"（《进士策问》其二），解救现实危难。

生（齐读背景）：安史之乱后，唐王朝日趋腐朽，人民陷入水深火热之中，宣扬"顿悟成佛"的禅宗，乘机向人们倾销去"天国"的"门票"，这对遭受安史之乱祸害最深的中原人民来说，最具蛊惑力。而中唐的统治阶级也沉溺佛教，大兴土木，整个社会死气沉沉。从天子到庶民依然盛行"崇佛耻师"。"师道之不传"不仅已久，且已成社会风气，给社会带来巨大危害。这个时候韩愈主张施行从师学儒之古道，尊奉儒家积极用世的思想，主张"修身、齐家、治国、平天下"，其苦心是想挽救社会的颓势。他有着孟子"舍我其谁"的主动担当，他把振兴儒道作为了自己的天赋使命、生存意义，自觉承当起"道济天下之溺"的责任。恢复刚健的文风，重建用世的道统，挽救社会的颓势，才是韩愈好"古道"的根本。

师：所以，韩愈倡导古文运动，貌似复古，但未尝不是在求新。韩愈说的"陈言务去，言必己出"，就是有力的证明。所以，对于此文的"道""业""惑"，我们应在尊重时代背景的基础上做积极的理解，而且可以将它做时代新意的引申，今天的"道"，可能会是人类的普适价值观，代表着人类在德行思考方面的最高成就；今天的"业"，可能是反映人类前沿探索成就并被不断反省淘洗的基础知识；今天的"惑"，可能是学生个人经验的方方面面。更重要的是，无论是"道"还是"业"，在更广阔的人类视野中，我们所接受的也不过是"临时性共识"，是人类经验积累的起点。

人类的学习，正是从这种起点出发，不断地向着未知开放，向着未知探索。而教学，实际上就是一段师生共同出发寻求真理、沟通经验的旅程。

**4. 总结课堂解读逻辑，分析文章本身构思逻辑，全面感受韩愈之精神**

师：这节课我们从第四段"嘉李蟠"的直接写作目的学起，然后由李蟠众多优点中"不拘于时"的优点切入，进入第二段，了解了当时"耻学于师"的具体思想误区是怎样的；接着我们从一、三段找到了作者针对时人思想误区提出的正确做法引导，从而全面深入地了解了作者倡师道、复儒道、救颓唐的苦心。这是我们的课堂阅读逻辑，那文本四段内容的顺序安排体现了作者怎样的写作逻辑呢？

生：作者首先托古立意，铿锵有力地正面阐述从师的必要性和择师标准；接着痛心地指出时人不从师的思想误区，层层深入，精准细致；然后针对比较顽固的思想误区，进一步从正面举出孔子的典型事例来增强说服力，进一步重申择师标准，把师生关系讲得再清楚不过，再明确不过，在第一段提到的"无贵贱长少"的基础上又增加了"无贤不肖"，只需"术业有专攻"即可拜其为师。最后回到现实交代写作直接动机，同时也是一个当代的正面实例。

师：总之，文章由铿锵有力、斩钉截铁地正面论证起笔，继之以感情浓烈、嬉笑怒骂、淋漓尽致的反面驳斥，然后针对顽固思想误区进行进一步典型事例的论证、道理的总结，语气趋于平缓，最后娓娓道出写作的直接动机，真诚质朴，余味无穷，让人读后掩卷深思。文章流转畅达，起伏自如，正所谓"韩文如潮"。可以说，《师说》一文，语言铿锵，句式灵活，情感真挚，观点新颖，韩愈是把它作为古文运动的范本来打造的，是作为痛批时弊的匕首来锻造的，是作为振兴儒道的号角来吹响的，而这一切又都来自他经世济国的家国责任感。

面对韩愈的有力抨击，时人能警醒吗？矫正世俗没那么容易，韩愈此文一出，那些顽固者皆"群怪聚骂，指目牵引，而增与为言辞。愈以是得狂名"，使韩愈受尽排挤打压。韩愈会后悔吗？在《与孟简尚书书》中，他真诚地誓愿要"使其道（指儒道）由愈而粗传，虽灭死万万无恨（读三遍以显气势）"。

"文起八代之衰，而道济天下之溺；忠犯人主之怒，而勇夺三军之帅。"通过这节课对《师说》一文的细读细品，你认为这个评价是恰当呢还是不恰当呢？课堂结束，思考延续。

**5. 课后作业**

时下教育流行一种说法："教育就是一棵树摇动一棵树，一朵云推动一朵云，一个灵魂唤醒另一个灵魂。"改编成古文，或可是——师者，所以激趣启思引路唤醒者也。你怎么看待"传道授业解惑"和"激趣启思引路唤醒"？

明确：前者着眼于具体的教学交流内容，后者着眼于教育的方法和效果，本身就是不同层面上的论述。后者更富有现代色彩，更注重学生的主体性。前者为鱼，后者为渔。

**板书设计：**

师 说

韩 愈

嘉李蟠：不拘于时

抨时俗：众人耻师　于身不师　士人笑师

倡师道：必有师　授业传道解惑　择师标准

复儒道　　　救颓唐

## 三、扫码观看逻辑课堂建构案例系列资料

扫码观看《师说》
课堂实录

扫码观看《师说》
教学课件

扫码观看《师说》
学案设计

# 峰回路转写异趣　荒诞离奇寓灼见
## ——《促织》教学设计

胡海燕

## 一、逻辑课堂建构说明

课堂以郭沫若先生对蒲松龄盛赞的一副对联导入，从主人公成名的性格分析到其命运所系，并进一步解析其悲剧根源，理解蒲松龄借助变形手法以小见大，表达个人对时代的悲愤与批判。整堂课问题设置环环相扣，层层推进，对文本的分析由浅入深，带领学生感受明清时代文人对人性的解放、人格的尊严、人身的自由，以及对社会公平正义的渴求。现就本节课的课堂逻辑建构做以下说明。

### 1. 课堂起点——文本解读

作为一篇小说，蒲松龄善于运用唐传奇小说的文体，通过"异化"的方式，在荒诞不经的叙事中折射出深沉的悲剧精神，呈现出人性在时代的重压下极度的扭曲和变异。除了小说所体现出来的明显的社会批判意义，作者在小说的艺术创作上亦体现出其独特的匠心，情节的巧妙安排和变化的戏剧性，尤其是作者幻想出人变成虫而改变了命运的故事，在今天读来意义非常深刻。

### 2. 课堂终点——目标定位

如果按文言文篇目的传统授课方法，仅是流于文言字词的落实、文章内容的梳理、文章情节的一波三折，就不能真正领悟作者创作这篇小说的意图。更何况教学目标的设定要基于学生对文本定位的意识，对于高二的学生来讲，基于事理层面的分析已经完全不能提升学生的思维训练，我们更需要采用思辨的方式来引发学生的探究意识。所以通过文本解读及多次的授课打磨，笔者将本节课的教学目标定位为：在梳理主人公成名悲剧命运的同时，分析其悲剧命运的根源，并通过艺术手法的分析去发掘故事背后所体现出来的作者对当时社会罪行的揭露与批判。

### 3. 逻辑建构——路径选择

一个文本有多个层面的东西，或事实的，或思辨的，或体验的，等等。文本的特质不同，处理的方式也不同。那么对于这样一篇短篇小说，怎样在已有的解读文本的基础上选择一个合适且合理的课堂教学路径，这对整堂课的授课起着至关重要的作用。

本节课笔者在基于教材和学生的基础上，确定了手法（变形的手法）、认知（社会背景分析）及情感（作者创作意图）三个内容的教学价值，为了将这三个不同维度的内容能够在课堂上有机地融合在一起，故本节课笔者采取思辨的授课方式，即授课内容虽然涉及不同维度，但需要以高效的问题将其有机的串联。这就要求笔者提出的每一个问题都要有所指向，都要能引发学生的探究欲望。所以本节课的具体授课路径如下：由郭沫若的对联导入—蒲松龄选择成名做主人公的意图—成名的命运起伏变化—促织可以决定成名命运的缘由—成名命运的真正悲剧根源—作者采用变形手法的缘由—分析作者的创作意图。

整堂课讲下来，比之前磨课时的磕磕绊绊，自是顺畅了许多，无论是笔者在课堂上的引导与讲解，还是学生由浅入深地分析与探究，都多了几分酣畅淋漓，由此可见，一个好的课堂始于教师，终于学生。课堂不是以教师为中心的单向知识传授，也不仅仅是以教师为主导的学习探索，而是以学生为中心的能力开发。教师以其个人对文本的定位与解读，确定文本的核心价值，并采取正确且合适的课堂路径，搭建好从起点到终点的授课平台，才能更好地实现基于学生核心素养的互动式的逻辑课堂实践。

本节课问题链设计如下：

| 教师引领 | 学生预设 | 设计意图 |
| --- | --- | --- |
| 作者为什么会选择成名做小说的主人公 | 成名为人迂讷，不敢敛户口 | 创设思维起点：问题直接指向"为什么"，而不是分析"成名是一个什么样的人"，引导学生进入文本品析，激发学生迅速进入思维的高阶形态，明白成名所有生命的悲跟他的性格有关系 |
| 一个老实的人竟然走到这样的地步，是不是老实人本身的问题 | "华阴令欲媚上官。""市中游侠儿，得佳者笼养之，昂其直，居为奇货。""里胥猾黠，假此科敛丁口。"整个官僚制度的腐朽，使得老实人无法生存 | 提升思维品质：引导学生全面分析成名的悲剧命运不仅仅源于他的性格特征，其根本原因是社会的腐朽，官吏的盘剥。将学生由低阶的事理思维引到高阶的逻辑推理思维，由浅入深，集中问题的矛盾 |

| 教师引领 | 学生预设 | 设计意图 |
|---|---|---|
| 成名的命运所系是什么？他的命运有着怎样的起伏变化 | 他的落魄与发达都系于一只小小的虫子。决定成名的生死变化，喜怒哀乐，得则喜，不得则悲 | 提升思维品质：引导学生进一步感受"促织"的重要意义，为后面对"成名悲剧根源"的解读张本 |
| 作者为什么会选择"促织"这样一个小小的昆虫作为故事的主线 | 因为促织是宫中所好，是皇帝喜欢的。只要是君王喜欢的，那就会有上有所好，有司逢迎的现象，就有县令"欲媚（巴结、讨好）上官"，究其根源是当时的天子、君权、社会制度导致悲剧发生 | 挖掘思维深度：引导学生深入分析成名悲剧的根源，将问题指向社会、制度，引导学生进入高阶思维 |
| 引入明代末年吕毖写的《明朝小史》中一段与"促织"相关的野史记载，比较阅读，辨别故事的真与假，分析小说"变形"手法的处理 | 《明朝小史》纯写实记事。《促织》写实与浪漫的结合，采用了"荒诞"的艺术手法，虚构一些离奇、虚幻的情节，表达作者的悲愤与批判之情 | 建立思维链接：这个环节构成文本前后两大部分的逻辑关联，也是分析作者创作意图的关键环节 |
| 进一步分析：作者所处的是一个怎样荒诞的时代？一个怎样荒诞的社会？明确蒲松龄创作《聊斋志异》的意图 | 康熙年间正是清代的"盛世"，康熙本人正被称为"英主"。可当时的统治集团和康熙本人同样追求"声色犬马"，酷爱"斗鸡戏虫"。"仕途黑暗，公道不彰，非袖金输璧，不能自达于圣明" | 形成思维逻辑：引导学生通过这个过程的梳理，理解作者的创作意图，体味作者对所处时代及社会的悲愤与批判之情。至此，可以基本完成对于标题"促织"这一核心意象的理解 |

## 二、逻辑课堂建构教学设计

【教学目标】

（1）了解此篇小说的写作特点：情节一波三折、浪漫主义与现实主义取材、真实细腻的心理描写。

（2）掌握关于作家及作品的文学常识，了解本文借古讽今的特点。

（3）揭露封建社会的罪恶，寄托对受尽欺凌和迫害的下层群众的深切同情。

【教学过程】

**1. 导入**

师：郭沫若先生写过一副对联：写人写鬼高人一等，刺贪刺虐入木三分。这是盛赞清代的一位文化名人，他是谁？

生：蒲松龄！

**2. 品读**

师：今天我们要一起学习蒲松龄《聊斋志异》当中的一篇，即《促织》。请大家打开课本12页。课前已经让同学们根据课下注解，扫清字词障碍，疏通文义，并且梳理了小说脉络，今天我们就直接来研读文本。我们知道，本文的主人公是谁？

生：成名。

师：蒲松龄为什么会选择"成名"这样的人做故事的主人公？

生：因为成名代表那个时代大部分人的情况。

师：你能用课文当中的话来回答一下吗？

生：成名"为人迂讷，遂为猾胥报充里正役，百计营谋不能脱"。

师：也就是说成名这个人很老实，所以他没有像别的里正那样"敛户口"，他也不敢，迫于当时昂贵的促织价钱，自己也是薄产累尽。所以老实的成名在当时的情况下，只能"忧闷欲死""惟思自尽"。那大家想一下，这样的事情会不会发生在"猾胥"身上或者是"华阴令"身上？

生：不会。

师：对，这样的事情只会发生在像成名这样的老实人身上。所以从某种程度上来讲，他的悲剧命运和他的性格是有关系的。在文中，我们也看到了，成名的命运，也就是成名的悲也好，喜也好，全部都系于一只拇指大的虫子上。围绕着这只蟋蟀，成名的情感都发生了哪些变化呢？

生：一开始找不着虫时很无奈，后来在驼背巫的指引下，找到了一只"状极俊健，巨身修尾，青项金翅"的虫子，大喜，笼归，举家庆贺，接着他的儿子不小心弄死了促织，极其愤怒，但等到"得其尸于井"时，则化怒为悲，等儿"气息惙然"时，又转为喜，但见蟋蟀笼空的时候，则又"僵卧长愁"，"忽闻门外虫鸣"时，又"喜而去捕"，因虫"短小"，"成以其小，劣之"，等到"意似良"的时候，又"喜而收之"，将献公堂，却又惴惴恐不当意。

生：我觉得和村中好事少年斗虫的那一部分也特别能体现出成名的情感变化，比如当少年"视成所蓄，掩口胡卢而笑"时，成名是自惭形秽的，

"小虫伏不动，蠢若木鸡。少年又大笑。试以猪鬣毛撩拨虫须，仍不动。少年又笑"时，成名心理可能也是很自卑不安的。当形势出现转机，"俄见小虫跃起，张尾伸须，直龁敌领。少年大骇，急解令休止"时，成名则大喜。等"一鸡瞥来，径进以啄"时，成名"骇立愕呼"，"虫已在爪下"时，成名"仓猝莫知所救，顿足失色"，等到"虫集冠上，力叮不释"时，成名益惊喜。

师：把握得精准到位。所以顺其自然的，当成名将虫献了上去之后，"裘马过世家"的富贵生活便随其而至。实际上，你会发现，当成名得到这只虫子时，就是喜，如果失去这只虫子时，就是悲。也就是说，成名的命运所系就是这只拇指大的促织。那么请大家思考一下，作者为什么会选择"促织"这样一个小小的东西作为故事的主线？

生："宣德间，宫中尚促织之戏，岁征民间。此物故非西产；有华阴令欲媚上官，以一头进，试使斗而才，因责常供。"

师：可以用自己的话简洁地说一下。

生：上面的人想要。

师：上面的人想要，然后呢？

生：下面的人就找给他。

师：非常好。也就说为什么会选择这样一只小小的虫子，就是因为它是"宫中所好"，谁喜欢的？

生：皇帝。

师：皇帝喜欢的，上有所好，那就会有有司去逢迎，我们的课文中是怎么说的，"有华阴令欲媚上官，以一头进"。"媚"是什么意思？

生：巴结、讨好。

师：巴结、讨好，所以才有了"因责常供"的现象。那这些"有司"为什么要"巴结、讨好"？

生：为了获取自己晋升的机会。

师：对，"里胥猾黠，假此科敛丁口"，中饱私囊，甚至连那些"市中游侠儿"，也要"得佳者笼养之，昂其直，居为奇货"，趁机谋取私利。大家可以看下"游侠儿"是什么意思？

生：指游手好闲、不务正业的年轻人。

师：连这些人都要趁机大捞一把。所以，由此可见，仅仅是因为"宫中所好"的这样一只小小的虫子，皇帝所喜欢的东西，就导致了"每责一头，辄倾数家之产"的局面。所以，对于成名这样一个为人迂讷的老实人来讲，他能不能幸免于难？

生：不能。

师：按理说，这样一只小小的蟋蟀本来是生活中微不足道的、可有可无的东西，而斗蟋蟀也仅仅是一种游戏而已，为什么它可以成为决定成名生死命运的神物？

生："天子偶用一物，未必不过此已忘。"

师：对，在课文中，蒲松龄已经告诉大家了。请大家把这一段的内容读一下。

生（齐读PPT）：异史氏曰："天子偶用一物，未必不过此已忘；而奉行者即为定例。加以官贪吏虐，民日贴妇卖儿，更无休止。故天子一跬步，皆关民命，不可忽也。独是成氏子以蠹贫，以促织富，裘马扬扬。当其为里正，受扑责时，岂意其至此哉！天将以酬长厚者，遂使抚臣、令尹，并受促织恩荫。闻之：一人飞升，仙及鸡犬。信夫！"

师：那"天子一跬步，皆关民命"的现象大家有没有见过？历史上少不少？

生：周幽王烽火戏诸侯，引起了诸侯国君共怒。"楚王好细腰，宫中多饿死"导致楚国最终衰灭。所以说君王的一举一动，都关系着老百姓的生命。

师：那我们再往深挖掘一下，又是谁赋予了君王这样的权力？

生：中央集权，君主专制。

师：对，也就是古代的封建君主专制制度。上到"宫廷"的骄奢淫逸，下到各级官吏的媚上责下，使得最下层的老百姓受尽欺凌，受尽迫害，生不如死。也就是因为君王的王权，可以让蟋蟀这样一个本来小小的、微不足道的东西掌控一个人的生死命运。

那么，同学们，如果不是蟋蟀，而是别的什么东西呢？还会不会出现类似成名这样的命运？

生：会的。

师：为什么？

生：还是皇帝所好啊。

师：对，它的性质没有发生变化，只要是"君王所好"，只要是统治阶级的意识，就有司去奉迎，那么这样的命运悲剧依然会发生。而对于老百姓来讲，他有没有改变自我命运的能力？

生：没有。

师：尤其是对于像成名这样"为人迂讷"的老实人，他根本没有办法去改变自己的命运，只能处于这样一种"忧闷欲死""惟思自尽"的境地。

其实这是一种怪圈，只要是任何一种君王所好、有司奉迎的事物出现，平民老百姓就都摆脱不了这样的命运。因为这就是一个病态的社会，在这样一个病态的社会中，底层的老百姓是没有话语权的，他们没有改变自我命运的能力，他们只能受统治阶级的任意摆布。

其实小说写的故事有故事原型，在明代末年吕毖写的《明朝小史》中也有一段与"促织"相关的野史记载，大家先来读一下。

生（齐读PPT）："宣宗酷爱促织之戏，遣使取之江南，价贵至数十金。枫桥一粮长，以郡督遣，觅得一最良者，用所乘骏马易之。妻谓骏马所易，必有异，窃视之，跃出为鸡啄食。惧，自缢死。夫归，伤其妻，亦自经焉。"——明代末年吕毖《明朝小史》。

师：这则材料其实和成名一家的遭遇很相似，但是大家看一下，蒲松龄在创作文学作品《促织》时，比野史多了哪些内容？

生：蒲松龄在创作这篇《促织》时，添加了"神话"的色彩，也就是当成名的儿子不小心弄死了促织之后，自己变成了一只蟋蟀，这些内容应该都是现实生活中不可能发生的事，有一点神话传奇的色彩。

师：你会发现在这个故事原型中，没有驼背巫，也没有成名的儿子魂化蟋蟀这样一种在现实生活中根本不可能存在的现象。比如说，成名的儿子不小心误毙了促织，作为儿子来讲，他的内心应该是很内疚的，所以他魂化为促织，回到父亲的身边，以此来解决全家人目前的困境。

虽然故事的结尾有交代"后岁余，成子精神复旧，自言身化促织，轻捷善斗，今始苏耳"，但是前面有很多地方也可以看出这只失而复得的促织是由成名的儿子幻化的。大家可以找一下。

生：当成名忽闻门外虫鸣，然后去捉这只蟋蟀，但是怎么也捉不到的时候，这只蟋蟀"忽跃落衿袖间"，从这里可以看出。

师：当成名仔细审视这只促织的时候，看到它"短小，黑赤色，顿非前物"而觉得它很小，"劣之"，认为它质量不怎么样的时候，这只蟋蟀竟然主动跳到成名的衣袖间。你觉得这正常吗？合乎情理吗？

生：不正常，不合乎情理。一只虫子怎么可能会主动跳到人的身上，它应该是害怕人才对。

师：这是反常识的，反天理的。从动物的趋避性来讲，虫子、小鸟等对人肯定是唯恐躲之不及的。而这只蟋蟀却能主动落到成名的衣袖间，那很大的可能性就是它具有某种意图，一种故意要引起成名兴趣或注意的意图。而这种意图的最好解释就是其实它就是成名的儿子，因为自己误毙蟋蟀，又不想全家人因此而受牵连，所以自己幻化为蟋蟀，来以此解除全家人当前的困境。

生：第八自然段中，"每闻琴瑟之声，则应节而舞"。按常理来说，一只虫子应该是不具备这样的能力的，那只有一种可能，就是它具有人的灵性，是人幻化成的。

生：还有第六自然段，"虫翘然矜鸣，似报主知"。感觉像是一个孩子一样取得胜利后扬扬得意，等待父亲的嘉赏。

师：甚至包括促织和鸡相斗的时候，"则虫集冠上，立叮不释"。这样一只短小的、其貌不扬的虫子居然如此勇敢善斗，轻易将鸡制服，足见其有着超凡的本事，这也不是一只小虫子可以做到的。现实中，魂化蟋蟀肯定是不可能的。那么，蒲松龄为什么要采用这种"荒诞"的变形手法？

师：我们换一个角度想，如果成名的儿子不幻化为一只蟋蟀，成名一家的命运会怎么样？

生：陷入绝境。

师：你再想想，蒲松龄为什么要采用这种"荒诞"的变形手法？

生：为了批判当时的社会。

师：看来你想问题还是相当有见地的，一针见血。这其实就是蒲松龄笔法高超的地方。面对这样的现实，弱者能有什么样的选择？作者既不能从现实中找到解决矛盾的答案，又不愿让无辜的良民陷于无法摆脱的厄境，所以只好借助于"志怪"和"传奇"式的浪漫主义手法，使成名儿子的灵魂异化为一只"轻捷善斗""应节而舞"的虫子。由此可见，"变形"的背后不仅仅是荒诞的情节，更是背后形成这种情节的荒诞的社会，我们说，蒲松龄采取这种变形的手法是为了批判社会，同学们想一下，那是一个怎样的社会，怎样的时代？

生（齐读PPT）：康熙年间正是清代的"盛世"，康熙本人正被称为"英主"。可当时的统治集团和康熙本人同样追求"声色犬马"，酷爱"斗鸡戏虫"，至今传下来的斗蟋蟀盆，以康、乾年间制作最精，康熙时更有以制盆扬名于世的。

师：大家看这篇文章写的是什么时候的事？

生：宣德间。

师：开篇第一句，宣德间，也就是明宣宗的时候。但结合蒲松龄当时所处的社会来看，他实际上是借本文讲前朝故事来揭露黑暗现实，批判的矛头直指天子——康熙。我们再来看一下，蒲松龄处在这样一个时代，他的境遇又是怎样的呢？

生（齐读PPT）："天孙老矣，颠倒了、天下几多杰士。蕊宫榜放，直教那、抱玉卞和哭死！……每每顾影自悲，可怜肮脏骨，消磨如此。……数卷残书，半窗寒烛，冷落荒斋里。"——《寄王如水》。

师：明清时期，随着商品经济的发展，资本主义萌芽的出现，阶级关系发生变化，社会矛盾尖锐。尤其是科举制度方面，八股取士，各种弊端日益突出。对蒲松龄而言，科场的失败使他悲愤万分。那些主考官老朽昏聩，让天下劣者及第，优者被黜，等到乡试、会试放榜的时候，自己以及和自己一样的怀才不遇之士，只能顾影自怜。蒲松龄未能攀缘科举出仕，一生都在农村过着清寒的生活。在艰难时世中，他逐渐认识到像他这样出身的人难有出头之日，大家可以再读一下他写给韩刺史樾依的信。

生（齐读PPT）："仕途黑暗，公道不彰，非袖金输璧，不能自达于圣明。"——《与韩刺史樾依书》

师：他把满腔愤气寄托在《聊斋志异》的创作中。其实蒲松龄的《聊斋志异》，塑造了很多形形色色的"异化"形象，或为鬼，或为物。《聊斋志异》中"异化"比较常见的是相貌、形态全然改变的鬼，如《画皮》中的鬼"面翠色，齿巉巉如锯"；《咬鬼》中的鬼"年可三十许，颜色黄肿，眉目蠖然，神情可畏"。可见人死之后已发生异变，肤质、相貌发生了改变，且魂魄成飘浮状态，还可以穿透物体，与正常人有了很大的区别。

异化不仅是形态的异化，也有人性的异化。一方面，人性的异化往恶的方向。《梦狼》篇中写白翁梦至其做县令的儿子的衙门，见"堂上堂下，坐者卧者，皆狼也。又视墀中，白骨如山"，其子则是一只虎。在结尾的评述中，"窃叹天下之官虎而吏狼者，比比也"。

另一方面，人性的异化往善的方向，散发着人性美的光辉。如《香玉》当中牡丹、耐冬这些植物能异化成美丽的女子，勇于追求心心相印的情人，生死不渝，不可逾越的自然规律似乎不再存在，植物"异化"后的人性美散发着动人的光辉。

他只能借助一个个鬼神去抗衡现实中的黑暗和禁锢，从而实现自我的价值。在这里，我们可以看到蒲松龄的人文关怀，可以感受到时代对人性的解放、人格的尊严、人身的自由，以及对社会公平正义的渴求。

而在当下的今天，这种异化现象依然存在。越来越多的人被外物所束缚，而无法回归到人性本真的状态。信息技术越来越发达，可是人和人之间的距离却越来越远。我们的时代更加自由了，而我们拥有的快乐时光却越来越少。所以我们需要在时代飞速发展的同时，不断地进行自我反思，从而实现人与自身的统一，重获精神的幸福。我想这就是我们学习了《促织》之后的收获吧。

课下请大家阅读学案上卡夫卡的《变形记》，去探究讨论《促织》的"变形的故事"与卡卡夫的《变形记》格里高尔的"变形"有何异同。

**板书设计：**

促　织

蒲松龄

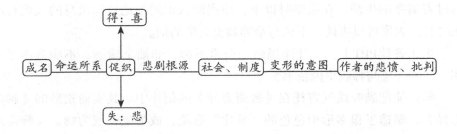

## 三、扫码观看逻辑课堂建构案例系列资料

扫码观看《促织》
课堂实录

扫码观看《促织》
教学课件

扫码观看《促织》
朗读素材

扫码观看《促织》
教学设计

扫码观看《促织》
学案设计

# 现代诗歌

## 少年同学击飞浪　橘子洲头著鸿篇

### ——《沁园春·长沙》教学设计

欧明学

### 一、逻辑课堂建构说明

课堂从品味关键词语出发，带领学生感受毛泽东博大的情怀和革命的壮志，将本诗经典的精神风骨展现出来。课堂大气、丰满、生动，在座教师无不感叹：这节课给教师提供了一个很好的范例——把音乐带进语文课堂，上语文课原来也可以是快乐的，做语文教师原来也可以是快乐的。本节课的教学设计体现了五个定位，课堂带领师生在诗词呈现的大气磅礴中，感悟了一代伟人的无限风采。

#### 1. 课堂起点——文本解读

《沁园春·长沙》一诗是一代伟人毛泽东1925年去广州主持农民运动讲习所，停留长沙，重游橘子洲时所作。这首词风格豪放壮阔，上阕写景，除了景色本身的壮丽多姿、生机勃勃外，还蕴含了极其巨大的空间感；下阕抒情，除了忆往昔那些书生意气、挥斥方遒的革命往事外，还包含了作为无产阶级革命家那种特有的改天换地、睥睨一切的革命豪情。今天走近毛泽东，走近伟人，对于缅怀革命领袖，增强民族自信，有着非凡的重大意义。

#### 2. 课堂终点——目标定位

这首词广为流传，不同寻常的是诗歌背后展现的远大理想和责任担当。

#### 3. 逻辑建构——路径选择

路径：毛泽东为何能在那个年代就展示出非同一般的人生理想呢，关键是他的博大情怀和革命壮志，以及他那深深的责任担当。

方法：让学生在教师的带领下，通过语言和情感的比较，品味诗词的意境美，领悟诗词的情感，从而达到与诗人情感的共鸣。

建构：从教师歌唱诗歌《七律·长征》，展示诗的豪放磅礴和勇敢顽强的革命精神入手，体味诗人的革命乐观主义精神—回顾诗人当时的经历和时代背景，感悟诗人的责任担当和革命情怀—联系当今时代背景（我们生活在新时代的粤港澳大湾区），明白自身应有的责任与担当。

伴随着这节课的深入推进，感慨颇多。做语文教师不易，唯有扎实的基本功，多才多艺，才能营造出快乐的课堂氛围，在课堂上带给学生别样的学习氛围。在今后的课堂设计上，笔者将继续应用五大定位，琢磨出更好的课堂设计。相信这样的课，将会带给笔者更多的感悟与提升。

本节课问题链设计如下：

| 教师引领 | 学生预设 | 设计意图 |
| --- | --- | --- |
| 《沁园春·长沙》中上阕描绘"独立寒秋"等图景的选词炼字有何妙处 | 不用"站""直"，身处险境却能独立寒秋，何等的坦荡从容！"遍"写出红之广（让人联想起星火燎原的革命火炬）。"击"把雄鹰展翅奋飞、迅猛有力地拍打天空的那种矫健的勇猛的雄姿绘显出来 | 创设思维起点：问题直接指向"怎么样"的关系探究，而不是"是什么"，引导学生进入文本分析，激发学生迅速整体把握诗句内涵，为后面体会诗人情怀打好理解基础 |
| "携来百侣曾游，忆往昔岁月稠"在全文结构中起什么作用 | 一般分上下两阕的词，其下阕首句又称过阕，在词中起承接过渡的作用。词的上下阕也有分工，常常上阕写景，下阕抒情，因此填词时非常注重过阕 | 挖掘思维深度：引导学生进一步感受诗人的情感升华，为后面对"浪遏飞舟"的解读张本 |
| 结合诗人经历，知人论世，站在伟人角度感受时代风云。"峥嵘岁月"指的是什么？"稠"指什么 | "峥嵘岁月"指毛泽东在长沙的求学生活和革命斗争经历。五卅运动和省港大罢工，湖南、广东等地农民运动，国共两党统一战线，国民革命政府在广州成立，毛泽东在广州主持农民运动讲习所。"稠"是指各种运动蓬勃发展，相继爆发 | 提升思维品质：引导学生全面把握毛泽东的内心世界，感受伟人的远大壮志和社会担当精神。同时，改变学生的思维，由低阶的归纳思维转变为高阶的演绎思维 |
| 如何表现"同学少年"这个意象的？ | 战斗岁月：携来百侣曾游，峥嵘岁月稠。<br>年龄气质：同学少年，风华正茂。<br>精神状态：书生意气，挥斥方遒。<br>战斗行动：指点江山，激扬文字，粪土当年万户侯 | 建立思维链接：这个环节构成文本前后两大部分的逻辑关联，也是体会"同学"这群人以天下为己任，蔑视反动统治者，敢于改造旧世界，积极进取，斗志昂扬。为后面理解"到中流击水，浪遏飞舟"的豪迈气概做好准备 |

| 教师引领 | 学生预设 | 设计意图 |
|---|---|---|
| 结合当今时代背景，联系自身和所处社会，同学们有何感想 | 当今时代，科技飞速发展，我们正处在粤港澳大湾区，更应该抓住机遇，奋发努力，有所作为 | 形成思维逻辑：引导学生通过这个过程的梳理，理解以毛泽东为代表的革命领袖的革命乐观主义精神的可贵，基本完成对《沁园春·长沙》理解，与伟人产生情感共鸣 |

## 二、逻辑课堂建构教学设计

**【教学目标】**

（1）品味关键词语，理解景中寓情，情中显志的特点。

（2）感受毛泽东博大的情怀和革命的豪情壮志。

**【教学过程】**

**1. 导入新课**

师：《七律·长征》是谁的作品？反映了诗人怎样的情怀？

生：这首诗豪放磅礴，是中国革命的壮烈史诗，赞美了红军不怕困难，勇敢顽强的革命精神，体现了诗人的革命乐观主义精神。诗人还有很多这样的诗作……

师：今天，就让我们来学习毛泽东的词《沁园春·长沙》。词牌决定了这首词的字数、句数和平仄声韵；标题是词的内容的集中体现。

**2. 品读**

（1）第一步，品味语言，分析意境。

检查学生背诵全词。有感情朗读全词。

注意感情基调：深沉、激越、昂扬、豪放。

借助图片感受长沙橘子洲头的美丽。

师：上片描写了几幅图？

生：独立寒江图、湘江秋景图。

师：不用"站""直"，身处险境却能独立寒秋，何等的坦荡从容！起句交代了时间、地点、人物、环境等因素，可以概括为独立寒秋图。

师：一个"看"字，一直统领到哪里？在古诗中，这叫一字起领，俗称领字，是词学中的专用名词。读诗词要注意找出这种领字。"看"字统领了哪些意象？

〔"意象"简释。意：创作者的思想感情。象：作品中的客观物象。意象：带上诗人主观情感的物象，即（物）象+（情）意=意象。客观+主观=主观〕

生：山、林、江、舸、鹰、鱼。

师：哪些字用得好？为什么好？

生：遍、染、争、击、翔。

生："遍"写出红之广，让人联想起星火燎原的革命火炬。

生：层林尽染，树叶经霜后变红的程度和红遍现象。"染"用了拟人的手法。王实甫在《西厢记》中即有"晓来谁染霜林醉？总是离人泪"的名句。"染"把一片枫林仿佛人工染成的一样的壮美景色描绘出来。

生："漫"写出江水满溢之状。

生："争"展现了江面上千帆竞发、争先恐后的热闹场面。

师："鹰击长空"中的"击"字能否改为"飞"字？

生：不能。"击"把雄鹰展翅奋飞，迅猛有力地拍打天空的那种矫健的勇猛的雄姿绘显出来，"飞"太一般了。

师："鱼翔浅底"中的"翔"是不是改为"游"更准确一些，鱼怎能像鸟一样飞翔呢？

生："浅底"并非真的水浅，而是清澈见底，显得水浅。蓝天倒映在碧水中，看上去鱼好像在天空中游动，好像飞翔一样，形象生动地写出了鱼在水中酣游时的那种轻松自如的神态。

师："万类霜天竞自由"。"竞"，竞争、竞赛。由眼前之物一下子扩展到世界万物，并做了哲理性的概括。既然世间万物都在秋光中争着过自由自在的生活，在斗争中获得生存的自由，那么作为万物之灵的人类，特别是被压迫的人民，不是更应该争自由吗？照此理解，可以认为这句话实际上是对被压迫人民的一种什么？

生：是号召和呼唤。

（2）第二步：结合写作背景深入理解词中壮丽的秋景和革命的情怀。

提问："携来百侣曾游，忆往昔峥嵘岁月稠"在全文结构中起什么作用？

明确：一般分上下两阕的词，其下阕首句又称过阕，在词中其承接过渡的作用。词的上下阕也有分工，常常上阕写景，下阕抒情，因此填词时非常注重过阕。另如"江山如此多娇，引无数英雄竞折腰"。本词上阕写独立寒秋，故地重游而看到的景色，自然而然地想到以前和同学携手来游的情景，于是过渡到往昔生活及"同学少年"中，在此过渡非常自然，衔接也是非常巧妙。

师："峥嵘岁月"指的是什么？简析"稠"。

生（齐读）：写作背景，毛泽东（1893—1976），1911年春到长沙，考入湘乡驻省中学读书。1913—1918年就读湖南省立第一师范，常呼朋引伴到橘子洲头游泳。1917年主持校友会，与蔡和森等谈古论今，抒发壮志。1918年4月和何叔衡主编《湘江评论》，发表一系列重要论文，引起了全国进步思想界的重视。1920年领导成立了湖南共产主义小组。1921年以湖南省党代表的身份参加中共一大。1925年1月回到老家韶山，组建中国农村最早的党支部——中共韶山党支部，组织农民开展轰轰烈烈的革命运动。1925年秋，军阀赵恒惕下令通缉毛泽东，他被迫离开家乡去广州主持农民运动讲习所。

师：毛泽东是中国人民的伟大领袖，伟大的革命家、政治家、军事家、理论家，杰出的文学家。这首词作于1925年，当时革命运动正蓬勃发展。五卅运动和省港大罢工相继爆发，湖南、广东等地的农民运动日益高涨。毛泽东直接领导了湖南的农民运动。同时，国共两党的统一战线已经确立，国民革命政府已在广州正式成立。这年深秋，毛泽东去广州主持农民运动讲习所，在长沙停留，重游橘子洲头，面对如画的秋景，回忆在长沙的求学生活和革命斗争经历，不禁浮想联翩，写下了这首词。

师生："峥嵘岁月"是对往日不平凡的斗争生活的形象概括。毛泽东在长沙生活、学习、从事革命工作期间（1911—1925），国内外发生了许多重大事件：1911年辛亥革命、1914—1918年第一次世界大战、1917年11月俄国十月革命、1919年五四运动、1921年中国共产党成立、1924年国共第一次合作等，都是影响世界局势的巨大变革。这样的岁月，如历史群山中耸立的一座又一座的峥嵘的高峰。"稠"形象地说明了世界变化的风起云涌。

师：诗中如何表现"同学少年"这个意象的？也就是毛泽东一群人的形象如何？

明确："江山"指代"国家"。指代，用相关的事物来代替所要表达的事物的修辞方式（也就是部分代整体）。这群人以天下为己任，蔑视反动统治者，敢于改造旧世界，积极进取，斗志昂扬。

师：此处表现了作者当时怎样的情感？

生：词人借对"同学少年"的回忆，流露出对往事的无限怀念，表现了他和革命战友们以天下为己任，蔑视反动派、改造旧世界的革命战斗豪情。

（3）第三步：通过在理解基础上的创造性朗读达到情感的升华，引发联想和想象，表达自己独特的感受。

师：科技在进步，粤港澳大湾区在建设，祖国在发展，面对如此大好形势，我们青年人要奋发努力，抓住机遇，为自身的发展，为祖国的发展有所作为！

学生再次朗读整首词，体会豪迈的气势。

**板书设计：**

沁园春·长沙

毛泽东

立 → 看 → 问

↓ ↓

忆 → 恰 → 记

## 三、扫码观看逻辑课堂建构案例系列资料

扫码观看《沁园春·长沙》教学实录　　扫码观看《沁园春·长沙》教学课件　　扫码观看《沁园春·长沙》学案设计

# 中国小说

## 一身勇武惜太忍  水浒郁闷第一人

### ——《林教头风雪山神庙》教学设计

刘 斌

### 一、逻辑课堂建构说明

课堂围绕着"小说塑造了怎样一个林冲形象""怎样辩证地看待林冲形象""为什么要塑造这样一个林冲形象"三个问题展开。学生从分析形象入手，然后由浅入深，一步步把握形象背后的小说主题。整堂课用"形象"这个关键词串起，脉络分明，是一堂简洁但不简单的课。

**1. 课堂起点——文本解读**

林冲是《水浒传》里塑造得比较成功的人物形象之一，历来有所谓的"鲁林十回"之说，说明作者对林冲这个形象花费了很多笔墨和心力。好的人物形象应该是丰满的，而非干瘪的、符号式的，林冲的形象就属于一个丰满的、复杂的形象。前人关于林冲形象的概括梳理已经做得非常周全了，概括了林冲身上诸如懦弱、隐忍、善良、细心、冷静、狠辣等特点，这些概括都是有理有据的。但是，好的人物象形除了丰满，还要特点突出。就林冲而言，他形象中的突出特点就是"忍"。

**2. 课堂终点——目标定位**

一堂好的阅读教学课，首先必须建立在教师对文本的精深解读上。不过，教师解读到的东西并不能完全成为课堂教学的内容，课堂内容要根据学情来定。这篇小说通俗易懂，在理解上难度不大，如果仅仅讲课本的内容，容量有点小。而且，由于是节选，学生不能整体把握林冲形象。因此，将本堂课的目标定位为"通过小说中与林冲相关的情节来全面地、辩证地把握林冲形象"。

### 3. 逻辑建构——路径选择

路径：要想实现教学的目标，并且让学生的思维能力在课堂中得到提升，就必须有很好的教学设计，这个设计就是达成目标的路径。本堂课围绕"林冲形象"这样一个核心，设计了三个主问题，一是小说塑造了怎样一个林冲形象，二是怎样辩证地看待林冲形象，三是为什么要塑造这样一个林冲形象。

方法：三个主问题是串起整篇文章的一条线，有了主线，还需要学生去填充细节。如何帮助学生把握林冲形象呢？主要的方法还是情节提炼法，从具体的情节，具体的语言、动作等描写去引导学生把握人物的性格特点。在课堂上，可以将任务分到各个小组，这样更能让学生专注地分析。

建构：三个主问题，一是"塑造了怎样一个林冲形象"，这个问题要求学生通过前十回中与林冲相关的情节去概括提炼，这是一个归纳思维的过程。然后，在诸多形象特点中让学生比较哪一点最为突出，那就是"忍"。林冲的"忍"到底对不对？该如何看待？这是本节课的第二个主问题。这个问题可以很好地锻炼学生的辩证思维能力。最后一个问题是"作者为什么要塑造这样一个林冲形象"，这个问题能够很好地引导学生以形象出发，把握整个小说的批判主旨。

本节课问题链设计如下：

| 教师引领 | 学生预设 | 设计意图 |
|---|---|---|
| 你觉得节选部分林冲有哪些性格特点 | 学生按照文本的顺序可能会提炼出"非常热心，乐于助人""软弱""隐忍""认命""老实忠厚"等特点 | 创设思维起点：概括"性格特点"是小说教学的一个重要教学点，"有哪些性格特点"这个问题的思维起点虽然比较低，但是也容易让学生入手。通过对相关情节的梳理，学生能够一步步地把握林冲的完整形象 |
| 这篇课文是节选，那前十回中，林冲的性格又有何特点呢 | 学生阅读了前十回中关于林冲的情节之后，可能会提炼出"隐忍""懦弱""软弱、妥协"等等 | 提升思维品质：由节选部分扩充到前十回，这需要学生在课前进行认真阅读。这个问题看似和第一个问题在同一个层面上，但实际上，在这种拓展延伸的阅读中，学生会动态地把握林冲性格的演变 |

| 教师引领 | 学生预设 | 设计意图 |
|---|---|---|
| 提炼了这么多关于林冲性格特点的词语，你觉得哪一点是林冲性格中最突出的特点呢 | 关于这个问题，有人会说是"忍让"，有人会说是"懦弱"，等等 | 挖掘思维深度：让学生比较根据情节提炼出来的林冲性格特点，能很好地锻炼学生的比较思维能力 |
| 林冲性格中最突出的特点就是"忍"，那么该如何看待这种"忍"呢 | 有些同学可能会赞成这种"忍"，认为"大丈夫"能忍人之所不能忍，也有同学可能会认为这种"忍"是一种懦弱、妥协的表现 | 建立思维链接：到底该怎样评价林冲的"忍"，这需要根据情节一步步来分析，要根据"忍"的具体情境来分析。这个问题能很好地锻炼学生的辩证思维能力 |
| 经过前面的分析，我们发现林冲性格中最突出的特点是"忍"，但是到"风雪山神庙"，他却选择不忍。这种性格的转变反映了什么 | 忍无可忍，则无须再忍。高俅一路追杀，已经把林冲逼上了绝境，此时他唯有奋起反抗 | 形成思维逻辑：这个问题其实是由前面的问题一步步深入过来的。林冲开始百般忍让，但没想到高俅还是不放过他。这种性格转变其实正反映了小说的主题"官逼民反" |

## 二、逻辑课堂建构教学设计

【教学目标】

（1）分析林冲的形象特点。

（2）辩证地看待林冲的形象。

（3）通过林冲的形象把握主题。

【教学过程】

**1. 导入新课**

师：我们知道，《水浒传》写的是一百零五个男人和三个女人的故事，但是作者对他们的描写并不是均衡用力，而是特别青睐其中一些人物。对这些人物描写的篇幅超出了一般的梁山好汉，比如鲁智深、林冲、武松、宋江等人，这就是后人所说的"鲁十回""林十回""武十回""宋十回"。今天这节课，我们就来学习"林十回"里面的一回"林教头风雪山神庙"。

师：通过这一回，我们一起来探究一下，作者塑造了怎样的一个林冲形象，以及作者为什么要塑造这样一个形象。

**2. 理论回顾**

师：我们首先来探讨第一个问题：作者塑造了怎样的一个林冲形象？在探讨这个问题之前，我觉得有必要回顾一下"小说人物形象"的相关理论知识，即"人物形象"包括哪些方面。

生：小说人物形象包含外在形象和内在形象。外在形象就是外显的形象，比如身份、地位、高矮、胖瘦、美丑等等；内在形象则指的是人物的思想、性格、品格等内隐的但是更加能体现人物个性的形象。

师：回答得很好，理论功底比较扎实。其他同学还有补充没有？

生：我觉得还有典型形象，就是说这个形象代表着哪一类人。

师：补充得很好，这一点也是很多人容易忽视的。

**3. 形象探讨**

**（1）课内形象探讨**

师：刚刚我们回顾了小说人物形象的相关理论，现在我们来正式探究课文中林冲的形象。课文中林冲到底是怎样一个形象呢？请同学们根据学案上的相关情节来进行提炼。

生：我来分析"沧州遇旧"这个情节，我觉得这个情节能够反映出林冲的侠肝义胆。

师：怎么个"侠肝义胆"？你结合具体情节来分析一下。

生：林冲觉得李小二不应该受那样的待遇。

师：李小二偷别人的钱，难道不应该被捉、吃官司吗？我觉得你还需要更好地思考一下。其他人对这个情节有没有看法？

生：我觉得这里体现了林冲的善良。他先是救李小二免送官司，又帮李小二赔些钱财，然后给李小二路费。作为无亲无故之人，林冲对李小二确实很热心，真是一个大善人。

师：说得很好，从这个情节我们可以看出林冲的热心、善良。

师："沧州遇旧"这个情节中还有其他小的细节，谁来分析一下其他细节？

生：我觉得"沧州遇旧"第二个细节中"我因恶了高太尉"这句话反映了林冲的逆来顺受，而"未知久后如何"这句话反映了林冲的善良、安顺。

师：分析得很到位。"我因恶了高太尉"确实反映了林冲的逆来顺受。这里面哪些词体现了这个特点？

生："恶"这个词用得好。"恶了"是"得罪了"的意思，说明林冲完全没有归咎于高俅，而是归咎于自己。从"高太尉"这个称呼也可以看出林冲潜意识里对高太尉是畏惧的。"未知久后如何"，说明此时林冲迷茫，有点认命。

师：分析得十分深入、到位。我们想想，假如换作是鲁智深的话，在这种境遇下他会怎样说这句话？

生：鲁智深可能会说"高俅那厮把我陷害到了这里"，不过按鲁智深的性格，他也不会落到这个田地，他早就揭竿而起、奋起反击了。

师：你模拟得很像，很好地把握了鲁智深的性格，不错。其实，关于这个情节，里面还有一句话是很能反映林冲逆来顺受的性格的，你发现了吗？

生：我觉得是这句——"我是个罪囚，恐怕玷辱了你们夫妻两个。""我是个罪囚"说明林冲已经认同自己的身份，或者说他已经认罪了，服软了；"恐怕玷辱了你夫妻两个"，说明林冲生怕给他们添麻烦。

师：找得十分准确，分析得也十分到位。同学们接着来分析后面的情节。

生：我来分析"酒店密谋"这个情节。在这个情节里面，李小二有一句话："你不省得，林教头是个性急的人，摸不着便要杀人放火。"可以看出林冲是一个性急之人，"杀人放火"说明他也有狠毒的一面。

师：那你觉得他这种"性急""狠毒"和什么有关？

生：我觉得和他的职业还是有一点关系的，他毕竟是八十万禁军枪棒教头嘛。

师：说得很好。其实他这种性格特点在后面的情节中表现出来了，有同学看出来没有？

生：我觉得"买刀寻仇"这个情节也体现了林冲"性急"的特点。他听说陆虞候来追杀他，马上买刀到处去寻，似乎想立马杀了陆虞候。

师：找得很准确，不过我们再仔细看看"买刀寻仇"这个情节，林冲有没有一直找下去呢？

生：没有，文中说"街上寻了三五日，不见消耗，林冲也自心下慢了"，这里的"自心下慢了"，说明林冲有点"健忘症"，这其实是他妥协的表现。

师：这里说到妥协，那我们接下来看看"看守草场"这个情节是不是有类似的体现。

生：有很多。林冲到了草场，看到那破败的草屋，他想"待雪晴了，去城中唤个泥水匠来修理"，从他这个想法中也能看出林冲的"妥协"。他是向高俅妥协了，认命了，决定在这荒郊野外过下去了。

师：找得很准确，分析得也到位。我们再来看看这个情节有没有反映出林冲性格的其他方面。

生：我觉得有一个细节能反映出林冲的认真负责。林冲出去买酒，先是将火炭盖了；出来，把草厅门拽上；出到大门首，把两扇草场门反拽上锁了。这一系列动作表现的不正是一个认真负责的草料场看守吗？

师：分析得很好。那我们来分析一下这里的"认真负责"和前面的"妥协"有没有关系。

生：我觉得这里的认真负责可看作是一种"妥协"的表现，如果换作是鲁智深，他是肯定不肯如此安分的。

师：不错，你看问题看得很深入，辨析得很准确。接下来，我们来看看节选的高潮部分——雪夜复仇。在这个情节中，你能看出林冲什么样的性格特点？

生："雪夜复仇"这个情节最明显的是反映了林冲狠毒的一面。我们看林冲杀人的描写："把陆谦上身衣服扯开，把尖刀向心窝里只一剜，七窍迸出血来，将心肝提在手里。"真是杀红了眼了。

师：杀人手段确实残忍，用"狠毒"一词形容也无可厚非。不过，究竟该如何评价他这种复仇的方式，我们在分析了林冲是怎么一步步走到这一步之后再做评判。

（2）补充情节形象探讨

师：刚刚我们探讨了课文中的林冲形象，那么，林冲在其他章回里面又是怎样的一个形象呢？我们昨天已经阅读过印发的前面几回，你觉得里面的林冲是怎样一个形象？请你加以概括并说出你的依据。

生：我来分析"东岳庙妻子受辱"这一个情节。妻子被调戏本是奇耻大辱，但是林冲畏于高太尉的权势，"先自手软了"。林冲忍了下来，为何而忍？因为自己的顶头上司是高太尉，此时尊严的需求让位于生存的需求。由此处可以看出林冲隐忍、懦弱的特点。

师：俗话说，"不怕官，只怕管"。林冲这次忍了下去，从某个角度来看确实也是不得已，用"懦弱"一词形容其实有点过了。我们看看接下来的情节。

生：我来分析"陆谦家妻子再受辱"这个情节。林冲妻子被骗至陆虞侯家，差点就遭到了高衙内的玷污。上次林冲忍下来了，这次还忍吗？一开始林冲也忍无可忍，砸毁陆家，追杀陆谦，但是没过几天，又慢慢懈怠了，忘记了，说明林冲的斗争不够彻底，他还心存侥幸，这也是他性格软弱的一面。他完全可以带着妻子远走他方，隐姓埋名。

师：如果说妻子第一次被调戏，林冲的忍不能说是懦弱，但是这一次妻子险些遭玷污，说他懦弱也无可厚非。你说得很对，惹不起，躲得起呀！其实在我们节选之前的情节中，林冲不只忍了这两次。谁能再分析一下其他情节？

生：我觉得押解途中和野猪林中也能体现。由于高俅的买通，董超、薛霸一路上折磨林冲，用开水烫他的脚，并且在野猪林要杀他，幸好鲁智深救了他。但是，林冲不但不杀曹薛二人，反而还要继续上路，可以看出他已经对高俅放弃抵抗了。

师：分析得很好。刚刚我们通过对第七回到第十一回相关情节的分析，基本上已经把握了林冲的形象。现在，我们从人物形象的三个方面来对林冲形象做一个小结：从外在形象来看，林冲是一个有一定社会地位和资产的武艺高强的禁军教头；从内在形象来看，林冲是一个热心善良、谨慎细心、忠于职守而又忍让妥协、果断狠辣的人；从典型形象来看，林冲简直就是一个安分守己、逆来顺受的良民。

**4. 辩证分析林冲的忍**

师：上面我们已经总结了林冲的形象特点、性格特点，可以说，林冲的性格是复杂的、多面的。那你认为林冲性格最突出的特点是什么？

生：是忍，或者叫作"隐忍"。林冲的谨慎小心，林冲的懦弱妥协，林冲的逆来顺受，其实都可以看作是"隐忍"的各种表现。

师：分析得很好，能够梳理出众多特点之间的联系。有人认为林冲是一个很有家庭责任感的人，你觉得对不对？

生：从表面上看好像是的，因为一开始林冲对高衙内的忍，其实是害怕牵连家人，但是到后来，林冲一路忍下去，我觉得用家庭责任感来概括已经不恰当了。他有点天真了，低估了高俅势力的邪恶程度。

师：到底怎么来看待林冲的这种"忍"呢？我觉得有必要挖掘林冲隐忍的原因。大家思考一下，林冲为何一忍再忍呢？

生：我觉得一个重要的原因是畏于权势。林冲知道自己和高俅地位相差悬殊，自己是一个教头，没有什么实际权力，而高俅作为太尉，即朝廷最高军事长官，相当于现在的国防部部长。高俅位高权重，想要弄死林冲简直易如反掌，因此林冲不敢得罪他，只能忍。

师：一针见血，直指要点，回答得很好。其他同学还有补充的没有？

生：我觉得还有一点就是顾虑太多。林冲为什么不能像鲁智深那样呢？其实是林冲顾虑、牵绊太多了。一是要考虑自己的工作，假如自己得罪了高太尉，那自己的工作肯定是不保了；二是得罪高俅后自己受罪还好，但是肯定会牵连家人。

师：你是说林冲有点贪恋权位是吗？

生：我觉得有一点儿。林冲是可以不忍的，惹不起，完全可以躲得起。前任教头王进不也是远走了吗？为什么林冲不愿走，不愿出去躲一躲呢？凭他的本事，他在其他地方还不能立足吗？我觉得林冲还是太在乎自己的职位，有点贪恋权位，所以这里的忍还是应该看作是一种软弱。尤其从"陆虞侯家妻子再受辱"这个情节更加可以看出，林冲因为贪恋职位而对高衙内主动地忍让。

师：经过同学们对林冲隐忍的原因的分析，我们发现，正是林冲所处的地位决定着他的性格。

**5. 由形象看主题**

师：经过对林冲相关回目的分析，我们已经比较完整地把握了林冲的形象。林冲的形象确实是一个丰满的形象，一个成功的形象。现在，我们再回到开头的那个问题：作者为什么要塑造这样一个林冲形象呢？

生：我觉得作者一再表现林冲的隐忍是为了批判把他逼上绝路的人。

师：是谁把他逼上绝路的？

生：是高俅。

师：是啊。前面我们分析了林冲的形象，认为林冲是一个善良的教头，一个尽职的犯人，的的确确是一个安分守己、逆来顺受的良民。这样的人都走投无路，原因不在他，而在高俅等人的一再逼迫、陷害、追杀，所以塑造林冲这样一个形象是为了控诉这些奸臣。我提一个问题：仅仅是批判高俅这样的奸臣吗？

生：我觉得还是在批判最高统治者的昏聩，正因为皇帝的昏聩才导致奸臣当道。

师：是的，这里我再补充一点儿时代背景。《水浒传》并不是施耐庵原创的，它的故事蓝本是《大宋宣和遗事》，讲的是北宋宣和年间的故事。"宣和"就是北宋亡国之君宋徽宗的年号，宋徽宗可以说是一个艺术天才和政治蠢材的结合体。他艺术修养极高，但是却不适合做皇帝。他贤愚莫辨、忠奸不分，重用了一大批奸臣，如高俅。我们读了小说就知道高俅是怎样一步步发迹的，徽宗朝基本上是奸臣当道。当时有六个奸臣，被后世称为徽宗朝"六贼"（蔡京、童贯、王黼、梁师成、朱勔、李彦）。皇帝的昏庸加上奸臣的推波助澜，直接导致大量农民起义，也间接导致了北宋的灭亡。

师：《水浒传》的情节安排有一个很有意思的地方，就是在开头不先写梁山好汉，而是先写高俅的发迹。你觉得这样的构思有何妙处？

生：这样构思好像是在表明，正是因为朝廷的腐败才导致水浒英雄的聚啸山林。

师：你真是一个读小说的高手。几百年前，著名的点评家金圣叹也是这么认为的。他说："盖不写高俅，便写一百八人，则是乱自下作也；不写一百八人，先写高俅，则是乱自上作也。"

师：小说前十二回已经出现了史进、鲁智深等好汉，为什么说林冲这一形象反映了小说的主题？难道史、鲁等人的形象不能反映小说的主题吗？

生：因为史进、鲁智深上梁山的过程和林冲不一样。

师：能不能具体说一说。

生：史进落草是因为和少华山的草寇有交往，鲁智深落草的原因更多的是自己杀害官军。而林冲则不同，他是一个善良的教头，一个尽职的犯人，是一个安分守己、逆来顺受的良民。林冲可以说代表一种平民性格，而前两者并不具备代表性，所以林冲的故事最能反映普通人的遭遇，也最能体现小说的主题——"官逼民反，民不得不反"。

师：不错，林冲的形象正是作者精心塑造的，是用来反映"官逼民反"这一主题的。

**6. 课堂总结**

师：同学们，今天我们通过分析，从整体上把握了林冲的形象。他最突出的特点就是"隐忍"，面对以高俅为代表的恶势力，林冲忍之再忍，最后忍无可忍，拔刀相向，投身绿林。林冲的遭遇，代表着当时中下层百姓的普遍遭遇，正因此林冲最能反映小说的主题。

**7. 课后作业**

师：有人说，经过了这一回，林冲性格有了很大的改变，由忍变成不忍，到底是不是这样呢？请同学们课后阅读《水浒传》后面与林冲相关的回目，分析林冲的性格有没有根本的改变。

**板书设计：**

### 林教头风雪山神庙
施耐庵

一、塑造了怎样一个林冲形象？

二、如何辩证地看待林冲形象？

三、为什么塑造这样的林冲形象？

## 三、扫码观看逻辑课堂建构案例系列资料

扫码观看《林教头风雪山神庙》课堂实录　　扫码观看《林教头风雪山神庙》教学课件　　扫码观看《林教头风雪山神庙》学案设计　　扫码观看《林教头风雪山神庙》相关回目

# 淡妆素抹绘诗意世界　扁舟流水奏生活牧歌
## ——《边城》教学设计

刘艳华

## 一、课堂逻辑建构说明

课堂依照"寻找诗情画意""描述边城印象""探讨边城内涵"三个部分循序渐进。其中，"寻找诗情画意"又分为"诗情画意之风景如画""诗情画意之人性如诗""诗情画意之生活如歌"三个部分本课设计试图引领学生由浅入深地感受、理解《边城》中的风景美、人情美和"不悖乎人性"的生存形式之美。整堂课语言也照应文本的特点，更加注重形象性、抒情性。

### 1. 课堂起点——文本解读

描写乡村爱情的小说不少，但能像《边城》这样将乡下青年男女的爱情写得如此朦胧、纯美、充满诗情画意的却着实不多。湘西秀丽的自然风光，独特的风俗民情，乡下女孩在爱情方面的懵懂、羞涩、矜持，这些都极具美感，值得我们引导学生去用心感受。徐志摩更是评价其为"中国现代文学牧歌传说中的顶峰之作"。

### 2. 课堂终点——目标定位

《边城》是一部小说。对于高二的学生来说，在小说的三要素中，本文的情节、人物形象两个要素都比较好把握。但我们不得不承认的是，对于在大城市长大的学生来说，乡间的自然风光和风土人情都是非常陌生的，学生

与文本的距离较大。又因为本文并不是以情节的曲折、扣人心弦取胜，不少审美鉴赏能力不高的学生会认为小说"不好看"。为了不负经典，笔者将本节课的重点放在了如何帮助学生品出《边城》中的诗情画意之类上。

### 3. 逻辑建构——路径选择

《边城》中的诗情画意体现在哪些方面？作者给人们展示的边城世界是怎样的？作者塑造这样一个边城世界有何用意？我们应该如何看待这个边城世界？

让学生用分析法形成思维，到达预定的路径。以解决"寻找《边城》中的诗情画意"这一环节为例。首先，由于"诗情画意"比较抽象，笔者没有机械地给"诗情画意"下定义，而是借用邓丽君的歌曲《又见炊烟》中的歌词，让学生先对"诗情画意"有一个较为感性的了解。其次，又因为《边城》文本较长，学生难以将目光聚焦到一些有代表性的段落上，于是，笔者从文中摘录出数段，并分成三类，供学生品析。

这节课，笔者以"寻找《边城》中的诗情画意"为主要目标，将课堂分成"寻找诗情画意""描述边城印象""探讨边城内涵"三个环节。其中，"寻找诗情画意"又分为"诗情画意之风景如画""诗情画意之人性如诗""诗情画意之生活如歌"，引导学生分别感受小说中的风景美、人性美和生存形式之美。而"描述边城印象"部分则是想借此让学生将对边城的感性的感受内化于心，然后用自己的语言描述出来，说出他们心中那个独特的边城，提高学生的审美能力和表达能力。第三部分"探讨边城内涵"则是引导学生思考作者给小说取名"边城"的用意，了解作品背后的寓意，加深对作品的理解。

另外，鉴于本文"诗化小说"的特点，教师的授课语言要讲究，选词、语调甚至体态都需要优雅一些。

这次公开课，几番打磨下来，过程艰辛，但收获良多。在今后的课堂设计上，笔者会进一步实践逻辑建构的相关理论，提升课堂品质。

本节课问题链设计如下：

| 教师引领 | 学生预设 | 设计意图 |
| --- | --- | --- |
| 请听邓丽君的《又见炊烟》，感受什么是诗情画意 | 有画面感，有感情寄托在其中 | 创设思维起点：学生对于诗情画意只有感性的认识，难以理性地概括或描述，因此用歌曲帮助学生快速进入情境 |

| 教师引领 | 学生预设 | 设计意图 |
|---|---|---|
| 几处美丽的风景，如"一缕炊烟""一轮夕阳"，再加一丝美好的情愫，如"我心中只有你"，这就是诗情画意。那么，《边城》中有哪些地方会让你感受到诗情画意呢 | 山清水秀，风景很美；人性淳朴，善良真诚；风景如画、人性如诗、生活如歌 | 提升思维品质：引导学生感受湘西边地特有的自然风光和风土人情，以及人性的善良美好与心灵的澄澈纯净。从抽象到具体，贴近作者的描述，体味边城中的诗情画意。再从具体到抽象，从具体的环境描写、人物描写中概括环境特点、人物形象 |
| 如画般的风景，诗意的人性，简单、宁静的"不悖乎人性"的生存方式，无一不在向我们传递着诗情画意。但是，边城人尤其是祖孙二人的生活状态不能不说显得有些简单甚至孤独，何以有一种诗意呢 | 他们的生活比较简单，不追求物质，有种闲适的感觉。独处的感觉也很好，很清静。这是一种宁静中夹杂着忧伤和人性淳朴之美的诗意 | 挖掘思维深度：引导学生从关注环境特点、人物形象到关注人们的生存方式，甚至对"诗意的忧伤"有所理解 |
| 作者有哪些与边城相关的生活经历？他的写作目的是什么 | 他就是湖南凤凰人，从小对"乡下人"的洒脱、纯真与热情非常熟悉，离开家乡之后非常怀念故乡。赞美边城生活的质朴、纯真和人与人之间纯洁的爱 | 建立思维链接：这个环节旨在将文本和作者连接起来，让学生了解写作背景，为接下来分析作者的写作目的做铺垫，加深对边城中所展现的诗意世界的理解 |
| 作者给人们展示了一个如此美好的世外桃源，为什么又要为它取名为"边城"呢 | 边城是大城市的对立面，批判物欲泛滥的现代文明；金钱主义的浅薄庸俗和腐化堕落；呼吁重建民族的品德与人格 | 形成思维逻辑：通过这个环节，引导学生观照现实世界，思考《边城》的现实意义 |

## 二、逻辑课堂建构教学设计

### 【教学目标】

走进作者构筑的善与美的理想世界，体会《边城》中的诗情画意。

### 【教学过程】

#### 1. 导入

师：元旦假期，老师不惜冒着被批评浪费纸张的风险，把《边城》的全文都印出来发给了同学们，希望大家利用假期好好读读这篇小说。但是，返校之后我找了几个同学一交流，发现很多人都说"一个简单的故事，却写那么长，一会儿写这，一会儿写那""看不下去""没意思"。但实际上，《边城》曾入选20世纪中文小说（全球华语范围内）100强，排名第二位，仅次于鲁迅的《呐喊》（也有人认为论单篇小说，《边城》排第一）。诗人徐志摩也曾经评价《边城》为"中国现代文学牧歌传说中的顶峰之作"。

生：真的吗？这么厉害！

师：为什么这么好的作品很多同学却欣赏不了呢？是因为我们平常读小说，更多的只是关注它的故事情节。情节离奇曲折、叙事紧凑、扣人心弦的，就觉得好看，在很多同学尤其是在男生中间泛滥的什么《鬼吹灯》《盗墓笔记》就属于这一类（生大笑）。而《边城》，不是一篇仅靠情节取胜的小说，而是一部充满诗情画意的"牧歌传说"。所以今天这节课，老师想和大家一起来寻找《边城》这篇"牧歌传说"中的诗情画意。（板书：《边城》诗情画意）

**2. 品读诗意**

师：那么，何谓诗情画意？请听邓丽君的《又见炊烟》。

没错，几处美丽的风景，如"一缕炊烟""一轮夕阳"，再加一丝美好的情愫，如"我心中只有你"，这就是诗情画意！在《边城》中，有哪些地方会让你感受到诗情画意呢？请同学们找到相关语段，并选定一个段落试着赏析其中的诗情画意，说说你读到这段文字时的感受。鉴于原文比较长，如果同学们一时半会儿找不到，可以参考学案上给出的段落，任选一段或一组加以赏析，说说其中的诗情画意体现在何处。

（1）诗情画意之风景如画

生（齐读第一组选段）：若溯流而上，则三丈五丈的深潭皆清澈见底。深潭为白日所映照，河底小小白石子，有花纹的玛瑙石子，全看得明明白白。水中游鱼来去，全如浮在空气里。两岸多高山，山中多可以造纸的细竹，长年作深翠颜色，逼人眼目。近水人家多在桃杏花里，春天时只需注意，凡有桃花处必有人家，凡有人家处必可沽酒。夏天则晒晾在日光下耀目的紫花布衣裤，可以作为人家所在的旗帜。秋冬来时，房屋在悬崖上的，滨水的，无不朗然入目。黄泥的墙，乌黑的瓦，位置则永远那么妥帖，且与四围环境极其调和，使人迎面得到的印象，实在非常愉快。一个对于诗歌图画稍有兴味的旅客，在这小河中，蜷伏于一只小船上，作三十天的旅行，必不至于感到厌烦。正因为处处有奇迹，自然的大胆处与精巧处，无一处不使人神往倾心。

师：哪位同学说说你从这段文字中感受到了哪些诗情画意？

生：风景很美，山清水秀。

师：何以见得？

生：潭水清澈见底，游鱼如浮在空气中，山上还有竹子和桃花。

师：有没有让我们想起学过的诗句？

生："屋舍俨然，有良田美池桑竹之属。阡陌交通，鸡犬相闻。"

师：这段文字展现了边城的温柔、美丽、平静、祥和，远离世俗的尘器。一开篇小说便将读者引领到湘西的秀美风光中。那清澈碧绿的河流，那凭水依山的小城，那河街上的吊脚楼，那攀引缆索的渡船，那关系茶峒"风水"的白塔，那深翠逼人的竹篁中鸟雀的交替鸣叫……这些富有地方色彩的景物，自然清丽，优美如画，给我们展现出美妙的湘西风景画卷。穿行在他文字构筑的画卷中，我们的视觉连同心灵一起沐浴着美丽与圣洁。

（2）诗情画意之人性如诗

师：请一位男同学朗读。

生（朗读）：翠翠在风日里长养着，把皮肤变得黑黑的，触目为青山绿水，一对眸子清明如水晶。自然既长养她且教育她，为人天真活泼，处处俨然如一只小兽物。人又那么乖，如山头黄麂一样，从不想到残忍事情，从不发愁，从不动气。平时在渡船上遇陌生人对她有所注意时，便把光光的眼睛瞅着那陌生人，作成随时皆可举步逃入深山的神气，但明白了人无机心后，就又从从容容地在水边玩耍了。

师：刚才有个字似乎读错了，麂，应该读 jǐ，麂是什么？

生：小鹿。

师：用小鹿来比喻翠翠，写出了翠翠的什么特点？

生：活泼可爱、单纯。

师：请一位女同学朗读。

生（朗读）：船夫即刻把船拉过来，一面拉船一面哑声儿喊问："翠翠，翠翠，是不是你？"翠翠不理会祖父，口中却轻轻地说："不是翠翠，不是翠翠，翠翠早被大河里鲤鱼吃去了。"

师：请揣摩翠翠的心理，用翠翠的语气再读"不是翠翠，不是翠翠，翠翠早被大河里鲤鱼吃去了"这一句。

生：用嗔怪的语气读。

师：翠翠说到"被大河里鲤鱼吃去了"时，除了嗔怪爷爷没有来接自己回家以外，还想到了什么？

生：和傩送初次见面时斗嘴的情景。

师：所以还要读出点什么感觉？

生：甜蜜、娇羞。

师：第二段文字显示出翠翠调皮、活泼的一面。她不是真的生爷爷的气，只是表现出小女孩特有的娇气和顽皮，让人忍俊不禁，同时也透露出翠翠还在回味她和傩送的美丽邂逅，表现了一个情窦初开的女孩子的娇羞、美丽。翠翠这个人物是最完美的诗意结晶，她依水而生，傍山成长，"在风日里长养着，把皮肤变得黑黑的，触目为青山绿水，一对眸子清明如水晶"。她明慧温柔，体贴乖顺，"如山头黄麂一样，从不想到残忍事情，从不发愁，从不动气"。这些淳朴性格轻盈纯洁，像一首不忍凌辱的诗。就连她心中的爱也无不充满诗意。自从见到二老之后，便让翠翠"沉默了一个夜晚"，甚至摆渡时也不时想起遇见二老的场景，挂念着，如桨下的水流哗哗而动，似"不见君子，忧心忡忡"；见到二老之后，故意装作不在意，其实心中怦然而动，又似"既见君子，我心则降"。

女主人公翠翠是人性美的高度体现。灵山秀水陶冶了她的情操，质朴民风净化了她的心灵。她聪慧温柔，善良天真，纯洁淡泊；她不贪财，不慕贵，如水般清澈。她与傩送的爱情没有海誓山盟，没有离经叛道，更没有丑陋的裙带交易，有的只是原始乡村孕育下的超乎自然的朴素纯情。

生（齐读）：渡头为公家所有，故过渡人不必出钱。有人心中不安，抓了一把钱掷到船板上时，管渡船的必为一一拾起，依然塞到那人手心里去，俨然吵嘴时的认真神气："我有了口量，三斗米，七百钱，够了。谁要这个！"

但不成，凡事求个心安理得，出气力不受酬谁好意思，不管如何还是有人把钱的。管船人却情不过，也为了心安起见，便把这些钱托人到茶峒去买茶叶和草烟，将茶峒出产的上等草烟，一扎一扎挂在自己腰带边，过渡的谁需要这东西必慷慨奉赠。有时从神气上估计那远路人对于身边草烟引起了相当的注意时，便把一小束草烟扎到那人包袱上去，一面说，"不吸这个吗，这好的，这妙的，味道蛮好，送人也合式！"茶叶则在六月里放进大缸里去，用开水泡好，给过路人解渴。

顺顺做了这样一个代替者。那时他还只五十岁，为人既明事明理，正直和平又不爱财，故无人对他年龄怀疑。

到如今，他的儿子大的已十八岁，小的已十六岁。两个年轻人皆结实如小公牛，能驾船，能泅水，能走长路。凡从小乡城里出身的年轻人所能够做的事，他们无一不做，做去无一不精。年纪较长的，如他们爸爸一样，豪放豁达，不拘常套小节。年幼的则气质近于那个白脸黑发的母亲，不爱说话，眼眉却秀拔出群，一望即知其为人聪明而又富于感情。

二老说："你不必——大老，我再问你，假若我不想得这座碾坊，却打量要那只渡船，而且这念头也是两年前的事，你信不信呢？"

师：大家从这几段文字中感受到了什么？

生：情义。普通乡亲之间、富人和穷人之间、兄弟之间、恋人之间，都把情义摆在利益之前。

师：是的，除了男女之爱，小说中还给我们描述了祖孙之间的挚爱，兄弟之间的手足之爱，乡亲之间淡化功利，以诚相待，相互友爱。就是这些交织在一起的纤尘不染的人与人之间的爱体现了湘西的至美人性。

翠翠的祖父，终生摆渡，毫无倦意，不收人的钱财，就是收了也将钱买些茶叶，沏茶让渡船人解渴解疲。他深深地关心着翠翠，希望她可以有个好的归宿，然后他自己才可安心地死去。这样充满人性的形象又何尝不是一首美丽的诗？

二老土生土长于乡间，习于水性，染于山情，在自己的故乡安守乐土，从无大都市的天真幻想，对于爱情更是一如既往，毫无邪念，这便是他的"诗人性格"。正是这种诗人性格，才造就了边城中的人性美，才吸引了翠翠那颗透明的心。

还有《边城》中的妓女。沈从文并没有反映出她们的罪恶与淫乱，相反倒多了几分同情与欣慰。她们不唯财是首，也不水性杨花，更多的是"浑厚"，"感情真挚的，痴到无可形容"。她们越过道德的边境，走过爱的禁区，勇敢执着的天性，分明是一首风骨俱秀的诗。不欢快，不轻柔，却也像极了青山绿水，富含情愫。

《边城》用人性描绘了一个瑰丽而温馨的"边城"世界。这里人性皆真、皆善、皆美，他们保持着宁静和谐的生活环境与勤俭淳朴的古老民风。小说为我们建构了充满自然人性的世外桃源，人物身上闪烁着率真、美丽、虔诚。无论是翠翠、傩送、顺顺，他们身上都显现着自然、淳朴又强劲、热烈的生命形态。

（3）诗情画意之生活如歌

师：请学生带感情地朗读第三组文段。

生（齐读）：由四川过湖南去，靠东有一条官路……溪中仿佛也热闹了一些。

师：这几段文字描写了祖孙二人的日常生活状态，一条小溪，一座小塔，一户人家。一个老人，一个女子，一只黄狗。祖孙二人终日不是摆渡便是闲坐聊天，这种生活状态不能不说显得有些简单甚至孤独，何以有一种诗意呢？

生：他们的生活比较简单，不追求物质，有种闲适的感觉。

师：嗯，你感受到的是闲适！同学们有没有同感？

生：有。

师：嗯，老师也有同感，但还是觉得除了闲适之外，祖孙二人多少会有些孤独。

生：是的！

师：那你是怎么看待这种孤独的？又有什么诗意？

师：沈从文说"孤独一点，在你缺少一切的时节，你就会发现，你还有个你自己"。

师：不只是祖孙二人，边城中的人们在孤独中认识了自己，由此便派生了不悖乎人性的生存形式。每个人都忠实于生活本身，"他从不思索自己的职务对于本人的意义，只是静静地很忠实地在那里活下去"。这里拥有的是淳朴、自然、简单、宁静的生活，每个人都安于现状，满足自己的生活，正如《诗经》中的"适彼乐土"。过节时欢乐，求爱时投入。作品中翠翠对二老的记忆，兄弟二人对翠翠的钟情，以及祖父对翠翠母亲的难忘与妓女对水手的等待，都有一种人性的美丽与诗感。就连其中的求爱方式也是"发乎情，止乎礼"的，是淳朴、山歌式的。文中二老夜晚唱歌给心上人听，难道不是一种诗意的表达吗？在那里，人们似乎有所不为，然而正是这种无为，才创造了简单与自然，才有了文中的"逍遥游"。《庄子》中"夫虚静恬淡寂寞无为者，万物之本也"，道出此中真义也。

沈从文自己也说"我准备创造一点纯粹的诗"，这点纯粹的诗即是《边城》中表现出来的诗意——和平、自然与宁静。

但是，诗意又是否意味着一切皆是亮丽美好的呢？当然不是。诗意除却浑厚淳朴，自然也夹杂着一丝忧郁的感伤。只有这样，才算是完全的诗意。倘若全文都是欢快亮丽的，那就不是诗意，而是唱赞歌了。《边城》中最具有感伤情调的莫过于翠翠父母的爱情与死亡。自古爱与死便是许多文学作品的主题，为爱而死，向死而生，其中伤感自然有之。翠翠母亲是苗族人，父亲是汉族人，两人的爱情悲剧其实也暗示着苗汉文化的不对等与冲突。后来，祖父很担心翠翠也会走上和她母亲同样的道路，这在作品中时时感觉得到。最终，翠翠没有和二老顺利结合，留给她的只是一个漫无边际的等待，这个等待是孤独的，是惆怅的。读到这里，诗意中的忧伤呼之即出。然而，读者并不会感觉这有碍于文中美的表达，反而更增添了另一中难言的美，增添了诗意，增添了心中的希冀与向往。

沈从文说："我想表现一种不悖乎人性的、健康的、自然的人生形式。"这种人生形式，像极了一首舒缓、悠扬的歌。

中国是山水画之乡。读《边城》，不妨将它看作一幅山水画，里面的风俗美、人情美，可一一细品。读久，便会怀上一种莫大的欢喜，仿佛吹着一支牧歌，在都市之外的桃花源里诗意的安居。

**3. 诗意表达**

师：经过刚才的交流，你对《边城》的阅读感受是否发生了改变呢？如果让你给边城画一幅名为"边城印象"的画，你会画些什么？请用一段文字表达你此时的"边城印象"。

学生展示。

**4. 主题探讨**

师：作者为什么要给人们展示一个如此美好的世外桃源？他的写作目的是什么？

生：因为地处偏远地区。

生：远离世俗的世界。

师：说得没错，但又不止于此。边城不仅是一个地理概念，同时是一个时间概念、文化概念。"边城"是大城市的对立面，是"中国另外一个地方另外一种事情"。沈从文小时候生活的湘西，正如他笔下的"边城"——民风淳朴，人民淡泊名利，人与人之间以诚相待，相互友爱，这些都代表着未受污染的农业文明的传统美德。沈从文从乡下来到大城市之后，对上流社会的腐朽生活，对城里人的"庸俗、小气、自私、市侩"深恶痛绝，这引发了他的乡愁，使他对故乡尚未完全被近代物质文明所摧残的淳朴民风十分怀念。然而，即便是在湘西，这种古朴的民风也正在消失，到《边城》写作时几乎已经不复存在了。《边城》是一部怀旧作品，一种带着痛惜情绪的怀旧，表达着自己内心的痛苦和推崇传统美德的意愿。

所以，我们可以用三个词概括这篇小说的主题：赞美、批判、呼吁。赞美：边城生活的质朴、纯真和人与人之间纯洁的爱；批判：物欲泛滥的现代文明，金钱主义的浅薄庸俗和腐化堕落；呼吁：重建民族的品德与人格。

结语："一个人拥有此生此世的现实世界是不够的，还必须拥有一个诗意的世界，即心中的圣地。"身处喧嚣的我们，不妨多读一读《边城》，将它看作一幅山水画，里面的风俗美、人情美，可一一品读，读久，便会怀上一种莫大的欢喜，仿佛吹着一支牧歌，在都市之外的桃花源里诗意的安居。

**板书设计：**

边 城

沈从文

诗情画意 ┤
　　风景如画
　　人生如诗
　　生活如歌（淳朴、自然、简单、宁静）
　　诗意的忧伤

## 三、扫码观看逻辑课堂建构案例系列资料

扫码观看《边城》　　　扫码观看《边城》　　　扫码观看《边城》
　　课堂实录　　　　　　　教学课件　　　　　　　学案设计

# 中国散文

## 经风沐雨四世纪　只为铁生著传奇

### ——《我与地坛》教学设计

曾芳艳

## 一、逻辑课堂建构说明

　　课堂依照探讨"怎样的史铁生""怎样的地坛""为何如此痴迷一个荒芜衰败的地坛""在地坛里思考了什么，得到什么启示""如何活着"等问题，带领学生"创设情境""知人论世""提炼升华"，将这个深沉的生命意义展现出来。整节课流畅、丰满、清晰。在座教师无不感叹：这节课学生们很有收获。本节课的教学设计体现了五个定位，带领师生在散文呈现的生命世界里，品读了一个坚强的生命。

### 1. 课堂起点——文本解读

　　《我与地坛》这篇文章是著名作家史铁生在他人生最失落、彷徨时所写，那时他的腿残疾了，而地坛则是他逃避现实的避风港，但他却忽略了一直为他沉默的母亲的感受。本文讲述的是作者双腿残疾后所面对的生活，他对人生苦难的思考以及对母亲的描写，一切都是内心的呐喊，真实深刻地表达了自己对于不幸、苦难的理解，并通过母亲对待自己的态度，深深理解了母爱的伟大。

### 2. 课堂终点——目标定位

　　面对生命的苦难，史铁生不仅是战胜磨难，更多的是走向自己的内心深处、灵魂深处，与时代无关，与社会无关，文本体现的是生命的历程，生命的挣扎。

### 3. 逻辑建构——路径选择

　　路径：那时的史铁生是什么样的处境？地坛又是怎样的？他为何如此痴迷一个荒芜衰败的地坛？他在地坛里思考了什么，得到什么启示？他最后决定如何活着？

方法：整体上加强学生的代入感，尊重文本的独特个性，创设情境，进行体验式教学。创设情境，设想史铁生不同的境遇人生。结合补充资料，充分理解史铁生，理解生命。在品析三处景物描写时，放慢节奏，带着学生细细地、深入地品读、体验、理解其中蕴藏着的生命启示。

在朗读环节，多样化开展，吻合文本的特点，慢读或快读、齐读或默读、泛读或自由读、大声读或小声读等。

建构：史铁生是在一种什么样的状况下进入地坛的？—那时，地坛又是一种什么样的景象？—他为什么如此依恋、痴迷一个荒芜冷落的园子？—史铁生在地坛满园弥漫的沉静光芒中，展开了对生命的思考（一个人，出生了，就不再是一个可以辩论的问题，而是上帝交给他的一个事实；死是一件不必急于求成的事，死是一个必然会降临的节日；活着是一种权利，每一个生命都有属于自己那份生命的自得其乐与价值）—生命价值（活着，就要成为一道风景，就要给世界一份精彩）。

伴随着这节课一路走下来，感慨万分。做语文教师不易，唯有潜沉文本，才能营造充实、真实的课堂，在课堂上带给学生深切的感受。在今后的课堂设计上，笔者将自觉应用五大定位，琢磨出更好的课堂效果。相信这样的课，将会带给笔者更幸福的课堂感受。

本节课问题链设计如下：

| 教师引领 | 学生预设 | 设计意图 |
| --- | --- | --- |
| 史铁生是在一种什么样的状况下进入地坛的 | 双腿残疾，精神颓废。"它等我出生，然后又等待我活到最狂妄的年龄上忽地让我残废了双腿。""我找不到工作，找不到去路，忽然间什么都找不到了。" | 创设思维起点：问题直接指向史铁生与地坛的关系源头，而不是"两者关系是什么"，引导学生进入文本品析，激发学生迅速进入生命的思考，为后面的"相遇融合"打下基础 |
| 那时，地坛又是一种什么样的景象呢 | "一座废弃的古园，园子荒芜冷落得如一片野地。"由盛而衰、荒芜冷落 | 挖掘思维深度：引导学生进一步感受地坛与史铁生人生经历的相似之处，理解"同病相怜"的生命味道 |

| 教师引领 | 学生预设 | 设计意图 |
|---|---|---|
| 作者在文章第四自然段开头写道："自从那个下午我无意识中进了地坛就再也没有长久地离开它。"他为什么如此依恋、痴迷一个荒芜冷落的园子呢 | 离家近，总体平坦，适合腿脚不方便的史铁生；很安静，他可以一个人待着，思考或者厘清自己的心绪；荒芜，没什么人去，在那里可以逃避现实的世界；境遇相似，能找到安慰 | 提升思维品质：引导学生理解生命的苦难，风华正茂时忽然双腿残废，失魂落魄地只能在地坛沧桑、宁静的怀抱里给颓废绝望的心找到心灵的抚慰，获得无声胜有声的抚慰和审视人生的空间，完成对命运的承受。同时，改变学生的思维，由低阶的归纳思维转变为高阶的演绎思维 |
| 十五年，史铁生在地坛满园弥漫的沉静光芒中，展开了对生命怎样的思考？是地坛里的什么给了他活下去的勇气 | 为什么要出生？是不是一死了之？要不要去死？怎样活？地坛里各种植物和动物的蓬勃生机蕴藏着生命的启示，给作者以活下去的勇气 | 建立思维链接：这个环节构成文本前后两大部分的逻辑关联，也是体会作者思考生命面对人生的关键转折点。深入史铁生的生命世界，探究史铁生对生命价值的思考，为后面理解生命的可贵做好准备 |
| "活着是一种权利"，当史铁生明白这个道理并获得了坚强活下去的勇气后，他决定"怎样活" | 按照自己的方式去活着；积极乐观地活着；生活方式、生存方式应该是自己的，要自己去体验每一个过程 | 形成思维逻辑：引导学生通过这个过程的梳理解读，理解史铁生对生命的领悟，走向史铁生的内心深处、灵魂深处，也走向生命的价值。只要按照自己的方式活着，顽强地活着，你就能体会到人生的味道。地坛为史铁生撑起了生命的诺亚方舟。传递生命的真谛：活着，就要成为一道风景，就要给世界一份精彩 |

## 二、逻辑课堂建构教学设计

【教学目标】

（1）厘清文章思路，了解本文独到的人生感悟。

（2）引导学生学会品读景语中的生命启示，让学生懂得解读景语就是解读生命。

【教学过程】

**1.导入**

（生齐读PPT）

（PPT展示史铁生对自己名字的解释）

师：怎样看待史铁生和他的文学创作？这是史铁生曾经对自己名字的解释。其实，这段话也是对史铁生作品的最好诠释。它告诉我们，史铁生是用心魂在写作，他写作最关注的是心魂的可能与去向。也就是说，史铁生的作品多关注灵魂，叩问命运，思考人生。所以读史铁生的作品，我们常常感觉就是在与生命直接对话，就是在提炼人生的真谛。

（生齐读PPT）

（PPT展示史铁生的作品文段）

师：自称"职业生病，业余写作"的史铁生在这段文字中，以生命的追问方式想要告诉我们一个怎样的道理？

生：人生要懂得珍惜、满足。因为"每时每刻我们都是幸运的，任何灾难前面都可能再加上一个'更'字"。

师：那么，在备受广大读者喜爱的哲理散文《我与地坛》中，史铁生又将告诉我们怎样的生命思考呢？下面，我们一起走进文本。

**2. 品读**

（1）问题：史铁生是在一种什么样的状况下进入地坛的？

生：腿残疾。

师：这是身体方面的，精神方面的呢？

生：失魂落魄、颓废、绝望、失落。

师：双腿残疾，精神颓废。

师：我们来看看作者是如何写"双腿残疾"带来的打击的。在第几自然段？

生：第三自然段。

师：我们一起读出来。

生：它等待我出生，然后又等待我活到最狂妄的年龄上忽地残废了双腿。十五年前的一个下午，我摇着轮椅进入园中，它为一个失魂落魄的人把一切都准备好了。

师：请大家把"最狂妄"和"忽地"勾起来品一品。"狂妄"是指？

生：二十一岁风华正茂的时候。

师："忽地"意味着？

生：没有一丝防备。

师：史铁生生于北京，毕业于清华大学附属中学，十八岁去延安插队。二十一岁时，因腿疾住进医院，那一天是他的生日，那一天他截了双腿，从此他再没站起来。可见这次命运打击得多么残酷。

师：如何写精神的迷茫？

生：第五自然段。"两条腿残废后的最初几年，我找不到工作，找不到去路，忽然间什么都找不到了，我就摇着轮椅总是到它那儿去，仅为着那儿是可以逃避一个世界的另一个世界。"

师：连用三个"找不到"是为了强调什么？

生：突然、绝望。

师：是的，连用三个"找不到"是为了强调生命突然被逸出轨道的不知所措和迷茫。

师：同学们，如果那时史铁生没有双腿残疾，他会是什么样的人？结合预习时收集的资料：家庭出身、抱负、才华、性格、下乡后的出路、同时期的人物对比等。

生：史铁生的家庭出身其实挺好的，北京人，清华大学附属中学毕业，父母都是知识分子，他父亲原来是在北京林学院工作。如果他不残疾，父母都可以为他谋划很多东西。

生：史铁生从小就是个很有志向的人，在同辈人中也很突出，而且他去插队后很能吃苦，表现得积极上进，如果不残疾，他应该会返城，而且会有一个很好的工作。

师：可是，他残疾了！

（2）问题：那时，地坛又是一种什么样的景象呢？

生：荒芜冷落。

师：文中哪处体现了？

生：第一自然段。"一座废弃的古园，园子荒芜冷落得如一片野地，很少被人记起。"

师：那荒芜之前呢？是什么样的？

生：繁华。

师：哪处可以看出？

生：第三自然段。"四百多年里，它一面剥蚀了古殿檐头浮夸的琉璃，淡褪了门壁上炫耀的朱红，坍圮了一段段高墙又散落了玉砌雕栏，祭坛四周的老柏树愈见苍幽，到处的野草荒藤也都茂盛得自在坦荡。"

师：是的，那时的地坛由盛而衰，变成一荒芜冷落的园子。

师：谁来品品这段话，作者是如何写地坛的破败衰落的？

生：用了拟人、排比修辞手法。

师：那用词上呢？或者说哪些词道尽了地坛的由盛而衰？

生：剥蚀、淡褪、坍圮、散落，连用了四个动词。

师：你能说说动词使用的妙处吗？

生：很有气势，感觉掷地有声。

师：是的，动词本身含有一种力度，四个一起连用就能很好地表达对于地坛来说"时间岁月的无情与自然风雨的力量"。

（3）问题：史铁生为什么如此依恋、痴迷一个荒芜冷落的园子呢？

师：这样一个地坛，作者在文章第四自然段开头写道："自从那个下午我无意识中进了地坛就再也没有长久地离开它。"他为什么如此依恋、痴迷一个荒芜冷落的园子呢？

生：离家近，总体平坦，适合腿脚不方便的史铁生。

生：很安静，他可以一个人待着，思考或者厘清自己的心绪。

生：那儿因为荒芜，没什么人去，在那里可以逃避现实的世界。

生：和地坛境遇相似，能找到安慰。

师：同学们回答得很好。其实原文中有很多片段讲到了这一点。

师：地坛作为明清两代帝王祭祀地神的神圣场所，曾有过怎样的繁华与辉煌，不难想象。可经过四百多年的风风雨雨，如今却冷落如一片野地，由盛到衰；史铁生在风华正茂的二十一岁忽然残疾了双腿，由健全到残缺。相同的命运轨迹，令他对地坛产生了一种同病相怜、惺惺相惜之感。在这个失魂落魄的人眼里，其他一切地方的繁华与热闹都与他无关。只有在地坛沧桑、宁静的怀抱里，他那颗颓废绝望的心才能找到心灵的抚慰。

所以，他说："在我对生存的全部理由都产生怀疑的时候，地坛给予了我无声胜有声的抚慰，并给我提供了一个审视人生的空间，陪伴我独自完成了对命运的承受。"

师：史铁生在双腿残疾后与地坛的相遇，课文中说是缘分，是宿命，平实一点说就是一种精神上的相遇。这种相遇让他觉得"在人口密集的京都，有地坛这样一个宁静的去处，像是上帝对他的苦心安排"，所以他一待就是十五年。十五年，史铁生在地坛满园弥漫的沉静光芒中，展开了对生命的思考。

（4）问题：他主要思考了几个问题？

生：两个问题，生与死。

生：三个问题：为什么要出生？要不要去死？怎样活？

师：带着这三个问题，我们一起读读第六自然段。

（生齐读）

师：第一个问题："我为什么要出生？"作者在地坛思考后得出的答案是什么？

生："一个人，出生了，就不再是一个可以辩论的问题，而是上帝交给他的一个事实。"

师：是的，人的出生是上帝交给人的一个事实，不受人的控制，不必思考。

师：第二个问题："是不是一死了之？要不要去死？"作者在地坛思考后得出的答案是什么？

生："死是一件不必急于求成的事，死是一个必然会降临的节日。"

师：是的，只要出生就必定会死亡，所以死不必着急，只需顺其自然。

师：从史铁生思考的答案可以看出他已经从死亡的阴影中走了出来，决定活着。

（5）问题：是地坛里的什么给了他活下去的勇气？

生：小昆虫。

生：是一些动植物。

师：确切地说，应该是地坛里各种植物和动物的蓬勃生机。我们一起来解读这一段景物描写中蕴藏着的生命的启示，看看它们是怎样给作者以活下去的勇气的。

师：请同学们闭上眼睛，想象这个时候史铁生摇着轮椅进入地坛，眼前看到……（师旁白第五自然段）

师：你觉得史铁生坐在轮椅上看到这些，或者说每天看着这些，他的感受是什么？他心里在想些什么？还是他就那么坐着、看着什么也不想？可以带入自己的体验说说真切感受。

生：他看到这些动植物，尤其那种活力，应该会羡慕，然后去细看，去思考，然后会突然回到自己身上，想通一些纠结的问题。

生：他看多了，看久了之后，慢慢地就会打开心结，不再那么消极地老想着死或者否定自己，怨恨人生了。

生：原本是为了逃避来到这，希望安静，希望一个人在这里麻痹自己，结果天天有这些生命陪伴自己，多少会心情舒畅些。猛然间，会感谢这些动植物，让自己看到了希望。

生：我觉得史铁生一开始看到这些是麻木的，没感觉的，应该就是那么静静地看着，感觉与自己无关，但是久了他一定会察觉到生机，理解到生命启示。

师：同学们的回答都有自己的真实感受。这段文字中有五个意象：蜂儿、蚂蚁、瓢虫、蝉蜕、露水，它们共同的特点是——不起眼、不被人关注，都是一些卑微的小生命，而且它们栖身的场所也是一座荒芜冷落的古园，但是它们生活得怎样呢？

生：积极、乐观、顽强、勇敢。

师：我们来具体解读下这些意象身上的生命启示。

生：蜂儿停在半空中，应该说在地球引力的作用下是有掉下去的危险的，但是在这种危急关头，蜂儿还"稳稳地"，说明它很淡定、从容。

生："蚂蚁摇头晃脑捋着触须"，说明它很悠闲，没有什么烦恼，"猛然间想透了什么"，可能是想到了有什么重要的事情要做，于是疾行而去，说明它还是有追求的，很积极的。

生：露水那么小，生命那么短暂，但是它生命过程中很努力，滚动、聚集、压弯，就算最后坠地结束生命，也要"摔开万道金光"，实现自己最后的灿烂和价值。

生：瓢虫尽管爬得不耐烦了，但是它还是没有放弃，而是"累了祈祷一回便支开翅膀，忽悠一下升空了"。自己安排自己的节奏和生活方式。

生："树干上留着一只蝉蜕，寂寞如一间空屋"。可以想象之前蝉在这儿蜕变时一样要忍受这种寂寞。

师：所以，对景物描写的解读，实质上就是对世界、对生命的解读。借景抒情、寓情于景是课文最突出的一种写作手法。

师：老师做了一个简单的梳理，我们一起读一读。

师：人又该如何？

生：也许是即使双腿残疾也要——勇敢地活着；即使是面临死亡也应该——精彩度过，而不是消极等死。

师："荒芜但并不衰败"的园子给了史铁生顽强活下去的信心与勇气，正如史铁生所说："地坛里动植物的蓬勃生机，向我展示了一个鲜活灵动的生命世界，让我意识到不管怎样微弱纤细的生命都有它自身的价值，都有属于它的欢乐、悲伤及情趣，这是任何其他生命都无法替代的。活着是一种权利，每一个生命都有属于自己那份生命的自得其乐与价值。"

（6）问题：是的，"活着是一种权利"，当史铁生明白这个道理并获得了坚强活下去的勇气后，剩下的就是"怎样活"的问题了，答案在第几自然段？

生：第七自然段。

师：我们一起朗读这一段。

（生齐读）

师：怎么解读？怎样活？

生：像落日那样活着，即使是要下山了，即使是坎坷，也要将它照的灿烂，证明我来过这个世上，我绽放过。

生：像古柏那样活着，不以物喜不以己悲，坦然看待自己的残疾。

生：像草木泥土那样活着，即使是暴风骤雨，也要坚信风雨之后的阳光。

生：我觉得这些活着的方式都挺好的，挺积极的，都按照自己的方式去活着。也许史铁生都会选，也许都不会选。生活方式、生存方式应该是自己的，要自己去体验每一个过程。

师：这个同学回答得非常好。那同学们说一说或者猜一猜振作后的史铁生活着的方式是怎样的？

生：他想通后去打零工了，一做就是七年。

生：他开始尝试写作，而且获得了优异的成绩。

生：他不再那么自卑，主动追求爱情、婚姻，和妻子陈希米写下了一段佳话。

生：他坦然、平静地看待死亡，与病魔做积极斗争。

师：其实到这，史铁生对生死的思考已经非常明朗了，景语中的生命启示也较第五段更浅显。老师试着变换句式重新整理了这段原文，我们一起读一读。

师：外在的环境是恶劣的，但生命是无法因遭到破坏而发生改变的，只要按照自己的方式活着，顽强地活着，你就能体会到人生的味道。

地坛以其无声而睿智的自然物语，为史铁生撑起了生命的诺亚方舟。落日的博大、雨燕的高亢、雪地脚印的生机、古柏的淡定、草木泥土的清新味道，落叶的坦然透彻，每一种色彩，每一种声音，每一种味道都在传递生命的真谛：活着，就要成为一道风景，就要给世界一份精彩！

地坛似一位智者，不动声色地启示史铁生从颓废中振作起来，从一个残疾人成长为北京作协副主席，完成了生命的质的飞跃，实在令人敬佩。

**3. 课堂拓展**

师：最后，请同学们以小组为单位6人一组，用一句话概括"我"与地坛的关系。给大家一点时间交流一下，推选出你们小组最优秀的答案和最优秀的代言人。

生：地坛与"我"是命中注定。

生：地坛引导"我"走向重生。

生：地坛与"我"相互救赎。

生：地坛成就了史铁生，史铁生让人们重新认识了地坛。

师：今天通过学习《我与地坛》，我们接触到了一位"扼住命运咽喉"的作者——史铁生。可是他已经在2010年12月31日离我们而去。他用五十九年的生命历程告诉我们：生命就是这样一个过程，一个不断超越自身局限的过程，这就是命运，任何人都一样，在这个过程中我们遭遇痛苦，超越局限，从而感受幸福。

当然，史铁生的幸福还有一个重要的来源，就是他的母亲。在第二节中，我们会接触另一位伟大的女性——史铁生的母亲。相信同学们预习后，一定深深地为之感动与崇敬。接下来还剩一点时间，同学们相互交流一下文中独特的"母爱"，探讨如何理解作者的"懂得"和"后悔"。（配乐满文军的《懂你》）

**板书设计：**

我与地坛　史铁生

史铁生　　　　地坛 → 思考生命

双腿残废　　　荒芜冷落　　为什么要生？

精神颓废　　　由盛而衰　　是不是要死？

↓　　　要怎么活

予我无声抚慰，给我审视空间，陪我承受命运，活着是一种权利

## 三、扫码观看逻辑课堂建构案例系列资料

扫码观看《我与地坛》课堂实录

扫码观看《我与地坛》教学课件

扫码观看《我与地坛》教学课件链接1

扫码观看《我与地坛》教学课件链接2

扫码观看《我与地坛》教学课件链接3

扫码观看《我与地坛》教学课件链接4

扫码观看《我与地坛》文本解读

扫码观看《我与地坛》学案设计

# 新闻报道

## 冷静客观传消息　匠心独运付深情

——《别了，"不列颠尼亚"》教学设计

熊庆庆

## 一、逻辑课堂建构说明

课堂的主线为对课文中涉及的"新闻事实""背景材料""主观评价"依次进行分析和品评，在此过程中，提升学生品读新闻的能力，使学生了解新闻的基本结构，能筛选新闻事实、新闻背景，主观评价并弄清它们的关系与作用；在教学过程中，引导学生深入文本，品读文中重点句子，品味文中庄重含蓄的语言风格，同时培养学生的爱国热情，激发学生的民族自信心和自豪感。

### 1. 课堂起点——文本解读

1997年7月1日，中华人民共和国恢复对香港行使主权。这是20世纪世界历史上的一件大事。在无以计数的新闻作品中，《别了，"不列颠尼亚"》是唯一一篇完整反映英方撤离的稿件，文章出色地记录了英国王储查尔斯和最后一任港督彭定康乘"不列颠尼亚"号皇家游轮撤离香港的最后历史时刻，曾获第八届中国新闻奖一等奖及1997年新华社社级好稿。

本文是一篇通讯，除具有新闻性之外，还具有形象性。通讯往往采用文学手法，集中、突出地描绘某一重大事件的发生现场，或某些重要和精彩的场面，生动形象地将所报道的事实再现在读者面前。此篇报道将新闻事件、背景材料、主观评价进行了完美的融合，在作者看似客观的叙述、冷静的文字背后，是其激越的内心。

本文以时间为顺序，叙述了12小时内英国撤离的全过程，紧紧扣住导语"撤离、降旗"，几乎每一个时间节点的画面都聚焦在"降旗、撤离"，脉络清晰，过程性强，对于以传递信息为主要目的的新闻文体来讲，无疑很利于读者快速把握新闻事实并形成整体印象。文章几乎是每描述一次新闻事实就带上一次历史补充，历史与现实的不断切换，不断扩展，一纵一横的补充与展开，使文章不仅具有了关于事件本身的广度，更具有了认识上的深度，作者的这种大"十"字思维，无疑让文章更具张力。

新闻所表述的事件是客观真实的，但是传播者在写下一段文字时，不可避免地会表明自己对这段文字的立场、态度，特别是在这样一件令中国人欢欣鼓舞的大事面前。文章所有的叙述都建立在客观真实基础之上，作者以其娴熟的文字驾驭能力、文学表达能力，在客观冷静的文字背后注入了饱满的深情。

**2. 课堂终点——目标定位**

首先，此文本为新闻，高中阶段的课文中，新闻仅有三篇，学生对此类文本的接触很少。此篇文章作为新闻的特征是突出的，在教学价值的选择方面，新闻的特征是不能无视的。

其次，作为新闻文本，它表达情感的语言跟其他文本是有差异的，新闻的客观性，要求它的语言是冷静的、克制的、内敛的。直接抒情是很容易的，如"中国人民从此站起来了！"而用直接看似叙述性的语言来表达情感是很难的，但是新闻文体为什么要这样做？这种表达是由文本体裁对于表达的要求而决定的。所以引导学生体会语言的克制和含蓄，让学生认识这样一种文体对于表达的要求可能更有价值。

再次，香港被殖民主义者侵占了一个多世纪，今日恢复行使主权是举世瞩目的大事件，对于中国人来说具有非比寻常的意义与价值，此文所蕴含的深情的民族自豪感对于学生具有很好的教育意义。

**3. 逻辑建构——路径选择**

路径：作为一篇新闻文体，它的特征是什么，对语言表达的要求是怎样的？在受表达束缚的情况下，作者如何才能达到自己的表达目的？

方法：运用分析思维分析文本，以理解、深入文本；引入课程资源辅助教学，使学生走到具体的历史背景中去，更贴近文本，同时在创设的情境中获得体验。

建构：明确什么是新闻，然后从筛选新闻事实入手，再思考新闻之外的背景材料的意义与价值，在背景材料的分析过程中，体会作者的立场，顺势过渡到对体现作者主观立场的语言的品析。

一堂课，不是简单的教学任务的完成。教师站在主导的位置，是学生的协助者，要主动配合学生，而不是让学生配合教师，如此，教师对学生回答的恰到好处的点评显得尤为重要。提问要具有发散、指向性，点评要具有指导性，及时将学生的思维拉到正确的思路上。

本节课问题链设计如下：

| 教师引领 | 学生预设 | 设计意图 |
| --- | --- | --- |
| 如果你是当时新华社的一位实习编辑，主编辑说："由于版面原因，这篇报道必须浓缩为300字左右。"你能否快速筛选出必须留下的信息？在文中用横线画出来 | 标题：别了，"不列颠尼亚"<br>导语：英国米字旗降落后，查尔斯王子和离任港督彭定康搭载"不列颠尼亚"号离开香港。<br>主体部分：以时间为顺序，4点30分，港督府，彭定康注视着港督旗帜降下旗杆…… | 此设计通过情境创设，使学生把握新闻的基本结构，同时培养学生快速把握新闻事实和处理生活事件的能力 |
| 历史材料在文章各处的作用是什么？请选出一两处进行说明。（学生分析后教师进行课程资源补充） | 凸显被殖民历史的漫长、沧桑、屈辱，表现此刻英国人的落寞，中国人的欣喜自豪，衬托出这一新闻事实巨大的新闻意义和价值，表明作者的立场 | 此环节主要通过引导学生分析各处背景材料，明白什么是"背景材料"以及其作用。教师再通过进一步补充相关背景材料，加深学生对那一段历史的认识，强化对背景材料衬托价值的理解 |
| 文中还有哪些地方表现出了作者的情感倾向？作者是如何表达这种情感的？读一读，品一品 | （1）人物细节刻画"面色凝重"。<br>（2）副词，限定词的使用"最后一次""永远都不会"。<br>（3）描述性画面对比，古今对比、"日落仪式"对比。<br>（4）数字的使用。<br>（5）仿拟标题《别了，"不列颠尼亚"》 | 此环节指向"作者是如何表达这种情感的"，引导学生体会语言的克制和含蓄，通过体会，让学生认识这样一种文体对于表达的要求。同时，在此过程中，以作者的民族自豪感带动学生的情感 |
| 让我们通过一段视频记录，直观地感受一下这一历史时刻。如果我们就在现场会生发怎样的情感 | 会被这庄严肃穆而又激动人心的场景感染，生发出民族自豪感 | 创设情境，升华体验。情感的寄托是需要载体的，需要显性的画面。画面记录的再现，能相互感染，营造一种氛围，调动人的情绪，同时在这种仪式中获得身份认同和自我认同，进一步强化学生的民族自豪感 |

## 二、逻辑课堂建构教学设计

【教学目标】

（1）培养学生品读新闻的能力，了解新闻基本结构，能筛选新闻事实、新闻背景，主观评价并弄清它们的关系与作用。

（2）了解文中重点句子的深刻含义，品味文中庄重含蓄的语言风格。

（3）培养学生的爱国热情，激发民族自信心和自豪感。

【教学过程】

### 1. 生活现实导入，引发学习兴趣

师：在深圳的你们去过香港吗？深圳与香港隔海相望，随着直通香港的高铁的开通和港珠澳大桥的通行，去香港越来越便利，但是香港曾在一个多世纪里被殖民主义者侵占，成了别人的地盘，一条河成了内地与香港难以逾越的鸿沟，你们知道什么时候中国才对它恢复行使主权的吗？

生：1997年7月1日。

师：今天，让我们一起学习一篇新闻特写《别了，"不列颠尼亚"》，跟随作者的目光，感受这一历史性的时刻。

### 2. 筛选新闻事实，厘清文章思路

师：关于对香港恢复行使主权，可报道的内容很多，中国各地区人民的反响，海陆空三军从深圳进驻香港的盛况，中国政府政权交接时的情形等等，此篇报道的主要内容是什么？1分钟的时间快速浏览文章，找到答案。

生：英国撤离香港。

师：你是如何快速准确地把握到新闻的主要内容的？

生：标题、导语。

师：能不能为大家读一读导语部分？

生：在香港飘扬了……

师：导语作为文章的第一段，报道所有的关注点、中心点、吸引点都会放在这里。导语明确表明了本文的报道重心"英国撤离"。

师：如果你是当时新华社的一位实习编辑，主编辑说："由于版面原因，这篇报道必须浓缩为300字左右。"你能否快速筛选出必须留下的信息？在文中用横线画出来。

师：你认为最应该留下的是什么内容？新闻事实，由时间、地点、人物、事件等新闻要素组成。

生：标题，别了，"不列颠尼亚"。导语，英国米字旗降落后，查尔斯

王子和离任港督彭定康搭载"不列颠尼亚"号离开香港。主体部分，以时间为顺序。4点30分，港督府，彭定康注视着港督旗帜降下旗杆；4点40分，港督府，彭定康乘车最后一次离开港督府；6点15分，距英军总部不远的添马舰东面的广场，举行"告别仪式"，查尔斯宣读女王赠言；7点45分，"威尔士亲王"军营旁，举行第二次降旗仪式；最后一分钟，现场，米字旗在香港最后一次降下；新的一天来临的第一分钟，仪式现场五星红旗伴着《义勇军进行曲》冉冉升起，与此同时，五星红旗在英军添马舰营区升起；0点40分，中国南海，查尔斯和彭定康登上"不列颠尼亚"，"不列颠尼亚"消失在南海的夜幕中。

师：你为什么留下了这些内容？

生：就结构而言，标题、导语、主体不可或缺。就内容而言，新闻报道的应该是最新鲜时效的东西，这些内容都是当时发生的最新鲜客观的事实，所以最应该留下。

师：我们刚刚筛选出来的信息属于新闻内容的新闻事实，也就是新近发生的客观现实，它们是新闻的基础，也是新闻最主要、最重要的内容。

**3. 解读背景材料，理解价值意义**

师：如果你能快速筛选出新闻事实，说明你是一位执行力很强的实习生。再来看看，在新闻事实之外作者还主要写了哪些内容？它们是不是无关紧要呢？在文中用波浪线快速画出相关内容。

生：背景材料，末任港督告别了这个曾居住了二十五任港督的庭院。掩映在绿树丛中的港督府于1885年建成，在以后的近一个半世纪中，包括彭定康在内的许多港督曾对其进行过大规模改建、扩建和装修。一百五十六年前，一个叫爱德华·贝尔彻的英国舰长带领士兵占领了港岛，在这里升起了英国国旗。一共过去了一百五十六年五个月零四天，大英帝国从海上来，又从海上去。

师：这些历史材料在文章各处的作用是什么？请选出一两处进行说明。（引导学生了解这是一段怎样的历史，然后分析其在文中的作用）

生：凸显被殖民历史的漫长、沧桑、屈辱，表现此刻英国人的落寞，中国人的欣喜自豪，衬托出这一新闻事实巨大的新闻意义和价值。

师：是的，从文章的历史补充及我们了解的背景材料中可知，于英国来说，这是盛气凌人、耀武扬威的一百五十六年五个月零四天；于祖国而言，这是朝思暮想的一百五十六年五个月零四天，这是苦苦守候的一百五十六年五个月零四天，这是饱受熬煎的一百五十六年五个月零四天，自1840年鸦片战争以来的中国近代史就是一部受外强欺凌宰割的历史，鸦片战争、第二次鸦片战争、中日甲午战争、八国联军侵华战争……一个个不平等条约使中国完全陷入半殖民地半封建社会的深渊，1931年至1945年的日本侵华战争更是使中国民不聊生，而香港问题就像是这一段历史的缩影。多少期盼，多少辛酸，多少苦楚，难以言尽……但终于熬到头了！殖民历史越是沉重、不堪，今日英国的撤离、香港的回归这一新闻事实对于中国而言越是具有无与伦比的价值与意义。

师：这些不属于新闻事实但又与新闻事实有关的附属事实，我们称之为"背景材料"，它们的作用正如我们所分析的，衬托新闻事实的价值，表明作者的立场。

**4. 分析主观评价，明了情感倾向**

师：从中我们也不难看出作者作为一名中国人的情感倾向，对英国黯然离去的欣喜，对祖国的自豪。文中还有哪些地方表现出了作者的情感倾向？作者是如何表达这种情感的？找出来，读一读，品一品。

生："最后一次""永远都不会"，这些限定词的使用，能感受到作者作为中国人的自信，对国力强盛的自豪。

生："大英帝国从海上来，又从海上去。"大英帝国曾耀武扬威地来，今日黯然离去，从哪里来便回哪里去，这种叙述看似轻描淡写，但暗含对比，不是大英帝国变弱了，大英帝国还是大英帝国，但是中国已不是曾经的中国，她强大了！

师：是的，这种叙述性的表达在文中还有几处，能找出来吗？

生：对日落仪式的描述，红底白花的香港区旗紫荆花图案是对香港恢复行使主权的标志，"不列颠尼亚"象征着英国对香港的侵占，一边是香港区旗耀眼的红色，一边是即将离去的黯淡，曾经耀眼的"日不落帝国"即将在香港落下了。

师：是的，自诩日不落的帝国终于落下了，大英帝国耀武扬威地从海上来，今日黯然离去了，这是英国旗最后一次落下，永远都不会有另一面港督旗在香港升起，中国再也不是曾经任人宰割的"东亚病夫"，让作者无比自豪与自信的是蒸蒸日上的中华，是综合国力日益增强的祖国，是昂首挺胸屹立于世界之林的中国。貌似冷静客观的叙述背后是作者激越难掩的内心，相信这种情感也潜移默化地影响着你我这样的读者，引导着舆论。

师：在新闻报道中，我们把带有作者情感倾向的表达称为"主观评价"。

师：阅读新闻报道，需要弄清三者的作用及关系，有意义的背景材料和主观评价最终的目的都是让读者更好地去理解新闻事实的价值和意义。

师：关于香港问题的谈判，历经数年，后来"铁娘子"撒切尔夫人在自传《唐宁街岁月》里回忆道："这场世纪谈判，与我们交手的是一个毫不妥协，而且具有压倒式优势的超级强国！"

师：最后，让我们通过一段视频记录，直观地感受一下这一庄严肃穆而又激动人心的历史时刻。

板书设计：

**别了，"不列颠尼亚"**

新闻事实写现实

背景材料衬价值

主观评价引舆论

## 三、扫码观看逻辑课堂建构案例系列资料

扫码观看《别了，"不列颠尼亚"》课堂实录　　扫码观看《别了，"不列颠尼亚"》教学课件　　扫码观看《别了，"不列颠尼亚"》素材资源　　扫码观看《别了，"不列颠尼亚"》学案设计